问渔文库

朱智贤评传

朱 萍 / 著

东南大学出版社
SOUTHEAST UNIVERSITY PRESS
·南京·

内容提要

本书从朱智贤先生的早年求学经历入手,逐步展开他学术探索的艰辛历程,以及他在各个历史时期的关键抉择与行动。本书细致描绘他如何在逆境中坚持理想,如何在顺境中不忘初心,如何在复杂多变的社会环境中始终保持清醒的头脑和坚定的信念,从而为国家的繁荣与进步贡献自己的力量。同时,本书也通过丰富的故事与细节刻画了朱智贤先生的人格魅力,让读者能够近距离地感受到这位伟大人物的精神风貌,从而汲取前行的力量与智慧。

图书在版编目(CIP)数据

朱智贤评传 / 朱萍著. -- 南京:东南大学出版社,
2024.12. -- ISBN 978-7-5766-1805-1
Ⅰ.K825.1
中国国家版本馆 CIP 数据核字第 2024TB8923 号

责任编辑:刘 坚(635353748@qq.com) 责任校对:张万莹
封面设计:王 玥 责任印制:周荣虎

朱智贤评传 Zhu Zhixian Pingzhuan

著　　者	朱　萍
出版发行	东南大学出版社
出 版 人	白云飞
社　　址	南京市四牌楼2号　邮编:210096
经　　销	全国各地新华书店
印　　刷	广东虎彩云印刷有限公司
开　　本	787mm×1092mm　1/16
印　　张	15.25
字　　数	300千
版　　次	2024年12月第1版
印　　次	2024年12月第1次印刷
书　　号	ISBN 978-7-5766-1805-1
定　　价	78.00元

本社图书若有印装质量问题,请直接与营销部调换。电话(传真):025-83791830

总序

连云港师范高等专科学校是一所省市共建、以市为主的公办全日制普通高等学校，学校前身为始建于1914年的江苏省立第八师范学校，后历经江苏省立东海师范学校、江苏省海州师范学校等重要发展阶段，曾是"海赣沭灌"地区的最高学府。"却顾所来径，苍苍横翠微。"连云港师范高等专科学校这所承载着百年教育荣光的学府，历经风雨洗礼，始终坚守着教书育人的神圣使命，不断砥砺前行。

在迎来建校110周年的重要时刻，我们深感责任之重大，使命之光荣。为更好地传承与弘扬学校百余年来发展壮大的历史与精神，我们积极发掘与利用校本文化资源。2023年，学校立项一批校本研究专项项目，旨在深入挖掘学校历史底蕴与文化内涵，为未来发展提供坚实的精神支撑与文化滋养。经过各级领导和教师的共同努力与辛勤耕耘，我校推出了五本重要的学术著作——《江恒源教育思想谫论》《连云港〈镜花缘〉研究史稿》《朱智贤教育思想研究》《朱智贤评传》《自觉与求索——彦涵艺术研究》。

《江恒源教育思想谫论》一书采用差异化研究策略，重点探讨江恒源的育人思想、劳动教育思想、职业指导思想、农村教育思想等，与江恒源职业教育思想研究形成了互补关系，共同构成了较为完整的江恒源教育思想体系。对于江恒源教育论述中那些具有超越时代价值的成分，该书尽量做到辩证对待、有所扬弃，适当发掘其当代价值和启发意义，以期为当下教育发展提供参考。连云港市的《镜花缘》研究历史已近百年，《连云港〈镜花缘〉研究史稿》系统梳理了连云港地区对《镜花缘》这一古典文学名著的研究历程，深入挖掘了地方文化特色与文学研究的交融点，呈现了独特的地域文化研究视角。《朱智贤评传》介绍了中国心理学泰斗朱智贤教授的生平、学术贡献及其影响，为我们了解朱智贤教授的学术成就和人生经历提供了宝贵的资料，也为我们认识中国心理学的发展历程提供了重要的参考。《朱智贤教育思想研究》在对朱智贤教育活动进行梳理的基础上，从教育本质、儿童教育思想、师范教育及民众教育思想几方面分析、归纳和总结朱智贤教育思想，对朱智贤的教育思想进行历史反思，总结其教育思想的主要特点以及对我国当前教育改革和发展的借鉴与启发意义。《自觉与求索——彦涵艺术研究》深入剖析了彦涵的艺术世界与创作心路历程。彦涵总是能够敏锐地将艺术创作融入对现实生活的关注，对时代演变的体察，对民生发展的思考，并努力寻找与之相适应的艺术表现形式，从而实现创新的目的。这种"自觉与探索"的艺术品质，使其艺术创作始终能够保持与时代和人民同步，也是其旺盛的艺术生命力和创造力的根源。

这五本著作不仅是我校校本研究专项项目的丰硕成果，更是我们着力打造的"问渔文库"校本研究项目品牌的首批力作。"问渔文库"这一命名寓意深远，它源自我校老校长江恒源先生的字——问渔。江恒源先生一生致力于教育事业，他的教育思想和实践经验对我校的发展产生了深远的影响。以"问渔"命名文库，既是对江恒源先生教育精神的传承和弘扬，也寄托了我们对未来学术研究的期许和追求。

这批专著成果的出版，是我校百余年建校历程中的一件大事，标志着我校在校本研究方面迈出了坚实的步伐。它们从不同的角度和层面，深入挖掘和整理了连云港地区的历史文化资源和教育实践经验，不仅展示了我校在教育教学、文化传承和学术研究等方面的实力和水平，更彰显了我们学校对百余年历史和精神的传承和弘扬，对于推动我校乃至整个连云港地区的学术研究和文化传承具有重要意义。

展望未来，我们将深入挖掘并利用校本文化资源，以"问渔文库"为平台，汇聚更多的学术力量和资源，推动校本研究不断深化和发展。我们期待通过这一品牌的建设，进一步彰显我校的学术特色和优势，为学校的持续发展注入新的活力与动力，为地方文化的发展和传承贡献更多的智慧和力量。

"潮平两岸阔，风正一帆悬。"我们坚信，在各级领导的鼎力支持与全体师生的齐心协力下，连云港师范高等专科学校必将迎来更加灿烂的明天！

杨浩

2024.7.26

前言

师以智为广　道以贤为长

在历史的长河中，总有一些人物以其卓越的智慧、不懈的努力与高尚的人格，成为时代的灯塔，照亮后世前行的道路。朱智贤先生便是这样一位在历史转折点上留下深刻印记的杰出人物。本书为《朱智贤评传》，旨在通过翔实的史料、生动的叙述以及深入的分析，全面而客观地展现朱智贤先生波澜壮阔的一生，以及他对社会、对国家乃至对世界所做出的不可磨灭的贡献。

朱智贤先生生于一个风云变幻的时代，自幼便展现出超乎常人的智慧与对知识的渴求。他不仅在学术领域内深耕细作，取得了令人瞩目的成就，更在时代的洪流中，以非凡的勇气和担当，投身于国家建设与社会改革的伟大事业之中。他的思想深邃而前瞻，行动果敢而坚定，无论是在科学研究的前沿，还是在社会服务的广阔舞台上，都留下了深刻的足迹。

本书将从朱智贤先生的早年求学经历入手，逐步展开他学术探索的艰辛历程，以及他在各个历史时期的关键抉择与行动。我们将细致描绘他如何在逆境中坚持理想，如何在顺境中不忘初心，如何在复杂多变的社会环境中始终保持清醒的头脑和坚定的信念，从而为国家的繁荣与进步贡献自己的力量。

同时，《朱智贤评传》也将关注朱智贤先生的人格魅力与精神遗产。他的谦逊、勤奋、正直与无私，不仅赢得了同行的尊敬与景仰，更为后人树立了崇高的道德典范。本书将通过丰富的故事与细节，让读者能够近距离地感受到这位伟大人物的精神风貌，从而汲取前行的力量与智慧。

在撰写本书的过程中，我们力求做到史料准确、叙述客观、分析深入，以期为读者呈现一个真实、立体、全面的朱智贤形象。我们相信，通过这本书的阅读，读者不仅能够了解到朱智贤先生一生的辉煌成就，更能够从中领悟到关于人生、理想与责任的深刻启示。

愿本书能够成为连接过去与未来的桥梁，激励更多的人为实现中华民族伟大复兴的中国梦而努力奋斗。

目录

第一章 朴素之愿 ... 001
- 第一节 福地出生 ... 001
- 第二节 家境贫寒 ... 006
- 第三节 家逢变故 ... 011

第二章 师道之基 ... 014
- 第一节 恩师指引 ... 014
- 第二节 师范求学 ... 019
- 第三节 学海泛舟 ... 024

第三章 思想之芽 ... 027
- 第一节 思想觉醒 ... 027
- 第二节 著作初成 ... 034

第四章 杏坛之花 ... 038
- 第一节 梦启春晖 ... 038
- 第二节 学无止境 ... 042
- 第三节 笔耕不辍 ... 047
- 第四节 金陵恋情 ... 049
- 第五节 归乡悼亲 ... 050

第五章 四海之行 ... 053
- 第一节 集美执教 ... 053
- 第二节 北赴泉城 ... 057
- 第三节 东瀛求知 ... 059
- 第四节 大港流金 ... 062

第五节	西行漫记	064
第六节	川桂授业	066
第七节	爱河共渡	071
第八节	南北转战	075
第九节	中山岁月	077
第十节	达德弘道	080

第六章　编辑之年 …………………………………………………………… 087
　　第一节　京城北上 …………………………………………………………… 087
　　第二节　人教生涯 …………………………………………………………… 089
　　第三节　劳累成疾 …………………………………………………………… 093

第七章　师大之志 …………………………………………………………… 097
　　第一节　院系变革 …………………………………………………………… 097
　　第二节　译著领航 …………………………………………………………… 100
　　第三节　风云骤起 …………………………………………………………… 104
　　第四节　动荡年代 …………………………………………………………… 106
　　第五节　经典传世 …………………………………………………………… 108
　　第六节　农村调查 …………………………………………………………… 109
　　第七节　风暴来袭 …………………………………………………………… 111

第八章　学术之巅 …………………………………………………………… 113
　　第一节　学术新春 …………………………………………………………… 113
　　第二节　党旗引领 …………………………………………………………… 116
　　第三节　海外交流 …………………………………………………………… 119

第九章　桃李之园 …………………………………………………………… 125
　　第一节　博导生涯 …………………………………………………………… 125
　　第二节　弟子入门 …………………………………………………………… 129
　　第三节　薪火相承 …………………………………………………………… 131
　　第四节　师生情深 …………………………………………………………… 133
　　第五节　教泽流芳 …………………………………………………………… 136

第十章　学术之碑 …………………………………………………………… 145
　　第一节　学术风华 …………………………………………………………… 145

第二节　心理贡献 ·· 148
　　第三节　教育睿思 ·· 154

第十一章　哲人之旅 ·· 166
　　第一节　风范长存 ·· 166
　　第二节　深情缅怀 ·· 179

第十二章　精神之光 ·· 201
　　第一节　母校荣光 ·· 201
　　第二节　铜像映辉 ·· 203
　　第三节　廿载追忆 ·· 210
　　第四节　百年颂歌 ·· 217

朱智贤先生大事年表 ··· 223

参考文献 ··· 226

后记 ··· 230

第一章

朴素之愿

第一节 福地出生

在中国东部的江苏省,有一个历史悠久的县城——赣榆县(现赣榆区,下同),它静静地躺在黄海之滨,见证了黄海数千年的沧桑变迁。赣榆,这个名字源自秦朝,自古以来便是人文荟萃、英才辈出的地方。这儿不仅是春秋时代鲁国与莒国的疆域,而且在战国时期也是齐国版图的一部分。随着秦始皇完成了对六国的统一,这片土地被纳入了琅琊郡的管辖之下。赣榆县以其丰富的历史文化和美丽的自然风光,被誉为"人杰地灵"之地。

赣榆县以其壮丽的自然风光而闻名。黄海的波涛拍打着东部海岸,而西部的沂蒙山则巍峨耸立,共同构成了一幅山海相拥的美丽图景。这片土地不仅风光旖旎,而且孕育了众多杰出人物,历代文人墨客在此留下了许多感人至深的作品。

公元前500年之春,鲁定公与齐景公在赣榆的夹谷山举行会盟。在这一关键时刻,孔子作为鲁国的辅佐者,运用他的智慧与雄辩技巧,成功地促进了两国之间的和平协议,这一历史性的事件至今仍被三块碑铭所记录。秦始皇在统一六国后,曾两度东巡至赣榆,留下了众多的历史遗迹和传说。根据《史记·秦始皇本纪》的记载,在秦始皇二十八年,即公元前219年,秦始皇东巡至海滨的琅琊郡,寻求传说中的"长生不老仙药"。为此,他召集了当地的方士徐福。徐福,擅长巫术和方术,声称能够前往海上的蓬莱仙境采集具有长生不老效果的仙花。秦始皇听后非常高兴,于是决定派徐福率三千童男女,乘着宏伟高大的楼船,去海上寻觅仙花,结果他一去未返[①]。许多历史学家推测,徐福可能航行至了日本列岛。他不仅带去了熟练掌握各种生产技艺的童男童女,还带去了众多先进的工具和器皿,向当地的日本人传授了青铜技术,促进了当地经济和文化的发展。徐福的传说在中日两国广为流传,他受到了两国人民的尊敬

---

① 李洪甫,刘洪石.连云港山海奇观[M].北京:地质出版社,1986:45.

和纪念。

赣榆区金山镇徐福村建有徐福庙,不仅是对这位航海家和文化使者的纪念,更是与外界文化交流的象征。庙宇的飞檐翘角在岁月的洗礼下依旧挺立,仿佛在诉说着那些古老的故事。

徐福庙
(来源:徐洪绕)

赣榆县不仅是文人墨客的聚集地,也是许多历史名人的故乡。南宋抗金名相胡松年、《儒林外史》的作者吴敬梓、实业家张謇等,都与这片土地有着不解之缘。他们的故事,如同赣榆的山川一样,激励着一代又一代的赣榆人。其中,南宋时期以抵抗金兵而闻名的宰相胡松年家境贫寒,他得以接受教育主要靠母亲的勤劳纺织。据《宋史·胡松年传》记载,他具有超凡的记忆力,对《易经》有深入的研究。在政治领域,面对女真族的不断侵犯,胡松年多次向朝廷上书,主张北伐,力图收复失地并阻止金兵的南侵。因此,他被朝野尊称为"抗金名相"。在秦桧专权时期,胡松年保持了坚定的立场,始终未与秦桧有任何书信往来,因而当时获得了人们的极高评价和尊敬。为了纪念这位具有崇高民族气节的先贤,赣榆的乡亲们在他的故居前竖立了一块纪念碑,上书"宋吏部尚书胡松年故第",以此缅怀他的事迹和精神。

赣榆县的地方志详细记录了这片土地的风土人情和历史变迁。《赣榆县志》中提到,自古以来,赣榆地区便流传着"熰狼烟、杀鞑子"的独特风俗。在这里,"鞑子"是对蒙古族的一种称呼,与北方人称呼南方人为"蛮子"相似,并不包含任何贬损的意味。这种称呼反映了地域间的文化差异和历史交流,而非对某一群体的不尊重。传说在元朝时期,蒙古统治者为了防止民众反抗,实施了刀具管制。汉人家庭的菜刀、剪刀和镰刀等工具,只有在做饭、缝衣或进行生产活动时才能向蒙古人借用,使用后必须归还。比如,一把菜刀往往需要十户汉人共同使用①。因此,在赣榆地区,人们至今仍习惯将自家的菜刀称为"十刀"。据传说,"熰狼烟"最初是"杀鞑子"行动的信号。在极度愤怒的情绪驱使下,汉族人民举起反抗的旗帜,苏北和鲁南的民众纷纷加

---

① 祝新华.赣榆:那些渐行渐远的独特年俗[J].江苏地方志,2019(2):31-33.

第一章 朴素之愿

入这一行动。他们约定在除夕的清晨，共同点燃烟火作为起义的信号，联手行动，消灭鞑子，以便能够安心过年。随后，每家每户都放起了鞭炮，人们四处奔走，传递着成功消灭鞑子的喜讯。为了纪念这一历史事件，每年除夕的早晨，人们都会在自家门前的空地上焚烧麦草，让烟雾升腾[①]。这一做法逐渐演变成了除夕"熰狼烟"的传统习俗。

在赣榆，祭灶活动被当地人称为"送灶王爷"，也就是普遍所说的辞灶。当地有一个广为流传的谚语："官辞三，民辞四，乌龟王八辞二十五。"这句话揭示了不同社会阶层祭灶的时间差异：官宦之家或有功名的家庭选择在腊月二十三日进行祭灶，普通民众则习惯在腊月二十四日祭灶，那些被贬称为"乌龟王八"的人则在腊月二十五日举行祭灶仪式。这一习俗反映了不同社会群体在传统节庆活动中的时间划分，是社会地位的象征。然而，在赣榆，祭灶的习俗实际上跨越了三天，除了腊月二十三和二十四的祭灶活动外，还有一部分居民选择在腊月二十二进行祭灶[②]。

清康熙七年（1668年），赣榆县经历了郯城大地震，城崩。后又遭遇了连年的干旱，加之朝廷的重税压迫，当地民众生活困苦，怨声载道。在青口镇的张城子村，居住着一位名叫张涵的文人，字子渊。康熙四十三年（1704年）年终，任东海县南城镇私塾教师的张子渊回乡过年，目睹了乡亲们的困苦生活，他采取了两项行动：一是召集村中长者商讨如何抵制不合理的捐税；二是联合附近乡里的秀才和同学，共同向县衙递交请愿书，请求免除民众的苛捐杂税。县官得知后，怒斥张子渊为无名小卒，竟敢煽动民众抗捐，随即上报，剥夺了张子渊的功名，并下令逮捕他。当衙役来到村里时，乡亲们已经将张子渊藏匿。为了避免村民受到牵连，张子渊现身，随同官差前往县衙投案自首。他被判以流放至天山的刑罚。在即将被押送出发的前夕，也就是腊月二十二日，村民们共同出资，向押送的官差请求延期一天，以便张子渊能够先完成祭灶的仪式，然后再踏上流放的路途。但由于官方的期限不能推迟，张子渊必须在第二天一早出发。因此，在差役的押送下，张子渊回到张城子村，在腊月二十二日晚举行了祭灶仪式。村民们特意搭建了一个露天的大灶台，上方悬挂着灶君的画像，火把和蜡烛照亮了现场，香火升起，青烟袅袅。祭拜完灶君后，村民们又挂起了张子渊的画像，众人跪拜，场面悲壮。在这场数百人的祭灶仪式中，张子渊身戴枷锁，面对自己的画像，双手端起酒碗，含泪一饮而尽，告别了乡亲，悲壮离去。

张子渊虽然离去，但他为了民众利益挺身而出的英勇行为，一直激励着张城子村的村民。为了纪念他，张城子村的村民在每年的腊月二十二都会提前举行祭灶仪式，这一习俗延续至今。即使是居住在外地的张城子村人，也保留了这一传统。

在除夕夜，当地居民会在锅中放置豆腐、发糕和两根大葱，这一做法被称为"压

[①] 祝新华.赣榆：那些渐行渐远的独特年俗[J].江苏地方志,2019(2):31-33.
[②] 祝新华.赣榆：那些渐行渐远的独特年俗[J].江苏地方志,2019(2):31-33.

锅",寓意着家中一年到头不缺食物。在农历新年的前夕,家家户户都会在庭院里精心布置供桌,摆上象征丰收的五谷和寓意四方平安的筷子。供桌上的"聚宝盆"内盛满五谷,寓意着来年的"五谷丰登",而筷子则以梅花状插入盆中,象征着"四方平安,天下太平"。此外,每户人家还会竖起装饰着绿叶的竹子,并称之为"摇钱树",以此祈求财富的到来。春联一经贴好,家庭成员便不再外出,且在家门口撒麦麸,希望家庭幸福美满。

团圆饭是家庭团聚时的重头戏,饭桌上摆满了富有象征意义的菜肴:鸡寓意"吉祥如意",鱼预示着"年年有余",圆子代表着"团团圆圆",而粉丝则象征着"长寿"。餐后,全家人围坐在一起"守岁",品尝家乡的特色小吃。人们在庭院中设立"香案",摆放上山果、面果、发糕、年糕和"喜馒头"等祭品。部分家庭还会挂上祖先的画像,打开"神厨"门,让家庭成员依次上香叩拜,以此缅怀先人。

随着午夜的钟声临近,家家户户开始准备迎神的供物,焚烧香烛纸稞,燃放鞭炮,这一仪式被称为"辞年",寄托着人们对新一年风调雨顺、平安无事的祈愿。大年初一的凌晨,人们焚香烧纸,放鞭炮,迎接喜神,这一活动被称为"发五更纸"。早起的人们互相比较谁更早,寓意着"早发",希望新的一年里能够早早迎来好运。

大年初一这天,当地居民通常会选择素食饺子作为早餐,并在食用前先饮用一碗象征甜蜜的炒米水。炒米,即炒制的糯米,其制作过程包括将糯米浸泡后,在腊月的初八、十八和二十八这三个"八"日,用小火在草锅中慢慢炒至金黄色。这一传统做法赋予了炒米特殊的文化意义。还有说法认为三个"八"日连续炒制的炒米具有治疗儿童腹泻的功效。初一早上,先将水烧开,然后加入炒米,煮沸后盛入碗中,加入白糖或红糖即可食用①。

到了大年初二,习俗中规定,已订婚但尚未结婚的男青年需前往女家接受宴请。在这一天,女方家中的长辈和邻里会聚集一堂对"新人"进行观察,男方则需按照辈分称呼女方长辈。作为对男方的接纳,长辈们会给予红包。作为尊贵的客人,男青年在正式宴席开始前会先被奉上炒米水。与初一的习俗不同,这次的炒米水中会加入荷包蛋,同时桌上会摆放六到八个果盘,类似于南方的早茶,寓意着对男青年的满意和喜悦。

赣榆地区的煎饼文化也颇具特色,展现了当地独特的饮食文化和风俗习惯。当地人在享用时会摇头晃脑,增添了食物的风味。赣榆煎饼因能够包裹各种食材而被誉为"中国的披萨"。这种饮食方式的多样性和包容性,也映射出赣榆人民的开放心态和包容精神。

在赣榆县的东部,有一个名为赣马镇的地方,是朱智贤的故乡。此处向北是秦方士徐福的故里,向东是波澜壮阔的黄海,海风拂面,带着咸咸的味道,也带来了海洋

---

① 祝新华.赣榆:那些渐行渐远的独特年俗[J].江苏地方志,2019(2):31-33.

的宽广与自由。赣马镇不仅是文人荟萃之地,而且也是游览胜地。在这座古城及其周边,分布着众多的历史遗迹和风景名胜,例如被郁郁葱葱的松柏环绕、光彩夺目的关帝庙,架设在玉带河之上、洋溢着诗意的紫阳桥,即便是在严重干旱的年份也永不枯竭、泉水清澈见底的金蟹泉,以及那座高耸入云、飞檐翘角的文峰塔。文峰塔原名青云塔,位于城外东南方向不远的青云寺内,后毁于地震。在清光绪二十七年(1901年),塔在城内东北角得以重建,并更名为文峰塔。这座塔高约五丈,呈八角形,飞檐翘角上挂着的铃铛随风摇曳,发出仿佛历史低语的声音。赣榆县知事徐树锷主持修建了这座塔,以期激发文风,并撰写碑文:"东方青龙,卓此文峰,镇海龍鍐。白虎降伏,人民咏服,奕世赖福。官锡显爵,利名高擢,年盛大乐。据城临渊,亘古巍然,我铭永传。长沙徐树锷撰。"徐树锷希望这座塔能够守护当地的风水,祝福这片土地上的人民在科举和官场上取得卓越成就,涌现出众多杰出的"文峰"人物。这座塔坐落于赣榆古城的东边,其东侧还特别挖掘了一个荷花池。每当夕阳西沉,塔的倒影在池水中显现,形成了双塔并立的壮观景象。这一自然景观被赞誉为"文峰夕照",并被列为"赣榆八景"之一。

文峰塔旁有一条小河,河上横跨着一座名为"题名桥"的小拱桥。传说中,凡是走过这座桥的学子都将在科举中高中,成为国家的栋梁。文峰塔和题名桥作为当地的文化象征,不仅体现了人们对文化教育的尊崇,也表达了对未来的憧憬。每逢佳节,镇上的人们都会聚集在文峰塔下,举行各种文化活动。

文峰塔
(来源:徐洪绕)

赣马镇还是一座文化的宝库。镇上的孙桥村石桥,是连云港市保存最为完整的古桥之一。孙桥村石桥始建于明朝万历十八年至万历三十九年之间,这座石板桥的设计独特,桥体呈南北走向,全长 11.4 米,宽 1.95 米,桥墩四排,桥墩结构'三竖一横',桥面由九块条石铺就,桥面上还刻有古代棋盘图案,展现了古人的智慧与审美[1]。历经近 400 年风雨,孙桥村石桥依旧屹立不倒。它曾是明朝三公河上一座沟通南北交通的重要桥梁,见证了近 400 年的历

---

[1] 陈炜,王泽祥.立碑强化市级文物保护[N].连云港日报,2019-10-09(1).

史沧桑。2018年，孙桥村石桥被公布为连云港市文物保护单位。据了解，孙桥村石桥还在抗战时期有过一段保护村民的故事。抗战时期，日军100多人准备屠村，后来因为军车到桥的时候发现桥板有一处断裂，无法通行，所以放弃屠村计划，折返县城，村民才得以幸存。

赣马镇的土地肥沃，物产丰饶，是赣榆县的粮仓。这里的农民以勤劳和智慧，耕种着这片土地，收获着希望。每年的春耕秋收，都是镇上最热闹的时候。金黄的麦田、累累的果实，不仅是农民辛勤劳动的成果，也是赣马镇繁荣的见证。

赣马镇见证了无数历史的变迁，从秦方士徐福的传奇东渡，到抗日战争的烽火岁月，每一章节都深刻地烙印在这片土地上。赣马镇以其独特的历史、文化、教育和农耕传统，展现出一幅丰富多彩的生活画卷。朱智贤就出生在这样一个充满文化气息和历史底蕴的小镇。他的生活虽然开始于偏僻的乡村，但他的精神和成就却如同赣榆的文峰塔一样高耸入云，成为后人敬仰的学术巨星。这片土地，不仅是朱智贤的出生地，也是他精神成长的摇篮。在这里，他汲取了丰富的文化营养，形成了自己独特的人生观和价值观，最终成为中国心理学界的一代宗师。

第二节　家境贫寒

在清光绪三十四年（1908年），一个寒冷的冬夜，江苏省赣榆县的一个贫苦家庭迎来了新生命。这个孩子就是朱智贤，他的第一声啼哭在农历十二月初九的午夜响起。按照当时的历法换算，这一天恰好对应着公历的1909年1月1日，而按照前一天的日期计算，则是1908年12月31日。朱智贤就诞生在这新旧交替的时刻，预示着他将见证一个时代的变迁。

朱智贤的童年，是在简朴和贫穷中度过的。他的父亲，朱景宗，一个温和而坚定的男人，从年轻时就开始在城里做些小买卖，卖点糖果、杂货维持生计。尽管没有受过正规的教育，朱景宗却以其诚实和勤奋赢得了邻里的尊重。他的生意虽小，却足以支撑起这个家。

"孩子，你将来一定要读书，要有文化。"朱景宗常常这样对朱智贤说。他自己虽然没有机会读书，但在生活的磨砺中，他学会了识字和算术，甚至能够阅读一些简单的书籍。

朱智贤的母亲，詹氏，一个来自海边小镇的女人，生活简朴而勤劳。她总是面带微笑，用她的温柔和耐心，为这个家带来了温暖和和谐。

朱智贤和哥哥朱礼贤的到来，给这个家带来了无尽的欢乐。

"看这孩子，眉清目秀，将来一定是个有出息的人。"朱智贤的祖父在朱智贤出生

第一章 朴素之愿

后不久就这样预言。他给孩子起了个小名"佟",因为朱智贤出生在寒冷的冬天,出生时候伴随着室内熊熊燃烧的柴火。

在江苏省赣榆县,朱氏家族的历史源远流长,可以追溯到山东省莒县的朱家洼村,一个以勤劳和节俭著称的农家。康熙年间,鲁南地区遭遇了严重的旱灾,庄稼歉收,朱家不得不离开故土,踏上了逃荒之路。

经过无数个日夜的跋涉,朱家终于在赣榆县城西的孙坡村找到了新的栖息之地。在那里,他们以坚韧不拔的精神,开始了新的生活。朱家的先辈们,一边为村里的人家帮工,一边开垦荒地种植庄稼,勉强维持生计。不久,他们开垦出了五六亩土地,被村民们称赞为"朱家荒"。随着时间的流逝,朱家在这里扎根,世代相传。

然而,命运的风暴再次降临。民国初年,孙坡村的地主孙殿臣见朱家这个外来户开荒种地,心生嫉妒,便无理地宣称那片土地属于他,并强行霸占。朱家祖先的墓地被破坏,家族被驱逐出孙坡村,失去了他们辛苦开垦的土地。

面对这样的不公,朱家选择了打官司,希望能够讨回公道。但是,在那个官场腐败的年代,"衙门口朝南开,有理无钱莫进来"成了他们无奈的写照。朱家的官司注定是一场徒劳,因为孙坡村的村民大多姓孙,而朱家是外来者。在孙氏家族的压力和利益驱动下,朱家的诉讼无果而终。

无奈之下,朱家再次踏上了逃荒之路,这次他们来到了赣榆县城,也就是现在的赣马镇城里村。在这里,他们只能靠打零工和做小生意来维持生活。朱智贤的祖父和他的兄弟们原本生活在曾祖父的庇护下,现在却不得不各自为生。曾祖父在失去土地后悲痛欲绝,不久便去世了。

朱智贤的祖父,作为家中最小的儿子,决定在县城里做些小生意来维持生计。他们在圣人庙东墙外搭建了简陋的草房,算是有了一个遮风挡雨的地方。祖父的诚实和勤奋赢得了人们的尊重,最终得到了一个在孔庙看大门的差事(那时叫门斗),除了看门外,还得打扫卫生。侍奉学官最好的事是送喜报。有的赶考举子中举后,到他家去送喜报,能挣点喜钱等等。虽然收入微薄,但对于他们来说,这已经是一个不错的差事。

朱智贤的祖父有四子三女。他希望儿子们都能读书,但家境的贫困让他无法实现这个愿望。经过深思熟虑,他决定让两个较大的儿子去读书,而让两个较小的儿子去做生意,以支持家庭。朱智贤的父亲,作为家中的老三,便承担起了这个责任。

在那个寒冷的冬日,朱家的草房里,一家人围坐在火炉旁,火光映照着他们的脸庞。朱智贤的祖父,虽然年事已高,但精神矍铄,他的眼睛里闪烁着对过去的怀念和对未来的期望。他讲述了朱家的历史,从山东的朱家洼村,到赣榆的孙坡村,再到现在的赣马镇城里村。他讲述了朱家如何从一片荒地中开垦出希望,又如何在不公的压迫下失去了一切。

朱智贤的父亲默默地听着，他的脸上写满了对父亲的敬重和对家族的责任感。他知道，尽管生活艰难，但他必须继续努力，为了家庭，为了朱智贤和他的兄弟姐妹。

朱智贤的母亲是一个温柔而坚强的女性，她的手中不停地忙碌着，为家人准备着简陋的晚餐。她的眼中充满了对孩子们的爱和对未来的希望。她知道，尽管生活贫困，但只要家人团结一心，就没有什么是不可能的。

在那个夜晚，朱家的草房里充满了温暖和爱。尽管外面的世界充满了不确定性和挑战，但朱家人的心中充满着希望和决心。他们坚信，只要齐心协力，就没有什么能够阻挡前进的脚步。

自从他们的祖先从山东迁至赣榆，几代人都没有机会接触书本，知识对于他们来说是一种奢望。他们的日子在无知中度过，甚至有些人连自己的名字都不会写。朱智贤的祖父对此深感痛心，他决心要改变家族的命运，即从自己这一代开始，要让朱家的子孙都能读书识字。

为了实现这个愿望，祖父找到了孔庙里一位博学的老先生，请求他为朱家设计一套排行字，以此来激励后代子孙追求学问。老先生深思熟虑后，给出了八个字：学、宗、贤、圣、时、济、明、良。这八个字不仅承载着对朱家后代的期望，也体现了朱家对知识和道德的重视。

祖父自己取名为朱学经，意在表明自己要成为家族学问的传承者。他的四个儿子分别被命名为奉宗、澄宗、景宗、秀宗，每个名字都蕴含着对家族传统的尊重和继承。随着岁月的流转，家中的长子和三子均已步入婚姻的殿堂，并各自育有两位男丁。祖父再次邀请老先生为孙辈们命名，这次选择的字是儒家思想中的五个核心价值：仁、义、礼、智、信。因此，长子的两个儿子分别叫做仁贤和义贤，而三子的两个儿子则取名为礼贤和智贤。这些名字不仅是朱家子孙的标识，更是祖父对后代的期望和教诲。他希望朱家的孩子们能够学习知识，成为有道德、有学问的人，从而改变家族的命运。朱智贤，作为家族中的一分子，从小就被寄予厚望，他的名字"智贤"就体现了祖父对他智慧与德行的双重期望。

随着时间的推移，朱家的人口逐渐增多，他们的房子也从最初的草房扩建成了两进院的四合院。尽管生活依然清贫，但一家人和睦相处，生活充满了温馨。直到祖父和祖母相继去世，这个大家庭才分成了四个小家庭，各自寻找新的住所。

朱智贤的大伯和二伯通过读书，在县衙里找到了工作，二伯甚至成为一名老师。他们的生活相对宽裕，因此在父母去世时，他们承担了所有的丧葬费用。作为回报，他们继承了家中的老房子，而其他兄弟则不得不搬出，寻找新的居住地。

在最后一次家庭聚会上，朱家的兄弟们围坐在一起，回忆起父亲的遗愿。他们希望有一天能够夺回被孙殿臣霸占的土地，并且希望他们的子孙能够通过读书改变命运，为朱家带来荣耀。朱智贤和他的兄弟姐妹们虽然年幼，但心中已经种下了改变命运的种子。他们听着祖父的故事，感受着家族的历史，他们知道，自己的未来，将与家族的命运紧密相连。

朱智贤的新家位于赣马镇的城南，是一座简陋的茅草屋。房子虽然不大，但足以遮风挡雨，给予一家人温暖。房子的后面是一片小菜园，朱智贤的母亲在这里种植着各种蔬菜，以供家庭食用。房子的前面是一条小河，河水清澈见底，朱智贤和哥哥常常在这里捉鱼摸虾，增添了不少童年的乐趣。

朱智贤的父亲在镇上经营小生意，主营糖果和杂货。尽管未曾接受过正规教育，但他通过向他人学习，逐渐学会了识字和打算盘。他深刻体会到没有文化的难处，因此对朱智贤的学业投入了极大的关注。在夜晚，他点燃油灯，亲自教导朱智贤基本的算术和识字，希望他能够通过学习改变自己的命运。

朱智贤的母亲，用她的行动教育孩子们勤劳与坚韧。她每天早起晚睡，忙里忙外，不仅要照顾家庭，还要帮助丈夫照料小生意。尽管生活艰辛，但她从未有过怨言，总是以乐观的态度面对生活的挑战。

在赣榆县，春节是一年中最热闹的时候。朱家的春节，总是充满了忙碌和欢笑。朱景宗和詹氏希望在春节前能够多卖点糖果，好让家里过个好年。而孩子们，则期待着新年的新衣服和压岁钱。

"妈妈，为什么我们要在灶王爷像前放糖？"朱智贤好奇地问母亲。

"这样灶王爷上天汇报时，嘴巴就会甜，只会说我们家的好话。"詹氏笑着解释。

每逢农历腊月二十三，朱家便会遵循传统，举行祭灶仪式。在这一仪式中，朱景宗会将新的灶王画像挂起，并在其两侧贴上写有"上天言好事，下界保平安"的对联，横批则标为"一家之主"。到了夜晚，他们还会准备供品，为灶君送行。

对于智贤和礼贤而言，新年的到来是他们最为期盼的。他们期待着燃放鞭炮、观看舞狮表演、观看花灯，以及向长辈拜年并讨压岁钱。这些活动，对于孩子们来说，无疑是一年中最令人兴奋和热闹的事情。

"智贤，你看，'福'字要倒着贴，这样福气就到了。"朱景宗一边贴着春联，一边教朱智贤。

"福到了！福到了！"孩子们跟着欢呼，家里充满了欢声笑语。

在那个时代，为了孩子的平安，家长们会让孩子认干妈，或者把孩子的名字记在庙里，以求神灵的庇护。朱智贤也不例外，他的名字被记在了庙里，庙里的和尚还送给他一顶小和尚帽子，他戴上后，全家人都笑了。

朱智贤的童年，虽然简朴，却充满了爱和希望。他的家庭，虽然不富裕，却充满了温暖和快乐。这些记忆，成为他一生中最宝贵的财富。

在朱智贤的记忆深处，童年的学习时光总是充满了乐趣和挑战。五六岁时，他和哥哥在祖父和父亲的引导下，开始了对知识的探索。那时候，家里没有钱买昂贵的教科书，但他们有的是生活中的智慧和创意。朱贤智在《我的童年》一文中回忆：我五六岁起，祖父和父亲就叫我读书识字。当时识字的方法，主要是认对联，就是过年时家家户户门上贴的春联。……像"清明时节雨纷纷""松下问童子"等等，我们也很感兴趣的，因为这些诗中说的事情既具体又有趣①。

祖父指着门上的春联，向智贤解释道："你看这对联，'春回大地，万象更新'，它意味着冬天过去了，春天的到来将带来新的希望。"他耐心地逐字解释春联的含义。

朱智贤睁大眼睛，好奇地听着，他的世界里充满了对未知的渴望。他跟着祖父的声音，一字一句地重复着，仿佛要把每个字都刻进心里。

父亲则拿出了一张纸，上面是他请村里的先生写的范字。朱智贤和哥哥轮流用薄纸覆盖在上面，小心翼翼地描摹着每一个笔画。他们的小手虽然不稳，但每一次练习都让他们更加接近那些流动的墨迹。

"一去二三里，烟村四五家。"朱智贤跟着父亲念着，虽然他还不能完全理解诗句中的意境，但他能感受到那种节奏和韵律的美。

随着时间的推移，朱智贤开始学习背诵诗歌。他的父亲经常教孩子们一些有趣的小诗，这些诗歌成为了朱智贤童年的一部分。

春雨贵如油，下地满街流。滑倒解学士，笑倒一群牛②。朱智贤和哥哥一边念着，一边模仿着滑倒的样子，彼此逗得哈哈大笑。

冬天，当大雪覆盖了村庄，他们又念起了另一首诗：大雪纷纷涌，下在瓦屋垄。黄狗身上白，白狗身上肿③。他们看着门外的雪景，想象着诗中的黄狗和白狗，感受着诗歌带来的快乐。

朱智贤的父亲还教他们《三字经》和《百家姓》，这些经典的读物为他们打开了了解中国传统文化的大门。朱智贤对这些知识充满了兴趣，他尤其喜欢那些描绘节日和自然景象的诗句，如"清明时节雨纷纷"和"松下问童子"。

这些学习的经历，不仅让朱智贤掌握了基本的读写能力，更重要的是激发了他对知识的热爱和对世界的好奇心。在那个简朴的年代，朱智贤的童年虽然没有现代的儿童玩具和电子设备，但他拥有的是更加宝贵的东西——知识的种子和探索世界的热情。这些经历，为他日后成为一位杰出的心理学家和教育家奠定了坚实的基础。

---

① 黄永言.朱智贤传[M].北京:人民教育出版社,2000:11.
② 李震.朱智贤:心理学星空不落的巨星[M].北京:华文出版社,2013:7.
③ 李震.朱智贤:心理学星空不落的巨星[M].北京:华文出版社,2013:7.

第三节　家逢变故

朱智贤六岁那年，祖父带着他穿过县城的石板路，来到了小学堂（当时叫国民小学）。那天，天空湛蓝，阳光洒在古老的建筑上，给这个平凡的早晨增添了几分神圣。朱智贤紧紧抓着祖父的手，心中既兴奋又紧张。

"智贤，从今天起，你就是个真正的学生了。"祖父的声音低沉而坚定。

朱智贤点了点头，眼中闪烁着对知识的渴望。

他们走进教室，朱智贤看到了一排排整齐的桌椅，还有站在讲台上的老师。老师是一位年迈的秀才，他的眼神温和而深邃。

老师的声音响起："朱智贤，来，向孔子像行礼。"遵循入学的传统，新入学的孩子们在开始接受儒家教育时，都要向孔子的牌位行跪拜之礼，以示对先贤的尊敬。

朱智贤遵循老师的指引，庄重地向孔子像鞠了三个躬。他明白，这一行为不仅是对知识的尊崇，也是对未来学习生涯的承诺。

朱智贤的老师注意到他的聪明才智，于是赠予他"伯愚"这个字，意指大智若愚。按照传统做法，名与字应有关联，或意义相同或相近，彼此能起解释作用，如屈原，名平，字原；或名与字所取文字正好相反或相对，如朱熹，名熹，字晦之。朱智贤，名智贤，字伯愚，名与字的意义正好相反①。

朱智贤的求学之路并不轻松。每天早晨，他和哥哥一同起床，协助家中完成一些家务，然后急忙赶往学校。在课堂上，他总是聚精会神地听讲，不愿错过任何知识。放学后，他还需帮助父亲照看小生意，直至夜幕降临。尽管如此，朱智贤从未有过怨言。他深知，唯有通过勤奋学习，方能改变自己的命运。他的成绩始终在班级中名列前茅，赢得了老师和同学们的赞誉。

朱智贤在 1956 年 8 月 4 日的自传材料中回忆这段学习时光：

> 当时，老百姓都称之为洋学堂，我现在成了洋学生了。祖父和父亲的嘱咐牢记心怀，又有在家时祖父和父亲教我学习认字背诗的基础，我的学习一直很认真，学习成绩一直优秀。当时还有一种无形的推动力，就是在校学生中很多是地主、有钱人的子弟，他们条件优越，吃得好、穿得好，又不缺零花钱。像我这样穷苦人家孩子穿的又不好，他们不仅瞧不起，还时常欺负我。但我并不气馁，也不自卑，而暗暗下决心，我穿的虽然不及你，我一定要在学习成绩上压倒你们。在这种思想支配下，我更加自觉地发愤读书。

---

① 李震.朱智贤传述[M].北京：华文出版社，2017：7.

我初等小学毕业后，考入高等小学（原来的怀仁书院，现在的赣马中心小学），在学习成绩上我一直名列前茅。那些富家子弟们在无可奈何的情况下，都很敬佩我。别看我穿的破，始终挺起胸膛走路，我真瞧不起那些"绣花枕头"呢。

朱智贤的父亲，尽管文化不高，却深知教育的重要性。他经常在晚上，点着油灯，教朱智贤一些基本的算术和识字。他告诉朱智贤："孩子，读书不仅是为了自己，也是为了家族的荣耀。"

朱智贤的母亲，虽然身体不好，却总是鼓励他："智贤，你一定要好好读书，将来做一个有出息的人。"

在家人的鼓励和支持下，朱智贤更加坚定了对学业的追求。他意识到，自己的奋斗不仅是个人的努力，也是为了回应家人的期待。自小，他就立志成为一个有能力、有学问、品行正的人，这种志向对他后来形成正确的人生观、价值观和世界观也产生重大的影响。

然而，朱智贤的童年并非一帆风顺。在他的童年记忆里，赣榆县的晴空之下，家庭的阴霾若隐若现。九岁那年，一场突如其来的风暴席卷了这个平静的家庭。他的母亲在生第三胎时，因失血过多而永远地离开了他们。这个消息如同晴天霹雳，让整个家庭陷入了深深的悲痛之中。

那是一个普通的秋日，朱智贤和哥哥朱礼贤像往常一样从学校回家，期待着母亲为他们准备的热腾腾的晚饭。然而，当他们踏入家门，迎接他们的却是一片死寂。父亲坐在床边，双手捂面，肩膀微微颤抖。朱智贤的心猛地一沉，他知道，那个总是微笑着迎接他回家的母亲，再也不会回来了。

"爹，娘呢？"朱智贤的声音带着颤抖，他害怕听到答案，却又迫切地想要知道。

父亲抬起头，眼中含着泪水，声音哽咽："孩子，你们的母亲……她走了。"

朱智贤和哥哥朱礼贤抱头痛哭，他们的哭声在夜空中回荡，显得格外凄凉。母亲的身影，母亲的温暖，母亲的笑容，都将成为他们心中永远的记忆。

朱智贤的父亲，一个朴实的商贩，面对家庭的打击，显得力不从心。他的生活原本就不易，现在更是雪上加霜。他常常在夜深人静时，独自坐在门前的石阶上，抽着旱烟，望着满天的繁星，默默地流泪。他的内心充满了愧疚和无力感，他觉得自己没有保护好自己的家人，没有给孩子们一个完整的家。

"智贤，你娘在的时候，我们虽然穷，但是一家人团团圆圆，快快乐乐。现在她走了，这个家就散了。"父亲的声音中带着无尽的悲伤。

朱智贤走到父亲身边，轻轻地抱住他，说："爹，娘虽然不在了，但是我们还在。我们会一起努力，让这个家再次充满温暖。"

第一章 朴素之愿

父亲紧紧地抱住朱智贤，泪水打湿了他的衣襟。他知道，他的儿子已经长大了，他需要更加坚强，为了孩子们，为了这个家。

在亲友的劝说下，朱智贤的父亲再娶了一位妻子。继母杨氏是一个善良的女人，她的到来给这个破碎的家庭带来了一丝温暖。她对朱智贤兄弟俩视如己出，尽力弥补他们失去的母爱。

"智贤，从今以后，我就是你们的娘。"杨氏温柔地说，她的眼神中充满了慈爱和坚定。

朱智贤看着继母，心中充满了复杂的情感。他知道，继母的到来意味着家庭的重新开始，但他心中的伤痛却不是那么容易愈合的。

"我会照顾好你们的，就像你们自己的娘一样。"杨氏继续说道，她的声音中带着一丝哽咽，但更多的是坚定和承诺。

朱智贤低下头，沉默了一会儿，然后轻轻地点了点头。他知道，尽管继母无法取代他心中的母亲，但她的关爱和温暖，将是他未来生活中不可或缺的一部分。

朱智贤的哥哥朱礼贤，一个聪明伶俐的孩子，突然患上了眼疾。尽管家人四处求医，但最终还是没能挽回他的生命。朱智贤失去了他的依靠，那个总是保护他、鼓励他的哥哥。

"智贤，你要坚强，哥哥不能再陪你了。"朱礼贤在病床上，用微弱的声音对朱智贤说。

朱智贤紧紧握着哥哥的手，泪水模糊了他的视线。他无法接受这个事实，那个总是带领他一起放风筝、一起抓鱼的哥哥，就这样离开了他。

"哥哥，你不会离开我的，对吗？我们还要一起去海边，一起去爬山，你答应过我的。"朱智贤的声音中带着绝望的哀求。

朱礼贤努力挤出一个微笑，但他的眼神已经失去了往日的光彩："智贤，你要记住，无论发生什么，都要勇敢地走下去。你是我的骄傲，也是娘的骄傲。"

朱智贤学习更加刻苦。他知道，只有通过学习，才能改变自己的命运，才能让家人过上更好的生活。他每天早上天不亮就起床，帮助家里做家务，然后匆匆赶往学校。课堂上，他总是全神贯注地听讲，生怕错过任何一个知识点。放学后，他还要帮助父亲照料小生意，直到夜幕降临。

这些家庭的变故给他的心灵带来了深刻的影响。但正是这些苦难，磨砺了他的意志，也坚定了他通过教育改变命运的决心。朱智贤知道，他必须坚强，为了自己，为了家人，为了那些已经离去的亲人。他将带着他们的希望和梦想，继续前行。

第二章

师道之基

第一节 恩师指引

在朱智贤的学术生涯中，恩师宋茀庵的影响是不可忽视的。宋茀庵，江苏省立第八师范学校（简称"八师"）首届毕业生，以其卓越的学术成就和高尚的师德，成为朱智贤成长道路上的重要指引者。

宋茀庵，字长禄，原籍灌云县中正乡，1896年出生，1991年去世。他出生在一个既从事工商业又兼顾农业的家庭。1911年，即清朝宣统三年，宋茀庵进入了中正精勤学堂，就读于五年级。他自幼聪明伶俐，勤奋好学，成绩一直名列前茅。最初，他的学习内容主要是经典和孟子的讲解，后来随着教育改革，转而学习国文，由留日归来的秀才章沧清先生授课，教学内容焕然一新。民国二年，他从精勤学堂毕业，次年春季考入灌云县板浦新成立的江苏省立第八师范学校预科，并在七月底正式入学[①]。

辛亥革命之后，民国教育部推行了一系列教育改革措施，并发布了《师范教育令》。该法令明确规定了师范教育体系的划分，包括师范学校、女子师范学校、高等师范学校、女子高等师范学校以及私立师范学校五大类。基于此法令，江苏省议会在苏州、上海等多个地方规划设立了七所师范学校。然而，位于苏北海域的地区却尚未拥有任何一所师范学校[②]。

为了改善这一状况，1914年8月，江苏省议会决定在海属地区增设第八师范学校。经过详细的实地考察，考虑到板浦镇作为重要的盐业集散地，具备较好的交通条件和较大的人口流动性，最终选定该镇作为第八师范学校的校址。因此，江苏省政府决定

[①] 张国华.记宋茀庵[M]//喻太源,曹寿田.杏坛轶事:连云港市文史资料:第十四辑.连云港:政协连云港市委员会文史资料委员会,2002:318-320.

[②] 袁殿传.记江苏省海州师范学校[M]//喻太源,曹寿田.杏坛轶事:连云港市文史资料:第十四辑.连云港:政协连云港市委员会文史资料委员会,2002:1-23.

将第八师范学校设立在灌云县城内的板浦镇,并将镇内的传统学塾"尚义堂"改建为"江苏省立第八师范附属小学"(苏光小学前身,简称"八师附小"),以此来提升当地的基础教育水平。

江苏省立第八师范学校坐落于板浦镇内的陶公祠和崇庆院。为了满足师生住宿需求,学校最初在校外租赁了宿舍,随后又购买了西大街韩家的房产作为新的校舍,这个地方现在是苏光小学的位置。

当时,江苏省共有八所省立师范学校,其中江南四所,江北四所。江北的四所学校分别是:扬州的江苏省立第五师范学校、淮阴的江苏省立第六师范学校、徐州的江苏省立第七师范学校以及板浦的江苏省立第八师范学校[①]。

八师的校长是由省政府直接任命的,历任校长包括单冶秋、叶维善、郏鼎元、江恒源等人。除了管理学校的日常事务,校长还需负责指导整个海属地区的初等教育工作,并参与制订区域教育发展的长远计划。在校长的带领下,学校建立了完整的行政管理体系,包括两名学监(后设教导主任,学监转为训育主任)、舍监、文牍、庶务、会计、图书管理员、仪器管理员、缮写员、教务员和校医等岗位[②]。

建校之初,八师采用的是五年制教学体系,分为一年的预科和四年的本科。本科课程又细分为艺术、文科和理科三个方向[③]。从1924年开始,学校调整学制为六年,前期三年面向高小毕业生,后期三年则面向初中毕业生。此外,学校还特别开设了为期一年的讲习科,共招收了两期学员。

八师的教师队伍由一批学术水平较高的专业人士组成。例如,校长叶维善就是著名的"扬州八才子"之一。三位国文教师分别为出身于清末的举人、廪生和秀才。理化生三科的教师均有在日本留学的经历。外语教师则以其流利的英语闻名,甚至有一次让盐务稽查所的一位英国副手败下阵来。这些教师不仅知识丰富,而且对学生充满热情,善于引导,他们的课堂既深入浅出又紧密结合实际。

国文教师吴铁秋先生的教学风格尤为突出,他能够把握重点,生动讲解,深受学生喜爱。吴先生强调学生应刻苦钻研,独立思考,注重培养自主学习的能力。他还提倡学生撰写读书笔记,并养成写日记的习惯,定期提交给他批阅。这种教学方法极大地激发了学生的学习积极性,帮助他们构建了坚实的文化基础。

教学管理工作由教务主任全面负责,辅以两位教务员,主要职责包括编制课程表、统计成绩、发放家长报告书、监督各科教学质量等。学校提供的课程广泛,涵盖了公民、国文、外语、历史、地理、算术(代数、几何、三角)、博物(动物学、植物学、生

---

① 滕士涛,钱进.百年师范:连云港师范高等专科学校校史[M].南京:江苏人民出版社,2014:4.
② 滕士涛,钱进.百年师范:连云港师范高等专科学校校史[M].南京:江苏人民出版社,2014:4.
③ 滕士涛,钱进.百年师范:连云港师范高等专科学校校史[M].南京:江苏人民出版社,2014:4-5.

理卫生)、理化、图画、唱歌、体育、教育原理、普通心理学、儿童心理学、普通教学法、各科教学法、小学行政以及小学管理等多个领域①。

八师鼓励学生直接阅读外语原著,经常组织学生前往附属小学进行智力和心理测试。教师们使用的教材都是精心挑选的,每个学期末会举行一次大型考试,学生的学业成绩被划分为四个等级:甲、乙、丙、丁。如果主要科目未能通过,则需要留级。在每届毕业生的最后一学期,学校会安排他们前往南京和上海等地参观学习,回来后在学校内进行教学实习,表现优秀的毕业生有机会留在附属小学任教。

这样的教育模式不仅注重理论知识的学习,也强调实践能力和个人品质的培养,为学生未来的职业发展奠定了坚实的基础。

八师从1914年至1927年,共办学十三年,招收学生十三届,另招两届讲习科。九届毕业学生约360人,讲习科毕业学生约60人。八师治校严谨,若有品行不佳的学生,期末时提出讨论,行为不端的即予以除名。学校规定学生一律住校,平时不能擅出校门,执行请假和销假制度,星期天外出必须在晚自习前回校②。

宋茀庵就是该校的首届毕业生。在学校,他的英文、国文、算术三门主课成绩居全班之首,音乐、体育、美术等科目也表现优异。本科二年级时,学年考试成绩13门课皆列第一。他的学术成就和领导能力得到了校方的认可,时任校长叶惟善赠送他一部《辞源》,并免交学费10元(银圆)作为奖励。在本科三、四年级时,他受到清名举人、桐城学派文人杨光第先生的指导,诗文造诣较深,书画亦佳③。"五四运动"期间,新民主主义革命和新文化运动的兴起,进一步推动了他的思想解放和精神文明的发展。1919年7月,他以优异的成绩从八师毕业,获得了学校、社会和家庭的一致赞誉。

宋茀庵以第一名成绩毕业于江苏省立第八师范学校后,先于八师附小任教,于1921年夏应聘到赣榆县县城高等小学任教,后任江苏省立第十一中学总务主任。江苏省立第十一中学和江苏省立第八师范学校合并为东海中学后,在东海中学附属实验小学任教务主任。新中国成立后,先后在运河师范学校(今运河高等师范学校)、徐州师范学院(今江苏师范大学)中文系任教。

八师附小,人事、教学设备优于地方小学,更助其得心应手、教书育人,为国家培养出不少出类拔萃的人才。如曾经的惠浴宇省长,是他在八师附小教学时的学生。后惠升入江苏省立第十一中学,他又是江苏省立第十一中学的总务主任,相处更亲密。

---

① 滕士涛,钱进.百年师范:连云港师范高等专科学校校史[M].南京:江苏人民出版社,2014:5.
② 袁殿传.记江苏省海州师范学校[M]//喻太源,曹寿田.杏坛轶事.连云港市文史资料:第十四辑.连云港:政协连云港市委员会文史资料委员会,2002:1-23.
③ 张国华.记宋茀庵[M]//喻太源,曹寿田.杏坛轶事.连云港市文史资料:第十四辑.连云港:政协连云港市委员会文史资料委员会,2002:318-320.

第二章 师道之基

及至惠参加革命当江苏省省长时,仍尊他为老师,每来徐州视察工作时,与宋老谈往事甚欢[①]。

宋葆庵在朱智贤小学时就注意到这个少年。在朱智贤的记忆中,宋葆庵老师的身影总是那么温暖而坚定。宋老师,对朱智贤一家有着特殊的情感。朱智贤的哥哥朱礼贤曾是宋老师的学生,他的聪明和勤奋给宋老师留下了深刻的印象。朱礼贤不幸去世后,宋老师每每想到这个勤奋的少年,心中总是充满了遗憾。

朱智贤在初等小学度过了四年时光,随后成功考入了高等小学,恰好在宋老师的班级里。在那个时代,能够完成整个小学教育的大多是富裕家庭的孩子,像朱智贤这样的贫困学生实属罕见。他对学习充满了渴望,将所有的时间和精力都投入了学业中,立志为那些家境贫寒的孩子们树立一个榜样。朱智贤的勤奋和才华很快得到了宋老师的认可和赞赏。宋老师经常在课堂上提问他,朱智贤总是能给出准确且深思熟虑的答案,显示出他对课程内容的深入理解和预习。宋老师还经常私下与朱智贤交流,指导他如何更有效地学习,并鼓励他继续努力。

一次考试结束后,朱智贤以优异的成绩荣登全班榜首。宋老师特意将他喊到办公室,不仅对他取得的成绩给予了肯定,还提醒他要保持谦逊,避免骄傲自满。同时,宋老师鼓励朱智贤扩大知识面,多读一些课外书籍。说着,宋老师从书架上挑出了几本《小朋友》和《儿童世界》等适合青少年阅读的刊物,借给了朱智贤。这些刊物为朱智贤打开了一扇通往新知的大门,对他的学术兴趣和未来发展方向产生了深远的影响。

然而,当朱智贤高等小学即将毕业面临升学的抉择时,他的父亲却因为家庭经济困难而坚决反对他继续深造。朱智贤的父亲希望他能帮衬家里,决定把他送到新浦的织布工厂当学徒。在这个关键时刻,朱智贤想到了宋葆庵老师,希望得到他的帮助和指导。宋老师凝视着这个与朱礼贤有着惊人相似之处的少年,朱智贤的眼神中透露出对知识的渴望和对未来的不确定。

"智贤,你的父亲同意你继续升学吗?"宋老师关切地问。

朱智贤摇了摇头:"我们家经济条件不好,父亲希望我能早点工作,减轻家里的负担。"

宋老师深吸了一口气,他决定亲自去朱智贤家,与他的父亲谈谈。他相信,教育能够改变一个人的命运,他不希望朱智贤因为家庭经济困难而放弃学业。

几天后,宋老师专程来到朱智贤家。他向朱智贤的父亲直接提出了孩子上学的事。

---

① 张国华.记宋葆庵[M]//喻太源,曹寿田.杏坛轶事:连云港市文史资料:第十四辑.连云港:政协连云港市委员会文史资料委员会,2002:318-320.

"朱先生,我知道您的顾虑,但智贤是个有潜力的孩子,他应该有机会继续他的学业。"宋老师诚恳地说。

朱智贤的父亲皱着眉头,他看着宋老师,又看了看站在一旁的朱智贤,心中充满了矛盾。

"宋老师,我知道您是出于好意,但家里的状况您也看到了,我真的不知道该怎么办。"朱智贤的父亲叹了口气。

宋老师站起身,他走到朱智贤的父亲面前,语气坚定:"朱先生,我们可以一起想办法。智贤是个有才华的孩子,他应该得到更好的教育。我会尽我所能,帮助他。"

宋老师连续几个晚上亲自到朱智贤家中进行家访,与朱智贤的父亲进行了深入的交流。宋老师提出了让朱智贤报考师范学校的想法,因为师范学校不仅免除膳宿费用,还提供制服,这对于家境贫寒的学生来说是一个很好的选择。

宋老师还提出了一个创新的想法,建议朱智贤利用课余时间写稿投稿,通过获得稿费来减轻家庭的经济负担。这个建议激发了朱智贤的写作热情,也为他日后的写作生涯奠定了基础。宋老师甚至承诺每月资助朱智贤一些零花钱,以帮助他度过经济困难。

在宋老师的不懈努力和劝说下,朱智贤的父亲最终松口,同意让朱智贤报考八师。这一决定彻底改变了朱智贤的命运,也为他日后成为一位杰出的心理学家和教育家奠定了坚实的基础。

在1980年的一个春日,朱智贤教授在北京师范大学(简称"北师大")偶然遇到了一位徐州师范学院(今江苏师范大学)中文系参会的老师,这次邂逅让他得知了宋荇庵老师的近况。两位师生自上次分别以来,已经过去了半个世纪,但朱智贤教授始终将宋老师铭记在心。他怀着深深的敬意,请求那位教师代为转达对宋老师的问候。不久之后,朱智贤教授亲自提笔,给宋老师写了一封信,向这位六十年前教导他的恩师表达了深深的敬意和温暖的问候。

当时,宋荇庵老师已是85岁高龄,但身体依然健康。当他拿到来自北师大的信,收到信中承载的他曾经的学生、现在已成为国内著名心理学家和教育家的朱智贤教授的问候时,心中充满了激动和安慰。宋老师立刻回信,并附上了自己的诗作和画作,以此表达他的情感。

诗作如下:

> 一别光阴五十年,现能通信意欣然。
> 怀仁自古多佳士,赣县如今有俊贤。
> 学术专攻传晋楚,声名广播遍幽燕。

老翁七十仍勤奋,为国全心事著研①。

为了表达对朱智贤教授学术成就的敬意与美好祝愿,宋老师特地挥笔创作了一幅生动的水墨画。画面中,几尾鱼儿在清澈的水中自由自在地游弋,显得格外活泼生动。这不仅象征着"鲤鱼跳龙门"的吉祥寓意,庆祝朱智贤在学术道路上取得的辉煌成就,而且也暗含了对朱智贤未来学术探索的期望,愿他在学术的海洋中自由自在,勇往直前,继续收获更多的成就。此外,宋老师在作品上盖上了"云中子"的印章。在信中,他对印章的含义进行了解释:"'云'指的是我的故乡灌云县;'中'代表我出生的中正乡;'子'既可以代表我的子孙,也可以理解为'人'。所以'云中子'意味着我始终不忘自己是灌云县中正乡的人。"即使现已高龄,宋老师依然怀念着自己的家乡,怀念着赣榆,更怀念着他曾经悉心培养的杰出人才——朱智贤。

第二节　师范求学

在1923年夏天,朱智贤告别了家乡,跟随宋莆庵老师,踏上了前往江苏省立第八师范学校的旅程。他们一行十几个人,背着简单的行囊,满怀希望地走在乡间小路上。

"宋老师,八师是什么样的?"朱智贤好奇地问。

"那里是知识的海洋,是你们展翅飞翔的地方。"宋老师望着远方,眼中闪烁着期待。

在那个决定命运的考试中,来自海州、赣榆、沭阳、灌云的六百多名考生齐聚一堂,共同竞争那仅有的五十多个宝贵的入学名额。在这场激烈的竞争中,朱智贤凭借他扎实的学识和不懈的努力脱颖而出,成功获得了江苏省立第八师范学校的录取通知书。这一喜讯迅速在赣榆县传开,朱家的门槛几乎被前来道贺的亲朋好友踏破。

朱智贤的父母脸上洋溢着自豪的笑容,他们的喜悦之情溢于言表。根据当地的传统,家中遇有大喜之事,必须祭拜祖先,以示感恩和告慰。于是,第二天一早,全家老少便一同前往祖坟,举行了庄重的祭祖仪式,向长眠于九泉之下的先人们报告这一喜讯。

在这些前来祝贺的人群中,宋莆庵老师的身影尤为显眼。他不仅是朱智贤的恩师,更是他人生道路上的引路人。朱智贤的父母对宋老师的帮助和指导感激不尽,他们紧握着宋老师的手,一遍又一遍地表达着他们的谢意。宋老师则微笑着,眼中闪烁着对学生未来充满期待的光芒。

---

① 黄永言.朱智贤的第一位恩师宋莆庵[M]//喻太源,曹寿田.杏坛轶事:连云港市文史资料:第十四辑.连云港:政协连云港市委员会文史资料委员会,2002:313-317.

20世纪80年代初,朱智贤回忆这一段经历时说:

> 我小学毕业后,无力出外升学,父亲已决定让我当个学徒。这时由于我的级任老师宋莪庵是灌云县人,他暑假要回家,愿意带着我们十几个想升学的学生一起去报考第八师范,我也参加了。考试完毕,有两个人被录取,我是其中之一,我成为一名师范生,从此,决定了我一生的命运——当一名教师,一位教育工作者。我一直很喜爱这个工作,因这我体验到,为了培养下一代而贡献出自己的精力和才智是光荣的,也是富有乐趣的①。

一名清贫的求学少年朱智贤,带着对知识的无限渴望和对未来的美好憧憬,走进了江苏省立第八师范学校的大门,成为"新本二"班级的一员,也就是新学制下的本科二年级学生。在这所学校,他不仅获得了坚实的基础教育,还在"六三三制"的新学制框架下,度过了长达五年的师范学习生涯。

在后来撰写的关于母校的文章中,朱智贤深情地回忆道:

> 我于一九二三年考入江苏省立第八师范。入学时,适逢实行"六三三制"的新学制。我们这些在两等小学(初等小学四年、高等小学三年)毕业的学生,因多读了一年小学,所以入学后,就算初中二年级,当时叫"新本二",即新学制本科二年级,也有人叫前师(前期师范)二年级。前师读完后,直接升入后师(后期师范)学习三年,前后共学习五年。我们这一班,按规定应当在1928年暑假毕业。
>
> 在我考入师范那年,当时海(海州)属四县(东海、赣榆、沭阳、灌云)只有两所中等学校:第十一中学因系普通中学,用费较多,一般贫寒子弟毕业后有志升学的,大多报考第八师范,因为这里除膳食免费外,还发一套兵式操制服②。

在师范学校学习期间,朱智贤有幸遇到了几位杰出的教师,其中对他影响最为深远的是国文教师吴铁秋先生和教育学教师谢鸣九先生。吴铁秋先生凭借其生动活泼的教学风格和深厚的文化底蕴,极大地激发了朱智贤对文学和写作的兴趣。而谢鸣九先生则通过其丰富的教育实践经验与深厚的理论功底,引领朱智贤深入探究教育学的深层含义。这两位老师的教导不仅丰富了朱智贤的知识结构,也为他日后的发展奠定了坚实的基础。

---

① 黄永言.朱智贤的第一位恩师宋莪庵[M]//喻太源,曹寿田.杏坛轶事:连云港市文史资料:第十四辑.连云港:政协连云港市委员会文史资料委员会,2002:313-317.
② 朱智贤.东海中学学生生活漫忆[M]//政协江苏省连云港市委员会,文史资料研究委员会.连云港市文史资料:第四辑.连云港:政协连云港市委员会文史资料委员会,1986:77-83.

第二章 师道之基

吴铁秋，名绍举，字铁秋，以字行世，生于1875年，卒于1963年。他出生在江苏沭阳县沭城镇的一个普通家庭，自幼展现出过人的聪明才智。他的父亲是一位博学之士，常常口授四书五经，吴铁秋总能将《诗经》《尚书》等经典倒背如流①。然而，命运多舛，10岁那年，他失去了父亲，是兄嫂的慈爱与支持让他得以继续求学之路。

在清光绪二十二年（1896年），吴铁秋在海州的岁试中脱颖而出，荣获秀才称号。然而，到了清光绪三十一年（1905年），科举制度废止，吴铁秋并未因此气馁，反而在县城创立了私塾改良社，投身于教育改革。他引领新潮流，创办了明新书报社，发表自己的论述，推广新思潮。到了清光绪三十四年（1908年），他为湖南的《敬业旬报》和《浙江白话报》撰文，提倡白话文，促进了妇女运动的兴起。清宣统二年（1910年），他建立了沭阳县立小学堂，采用新历法，强调劳动与体育活动的重要性，为教育领域注入了新动力。

民国十一年（1922年），吴铁秋受命筹备沭阳县初级中学，即今日江苏省沭阳高级中学的前身，并担任校长。但是，他的先进思想和对新教育的执着遭到了当地地主和县当局的排斥，被迫离开家乡，流离失所。

吴铁秋先后在淮安第九中学和八师任教，历经十余年的漂泊生活。民国二十八年（1939年），日军占领沭城，吴铁秋流亡至泗阳、淮阴、扬州等地，依然坚持教育和文学创作。民国三十八年（1949年），他决定返回故乡，在归途中写下《归来杂感》一诗，记录了十年的流离生活。回到沭阳后，他在沭阳中学继续教书，直至1951年退休。

吴铁秋的一生，是教育的一生，是奉献的一生。他的著作《我的长寿之道》《苍梧片影》《片啸集》等，以及编撰的《古僮文献捃遗》②，都是他对教育事业的热爱和执着的见证。他将家藏的三千余册图书悉数捐赠给县文化馆，为后人留下了宝贵的知识财富。

吴铁秋以其深厚的学识和对学生的关爱而备受尊敬，是一位备受学生爱戴的优秀教师。他的国文课程讲授生动，具有鲜明的个人特色。在教学上，他采用独特的方法，重视学生的自主学习，致力于培养学生的独立研究能力。他要求学生阅读《诸子精华录》和当时新出版的《百科小丛书》等书，鼓励他们自主学习，并定期撰写读书笔记和日记，提交给他审阅。

吴铁秋在激励学生写作方面也有独到之处，他组织学生春游云台山，并要求学生观察后撰写文章；他将优秀作品发表在《八师半月刊》上，对于特别优秀的作品，还会出版"特刊"；他鼓励学生写日记，并提倡学生之间相互批改；他还引导学生向刊物投稿，无论是诗歌、小说还是论文，以此培养他们的发表欲望。这种教学方式赋予学

---

① 李震.朱智贤：心理学星空不落的巨星[M].北京：华文出版社，2013：13.
② 李震.朱智贤：心理学星空不落的巨星[M].北京：华文出版社，2013：14.

生大量时间,使他们有机会涉猎各种知识,既锻炼了自学能力,也提高了写作技巧。

多年后,朱智贤回忆起在师范学校的学习生活时,感慨地表示:师范学校的几年学习给我打下了扎实的知识基础,培养了我的自学能力和写作能力①。这些能力在他后来的学术研究和教育事业中发挥了关键作用。吴铁秋老师的教学方法,无疑对朱智贤的职业生涯产生了深远的影响。

八师二五届校友张国华曾撰文回忆吴铁秋老师:

> 我是1921年秋考进八师的,得到吴老师连续两年的教导,使我奠定较好的国文基础。每学期总有几篇写作选刊在《八师半月刊》,学期、学年国文成绩都被列入甲等。特别是1923年春季旅行云台山,先师选了我班刘百川、前三班葛家绶、罗会珂及我的四篇《云台游记》,还有我的《云台游记序》,用《半月特刊》形式刊出,以鼓励学生学习国文的兴趣。后我们在教学工作中,普遍办起班级墙报,鼓励学生多读多写,效果很好。先师讲读范文,提纲挈领,绘影绘声,深入人心。记得先师教《大铁锤传》后,同学们戏称他为"吴二锤"(排行第二)。后先师改教别班,但他对我们还是有求必应,有问必答。我在抗战期间,为一好友的祖父写《八十征文事略》,向他征文,先师即撰写了寿联以应,文字出色,被好友视为珍宝②。

在刘百川撰写的《乡村教育实施记》中,他深情回忆了在江苏省立第八师范学校的学习时光,特别提到了吴铁秋先生对他的深远影响。刘百川指出,是吴铁秋先生向他们传授了坚持写日记的价值,这一习惯让他受益匪浅。他详细叙述了自己的体验:在校时,我的日记写了一百多本。毕业后到社会上服务,这写日记的工作还是时续时断。我之所以不断做日记,并且对做日记有特别的兴趣,便是吴铁秋先生启发的结果③。通过这些文字,我们可以看出吴铁秋先生对刘百川个人成长的重要影响。

吴铁秋先生怀着深沉的爱心和对教育的执着,对待每一位学生都如同对待自己的孩子。1922年秋季,一名名叫魏光沂的新生,年仅19岁,不幸因急痧病去世。吴先生为了表达对这位年轻生命的哀悼,挥笔写下了一副挽联,字里行间流露出真挚的情感,令人动容。挽联如下:

> 来去太匆匆,受课两周,急痧一夕,未冠长眠,到此日穷极呼天,都道

---

① 朱智贤.东海中学学生生活漫忆[M]//政协江苏省连云港市委员会,文史资料研究委员会.连云港市文史资料:第四辑.连云港:政协江苏省连云港市委员会文史资料委员会,1986:77-83.
② 张国华.先师吴铁秋先生二三事[M]//喻太源,曹寿田.杏坛轶事:连云港市文史资料:第十四辑.连云港:政协连云港市委员会文史资料委员会,2002:268-269.
③ 刘百川.乡村教育实施记[M]//王强.民国乡村教育文献丛编(第十九册).成都:四川大学出版社,2015:33.

第二章 师道之基

君命也命也。

死生何茫茫，异乡就木，古寺栖棺，河干舆梓，有乃兄声倾泪雨，曰吾弟归欤归欤①。

在吴铁秋先生的住所，客厅中悬挂着一副对联，其上书："铁骨冰心我有我，秋阳春日时乎时"，这副对联恰如其分地反映了他的一生。有一次，吴铁秋先生向学生们讲述了袁枚的故事。袁枚，清朝乾隆时期的翰林院学士，是个大才子，却因缺乏实地考察而错误地将"落花生"描述成长在树上。后来，袁枚被任命为沭阳县的知事，在任职期间，他终于认识到了自己的这一错误。吴铁秋老师中年时撰写了《苍梧片影》，图文并茂。在一次云台山庙会上，他特意带着一些《苍梧片影》去售卖，但几天下来只卖出了一本。当时的人们深受封建迷信的影响，文化水平有限，对于文艺作品《苍梧片影》既不想买也难以阅读。吴先生回到学校后，被学生们问及书的销售情况，他幽默地回答："还不够加'S'的。"（意指书籍数量不足以构成复数）学生们听后，想笑却也不好意思笑出声。后来在课堂上，吴先生特别提到了这件事，指出其实这是一个不实事求是的问题，以此教育学生们。

八师二五届校友张国华回忆，吴铁秋老师非常注重身体锻炼，尤其喜爱冷水浴，并著有《冷水浴卫生法》。每天夜晚，他都会准备好水，第二天清晨起床后，便下水洗澡半小时，即使在寒冷的冬天也不间断。洗完后，他会外出步行，环游板浦一周。他很少多穿衣服，即使冬天有皮衣也常常不穿，而是挂在床边，以此来反驳那些以衣着取人的人。晚年时，为了看望几个儿子，他北至长春、哈尔滨，南至广州，由于长期锻炼，他不畏严寒酷暑。这位快乐的老人，健康长寿，活到九十岁！

谢鸣九，这位扬州出生的教育学老师，对朱智贤的影响极为深刻。他不仅在教育理论方面造诣深厚，而且在教学实践方面也积累了丰富的经验。在朱智贤记忆中，在师范学校的后期，学生们对其他课程的兴趣逐渐减退，但对谢老师的专业课却情有独钟，无人愿意错过。谢老师授课生动有趣，常常引发学生们的共鸣和微笑。学生们对谢老师充满敬意，对他的课程同样兴趣盎然。谢老师的课程受到广泛欢迎，是因为他始终注重理论与实践的结合，帮助学生将理论知识运用于实际教学之中。为了保持与教学实践的紧密联系，谢老师在担任教育学教师的同时，还兼任了附属小学的校长，这使得他能够持续更新和丰富自己的教学内容。

在课堂上，谢老师总能以生动有趣的方式吸引学生，他的课程不仅仅是知识的传授，更是启发思考的火花。朱智贤对谢鸣九老师的课程情有独钟，他总是认真地记录下每一堂课的精华，并着重标记出关键点。此外，谢老师还积极组织教育学和心理学

---

① 张国华.先师吴铁秋先生二三事[M]//喻太源,曹寿田.杏坛轶事:连云港市文史资料:第十四辑.连云港:政协连云港市委员会文史资料委员会,2002:268-269.

的专题讲座,激励学生们投身于教育科学的研究之中。他不仅自己科研成果丰硕,还致力于引导师范生进行教育科学研究,培养他们的研究能力。对于谢老师举办的各类讲座,朱智贤也从不缺席,他认为这些讲座是拓宽自己在教育学和心理学领域视野的重要途径,能让他接触到许多新鲜的学术信息。与常规的课堂教学相比,讲座往往提供了更广泛的知识内容,将最新的学科发展动态带给学生。通过参加这些讲座,朱智贤不仅拓宽了自己的知识面,也提高了自己对新知识的接受和理解能力。

朱智贤曾撰写回忆文章,在《母校把我培养成为教育工作者》中,他写道:

> 我之所以成为一个教师,一个教育工作者,饮水思源,首先要归功于我的小学老师,他们对我进行了启蒙教育,这是非常重要的,我衷心感谢他们。但是,只有师范的教师才直接引导我,把教师工作作为自己的定向①。

朱智贤的这段真挚话语,不仅流露出对那些最初启发他的老师们的深深感激,也凸显了师范教育对他职业生涯选择的重要影响。此外,这些话语中还蕴含着对江苏省立第八师范学校那些令人尊敬的教师们的崇高敬意和深切怀念。

第三节 学海泛舟

十五岁起,朱智贤开始了为期五年的师范教育专业学习。在那个时代,师范学校汇聚了众多杰出的教育工作者,他们在各个学科领域中担任教师。在江苏省立第八师范学校,优良的校园文化、严谨的教学风格和积极的学习氛围悄然塑造着朱智贤,为他未来的发展和成长打下了牢固的根基。

在人生的旅途中,青少年时期是充满选择的十字路口,其中学校、职业、朋友和伴侣的选择尤为重要。朱智贤在这个时期做出了他人生中的重要决定:他选择了师范学校,选择了成为一名教师,同时也在选择朋友方面表现出了极高的智慧。他坚信,只有志同道合的朋友,才能在人生的道路上互相扶持,共同成长。

20世纪20年代,新诗的潮流正在兴起,五四运动的浪潮也影响了这些年轻的学子。其中,学长朱仲琴的文学创作影响较大,当时八师校长江恒源先生称他是"海州泰戈尔"。

朱仲琴(1897—1976年),名友瑟,海州中正人,幼年就读于中正精勤学堂,毕业后考入江苏省立第八师范学校。朱仲琴家境贫穷,幸得其师李味辛和亲朋帮助,方读完五年师范。朱仲琴青年时代受"五四"新文化影响,思想激进,同情工农,积极参

---

① 郭本禹.中国心理学经典人物及其研究[M].合肥:安徽人民出版社,2009:275.

加社会活动。民国九年(1920年)，朱仲琴曾在《新青年》杂志上发表《海属社会面面观》一文，深受李大钊赞赏。该文曾被选入当时全国中等学校国文课本和大专院校国文参考资料。八师国文教师介绍朱仲琴的论文《海属社会面面观》时，还提及此论文发表前后，李大钊曾三次致函作者，鼓励他多写文稿，以反映工农生活。作者诗云：春风有意抚工农，我与工农骨肉同。痛痒相关生死共，愿将碧血染丝红[①]。淳朴如话的心语，却应和着新文化响亮的号角。

朱仲琴自20世纪20年代末起，一直从事教育工作，曾先后任灌云县立初级中学教师、训育主任、教务主任，赣榆县立师范学校（江苏省赣榆高级中学前身）教导主任兼教育科科员，江苏省立第二临时简易师学校教员。抗日期间，朱仲琴拒不任伪职，为宣传抗日，曾任灌云县政治工作队副队长兼第一小队长。他曾写过一副对联："卧薪尝胆，以期扶大厦于将倾；枕戈待旦，准备灭倭奴而朝食。"抗日战争胜利后，朱仲琴曾任国民政府灌云县督学室教委，灌云县立初级中学主任、代校长等职。新中国成立后，朱仲琴曾任涟水中学教师，后在灌云、灌南两县任小学教师数年。他能文善诗，曾著有《远山集》《雪鸿集》，创办杂志《他山文艺》《狮吼》《寄新少年》《儿童诗歌》等[②]。1976年，朱仲琴病逝家中，终年79岁。

20世纪30年代初，一首具有深远影响的校歌在赣榆县立师范学校唱响。这首校歌由当时在学校担任国文教师的朱仲琴作词，王士林作曲。1931年，日本侵略者的铁蹄践踏中国东北三省，国难当头之际，赣榆县立师范学校的师生们高举"还我山河，读书救国"的旗帜，走上街头，表达他们的爱国热情。

赣榆县立师范学校校歌

东海茫茫，夹谷苍苍，
我们的学校兴起，文明之光。
莘莘学生，济济一堂，
同读同游同欢畅，快乐无央。
砥砺海隅，品格优良，
练习做事，有法有方。
还有那革命的精神，农工的身手，
科学的头脑，慈母的心肠。
去研究教育，改良教育，
实施教育，使赣榆的教育益昌。
看文明之光，山高水长。

---

① 江苏省灌云县地方志编纂委员会.灌云县志[M].北京:方志出版社,1999:962.
② 江苏省灌云县地方志编纂委员会.灌云县志[M].北京:方志出版社,1999:962.

朱智贤和他的同学们在阅读学长们的文章时，心中涌起了无限的敬仰。他们决心向朱仲琴学习，在文学方面有所发展和建树。

在师范学校的岁月里，朱智贤结识了三位挚友：杨汝熊、孙佳讯和刘百川。杨汝熊和孙佳讯与他同班，而刘百川则是比他高两届的学长，来自阜宁。他们在图书馆的书架间相遇，共同的爱好和兴趣让他们结下了深厚的友谊。他们都对文学创作充满热情，经常一起撰写散文、诗歌和小说，并向各种刊物投稿。他们自称为"少年文学家"，而同学们则戏称他们为"小文豪"和"小泰戈尔"。

在师范学校学习期间，朱智贤与刘百川、杨汝熊、孙佳讯以及其他几位同学一起成立了"丙寅学社"，并创办了《文学周刊》，为成员们提供了一个展示文采、交流思想的平台。这些活动不仅丰富了他们的校园生活，也帮助朱智贤从失去母亲的阴影中走出来，与志同道合的朋友们一起探索文学的世界。

在一次阅读梁启超的文章时，朱智贤被一句话深深触动："艰难困苦是磨炼人格之最高学校。"他立刻将其抄写在笔记本上，并与朋友们分享。这句话成为了他们共同的信念，激励他们在面对困难时不退缩，勇往直前。就像《八师校歌》里说的："莘莘学子，济济一堂，同读同游同欢畅；砥砺海隅，品格优良，练习做事，有法有方；去研究教育，改造教育，实施教育，使海属的教育益昌。"[①] 这首校歌充分表达了朱智贤等同窗好友的心声、情怀和志向，展示了当年八师师生的精神风貌，它给每个师范生以前进的力量，催促他们奋发向上！他们的友谊在共同的理想和追求中得到加深。他们互相支持，共同成长，立志在各自的领域中取得成就，成为受人尊敬的人物。他们的友谊，建立在共同的信念和目标之上，他们互相激励，共同追求卓越。

刘百川在谢鸣九老师的指导下，结合自己的课堂笔记和个人体会，撰写了《小学教学法通论》一书，并由上海商务印书馆出版。刘百川处女作的出版，对朱智贤等同窗好友鼓舞很大，在八师广大师生中也引起很大轰动。

在教师的悉心指导下，八师学生经常有文章在报刊上发表。学生刘百川常有文章见报，被同学们称为"文豪"。由于在八师打下了坚实的基础，不少学生毕业以后在学术上取得了可喜的成绩。如孙佳讯著有《武松》《〈镜花缘〉公案辨疑》等书，宋荓庵著有《实际的小学社会教学法》《小学卫生教材及教法》《荓庵诗稿》等书，刘百川著有《乡村教育的经验》《一个小学校长的日记》等书。

这段时光，对于朱智贤来说，是成长和发现自我的重要阶段。他在这里不仅学到了知识，更找到了人生的方向和一群可以共同追求理想的伙伴。这些经历，如同宝贵的财富，伴随他走过了一生。

---

① 黄永言.朱智贤传[M].北京:人民教育出版社,2000:39-40.

第三章

思想之芽

第一节 思想觉醒

朱智贤在校期间,学校进行了合并。江苏省的东海中学,一所由江苏省立第十一中学和江苏省立第八师范学校合并而成的学府,见证了一段段青春的起航。

东海中学全名为"中央大学区立东海中学",是1928年春由原设在东海县的江苏省立第十一中学和原设在灌云县的江苏省立第八师范合并而成的。

东海中学是北伐战争以后建立的。1927年初,北伐军占领南京,孙传芳狼狈向苏北逃窜。第八师范和第十一中学被迫解散,学校停办,学生回家①。

1927年秋,教育改制,推行大学区。省府决议,将八师与十一中合并,先后称"江苏大学区立东海中学""国立第四中山大学区立东海中学""中央大学区立东海中学"。1929年9月又改为"江苏省立东海中学"。东海中学设于海州原十一中

原东海中学校门
(来源:连云港师范高等专科学校档案馆)

---

① 朱智贤.东海中学学生生活漫忆[M]//政协江苏省连云港市委员会,文史资料研究委员会.连云港市文史资料:第四辑.连云港:政协江苏省连云港市委员会文史资料委员会,1986:77-83.

东海中学操场一角
（来源：连云港师范高等专科学校档案馆）

东海中学校舍
（来源：连云港师范高等专科学校档案馆）

校址。校本部分为初中、高中两部，高中部又分为普通科和师范科。又在板浦原八师校址设乡村师范科，墟沟设渔村师范科，隶属东海中学，学制均为三年。还在海州东门里大仓巷设立了东海中学实验小学。东海中学生源来自海属四县、徐属八县。1932年7月，东海中学更名为"江苏省立东海师范学校"，高中普通科停止招生，初中部继续保留①。

原有第八师范和第十一中学的在校学生接到学校通知，一律回校复学。当时，学校分为初中部和高中部，高中部包括普通科和师范科。我当时是东海中学高中部师范科三年级学生②。

东海中学各部有一定的教育目标。初中部以增强基础知识、公民训练为主，高中部以发展个性、技能训练为主，师范科以进行专业训练、培养健全师资为主。除正常上课外，还有多种课外研究会及学生团体，以增进学生的研究能力和办事能力。

学校的课程设置，分为必修和选修两类。初中和高中注重文化必修课，特别是理

---

① 袁殿传.记江苏省海州师范学校[M]//喻太源,曹寿田.杏坛轶事:连云港市文史资料:第十四辑.连云港:政协连云港市委员会文史资料委员会,2002:1-23.
② 朱智贤.东海中学学生生活漫忆[M]//政协江苏省连云港市委员会,文史资料研究委员会.连云港市文史资料:第四辑.连云港:政协江苏省连云港市委员会文史资料委员会,1986:77-83.

化学科。师范科另增设各种教育学科，如教育概论、教育原理、教育统计、各科教学法等。选修课针对高中、师范特点而开设，分为文史组、地理组、自然组、教育组四大类。

学校的乡村师范科、渔村师范科分别开办于1928年、1931年。乡村师范科除开设一般师范开设的课程外，还设有农业课，由专门农业教师讲授，每周还抽出两个半天参加劳动，学习种植和管理①。

东海中学在校长领导下，设教务、训育、事务三个部门，由部门主任负责日常工作，另有教务员、训育员等人负责具体事务。教务主任是卢郁文（河北人），训育主任是屈凌汉（河北人），事务主任是吴级宸（山东人）。他们都是北京高等师范学校的毕业生，年龄都在三十岁左右，精力充沛，年轻有为。更重要的是，他们都曾受到北伐战争的革命洗礼，具有鲜明的反帝反封建的思想和作风，因此，给学校带来一些新气象。

> 根据后来的了解，董、卢、屈都是国民党人。在那时，可以说都是具有进步思想的国民党左派。在教育工作中，他们平易近人，主动接近学生，了解学生思想，善于积极引导。因此，在开学后不久，学校秩序井然，显得既有纪律，又生动活泼②。

先后担任东海中学校长的有董渭川、谷延隽、朱凌斗、孙洁黄四人。

董渭川，1901年出生于山东邹县，曾在北京高等师范学校（北京师范大学的前身）及北京师范大学国文研究科接受教育。在北伐战争期间，他与卢郁文、屈凌汉一同在张发奎的"铁军"政治部服务。战争结束后，他们三人投身教育领域，正值壮年，充满活力，富有才华，且思想开明，倡导民主。董渭川被任命为东海中学的首任校长，这为他提供了一个展现才华和实现教育抱负的平台。

1927年董渭川任国立第四中山大学区立东海中学校长

（来源：连云港师范高等专科学校档案馆）

他就职后，积极投身工作，致力于将东海中学建设成为一所顶尖的中学。为此，他招募了一批思想先进、学术精湛的高等师范院校毕业生担任教职；对校园设施进行了翻新，包括新建一个能容纳千人的西式大礼堂，并增建了新建筑；同时，他特别强调学生的德育和智育。自学生时代起，董渭川的思

---

① 袁殿传.记江苏省海州师范学校[M]//喻太源,曹寿田.杏坛轶事:连云港市文史资料:第十四辑.连云港:政协连云港市委员会文史资料委员会,2002:1-23.
② 朱智贤.东海中学学生生活漫忆[M]//政协江苏省连云港市委员会,文史资料研究委员会.连云港市文史资料:第四辑.连云港:政协江苏省连云港市委员会文史资料委员会,1986:77-83.

想就表现出进步的倾向,始终走在时代前列。他曾在上海商务印书馆创办的《学生杂志》和《妇女杂志》上发表了许多具有前瞻性思想的文章。在担任东海中学校长期间,他特别强调德育的重要性,并经常采用多种方式对学生进行思想政治教育[①]。

董渭川校长在教育实践中展现出了亲和力,他积极与学生建立联系,深入了解他们的思想动态。根据学生的个体差异,他擅长运用多种教育手段进行积极引导,通过各种机会不断地对学生进行教育。他致力于帮助学生摒弃封建思想,鼓励他们共同努力学习,成为新时代所需的新型青年。因此,在学期初,学校便呈现出秩序井然、既规范又充满活力的氛围。

朱智贤等八师的毕业生深刻体会到东海中学的校风与以往截然不同,呈现出许多新的变化。首先,学校引入了军事训练课程。在北伐战争结束后,学校强调党化教育,特设党义教师,教授三民主义、建国大纲等课程。因此,除了体育课外,学校还开设了军事训练课,要求学生统一着军装,打绑腿,佩戴标志,肩扛木制步枪。军事教官由上级指派,训练严格,对校风的整顿起到了积极作用。其次,学校实现了男女同校,这在海州地区的中等教育史上是首次。许多原本在徐州女中就读的女生转至东海中学,成为一时的佳话。同时,学校出现了女教师,甚至有夫妻二人同校任教,并公开夫妻关系,如校长董渭川与夫人孔文振,以及教师李遇安和杨文敏夫妇,这在当时是极为罕见的。最后,学校的课外活动种类繁多,包括武术、京剧、绘画等兴趣小组,学生可以自由选择参与。篮球运动特别流行,学校经常举办班际、级际的篮球比赛,吸引了众多观众,朱智贤也是其中之一。在中秋节,师生会在操场上举行赏月晚会,在品尝茶点的同时欣赏文艺节目。元旦时,学校会举办庆祝会和联欢会,包括猜灯谜、文艺演出,有时还有话剧表演,深受师生喜爱。据上海教育学院的刘于艮教授回忆,东海中学的课外活动丰富,尤其是话剧演出,董渭川校长曾亲自参与,极大地鼓舞了师生。一些学生在戏剧方面表现出色,如张立德,后来在抗战期间加入中国旅行剧团,在武汉、重庆等地演出,并主演了《李自成》等话剧,曾受到周恩来的接见,后来成为中国旅行剧团副团长,新中国成立后担任上海戏剧家协会秘书长[②]。

最重要的是,董渭川任校长时,卢郁文、屈凌汉等教师都有较先进的思想,他们注意引导学生关心时事,启迪他们追求真理,有意识地对学生进行反帝反封建教育,董渭川还亲自作校歌教育学生。在他们的教导下,东海中学学生拼搏精神倍增,学校风气良好。在董校长的领导下,东海中学有意识地进行反帝反封建的思想教育,营造了平等、民主、和谐的师生关系,使每个人都充满朝气。在这种新型的人际关系中,

---

① 黄永言.董渭川与东海中学[M]//喻太源,曹寿田.杏坛轶事:连云港市文史资料:第十四辑.连云港:政协连云港市委员会文史资料委员会,2002:344-350.
② 黄永言.董渭川与东海中学[M]//喻太源,曹寿田.杏坛轶事:连云港市文史资料:第十四辑.连云港:政协连云港市委员会文史资料委员会,2002:344-350.

东海中学三种类型学生的思想都受到了积极影响,朝着进步的方向发展。东海中学不仅是海属地区党组织的发源地,也是革命的摇篮,海属地区的第一个党组织就是中共东海中学支部。

在那个被历史轻抚的秋日,朱智贤踏上了从赣榆县蜿蜒至古城海州的旅途,心中满载着对东海中学的憧憬与未知。海州古城,古韵悠长,东海中学便静谧地藏于其间,初中与高中的楼宇错落有致,尤其是那高中部的师范科,仿佛是知识的灯塔,照亮了无数青年的前程。东海中学的生活是严格而又充实的。朱智贤和他的同学们在校长董渭川的带领下,开始了紧张而有序的学习生活。

"同学们,今天我们要学习的是鲁迅先生的《狂人日记》。"国文老师屈凌汉在讲台上激情澎湃。

朱智贤坐在教室里,聚精会神地听着,他被鲁迅先生尖锐的笔触深深吸引。

"朱智贤,你觉得狂人真的疯了吗?"课后,屈老师走到朱智贤身边,微笑着问。

"我觉得狂人其实是最清醒的人,他看透了社会的病态。"朱智贤认真地回答。

屈老师点点头,眼中流露出赞许的光芒。

> 在课程和教学方面,学校也重视思想性。董、屈担任的国文课里,就选了李大钊的《物质变动与道德变动》,鲁迅的《我们现在怎样做父亲》《狂人日记》《阿Q正传》等,从这里学到了一些新的、先进的思想。
>
> 学校里还开设了若干新的课程,如《弱小民族运动史》等等①。

屈凌汉,作为训育主任,肩负着直接指导学生思想的职责。他定期举办专题讲座,学生们从中获得了许多启发和知识。屈主任对学生的要求严格,强调纪律的重要性,但同时也注重通过思想教育引导学生。有一次,屈主任在城墙上偶然发现用粉笔写的"打倒帝国主义"的标语,他便借此机会向学生们深入讲解帝国主义的起源、特征及其对中国的侵略行为,条理清晰,翔实全面。这使得学生们不仅理解了帝国主义的实质,也对屈主任产生了更深的敬意和亲近感。另一次,屈主任针对"知足常乐,能忍自安"的传统观念进行了批判,分析了封建社会的结构和意识形态,指出这种思想如何使农民阶级变得顺从,从而加深了学生们对封建社会本质的认识。

屈凌汉和卢郁文还共同举办了辩论会,董渭川则负责最后的总结和评价,这些活动极大地激发了学生们的兴趣。学校还与学生合作,举办了演讲比赛,这对于提高学生尤其是师范生的口头表达能力起到了积极的作用。朱智贤的思想也在不断成熟。他参加了学校组织的演讲比赛,选择了《怎样做个好学生》作为题目。他的表现赢得了

---

① 朱智贤.东海中学学生生活漫忆[M]//政协江苏省连云港市委员会,文史资料研究委员会.连云港市文史资料:第四辑.连云港:政协江苏省连云港市委员会文史资料委员会,1986:77-83.

全校师生的喝彩,最终获得了第一名。奖品是一支自来水钢笔,这成为他最珍贵的纪念。

朱智贤在《母校把我培养成为教育工作者——为江苏省海州师范学校七十周年校庆而作》一文中回忆:

> 还有一件事,在政治思想方面,我回忆东海中学师范部时期是对我们树立进步思想和人生观有很大帮助的时期。当时,北伐战争刚过去,董渭川校长带着一批年轻的思想进步而富有朝气的教师来到学校,他们和学生打成一片;他们教我们学习鲁迅、李大钊等革命先驱的作品;他们给我们学生系统地讲解什么是帝国主义、封建主义和一些做人的道理;他们还指导我们学习举办演讲会、辩论会等等。这使我们突破了业务学习的小圈子,而进入了世界观、人生观的广阔天地。我认为,这对我们一生的影响,也是非常重要的①。

在师范学校,朱智贤接受了全面的教育,包括必修课和选修课。他特别喜欢国文和教育学科,这些课程为他日后成为心理学家和教育家打下了坚实的基础。朱智贤的学习不仅仅局限于课堂,他还积极参与课外活动,如写作、辩论和体育等,这些活动培养了他的综合素质和领导能力。

> 在专业课程方面,学校特别看重教育课,包括教育学、心理学、教育参观、教育实习等。我在第八师范时,已学过教育概论、心理学、教育心理学、小学普通教学法、小学各科教学法等课。因此,教育专业思想比较巩固,对教育工作已有一定能力和浓厚兴趣。我在师范读书时,就已写出一些教育论文和儿童读物,在报刊上发表过。到了东海中学时期,我除了继续写作这方面的作品以外,还结合毕业论文,写了一本约三四万字的小书《小学历史科教学法》。这本书稿,当时曾寄给上海商务印书馆,由它接受出版②。

在东海中学时期,朱智贤不仅在课堂上学习,更在实践中成长。受董校长的启发,他希望学生不要只到附属小学去做例行公事的教育实习,还要搞独立办学实习,这可以锻炼学生的全面办学能力。当时,海州城内有很多失学儿童,朱智贤和同学们一起,利用庙宇,招收一些失学的孩子,开办单级复式小学。

"我们不仅要教孩子们识字,更要教会他们如何做人。"朱智贤在筹备会上坚定地说。

---

① 朱智贤.母校把我培养成为教育工作者:为江苏省海州师范学校七十周年校庆而作[M]//黄永言.朱智贤传.北京:人民教育出版社,2000:47.
② 朱智贤.东海中学学生生活漫忆[M]//政协江苏省连云港市委员会,文史资料研究委员会.连云港市文史资料:第四辑.连云港:政协江苏连云港市委员会文史资料委员会,1986:77-83.

"没错,我们要让这些孩子知道,知识可以改变命运。"同学们齐声响应。

他们自己动手,从找校舍、搞环境布置、学校管理分工、制订教学计划、自编教材,到实地教学、训导工作,每一个细节都亲力亲为。当第一堂课开始时,朱智贤站在讲台上,看着下面一双双渴望知识的眼睛,他感到一种前所未有的成就感。他与同学总结教育教学经验,出版教育简报,发表教育论文,甚至还试行过当时流行的"设计教学法"。

朱智贤在师范学校和东海中学的学习生活,是他人生中的一个重要阶段。在这里,他不仅学到了知识,更学会了如何做人、如何做事。这段经历,为他日后的学术生涯和教育事业奠定了坚实的基础。

东海中学校歌

海中海中,
济济一堂,
道合志同,
锻炼体魄,
砥砺学行。
立下做大事的志向,
抱着爱人类的心胸。
革命化,铲除封建思想;
纪律化,培养合理人生。
一个个坚毅勇敢,一个个亲爱精诚。
大家努力,爱护我们的海中!
发扬我们的海中![1]

东海中学校歌(1927—1932年)
(来源:连云港师范高等专科学校档案馆)

这首歌词由东海中学的首任校长董渭川所作。歌词明显受到当时中国共产党反帝反封建主张和孙中山三大政策思想的影响,显示出口语化的特点。

---

[1] 袁殿传.记江苏省海州师范学校[M]//喻太源,曹寿田.杏坛轶事:连云港市文史资料:第十四辑.连云港:政协连云港市委员会文史资料委员会,2002:1-23.

第二节 著作初成

经过两年的学习,许多师范生已经能够撰写文章并在报刊上发表。一些学生致力于研究《西游记》《镜花缘》等文学作品,而其他学生则开始创作童话和小说。在这一时期,朱智贤也开始尝试写作儿童诗歌和童话,并成功在《小朋友》《儿童世界》《少年杂志》等杂志上发表作品。他的初衷是通过赚取稿费来减轻家庭的经济压力。朱智贤深有体会,贫困家庭的孩子接受教育并不容易。因此,在师范学校毕业前一年,他与几位有共同理想的同学一起,热情地为学校周边的失学儿童办学,并尝试了当时流行的"设计教学法"。这些教学实践让他获得了宝贵的经验,并在阅读了一些外国教育家的作品后,逐渐将兴趣转向儿童教育研究。他开始撰写关于教育和心理学的论文,如《中国学校教育的新生命》《怎样讲故事》等,并在《中华教育界》《小学教育》等刊物上发表。朱智贤开始从儿童心理学的角度对教育问题提出自己的见解。1928年,在他师范学校毕业前,他收集资料撰写了《儿童字典的研究》一文。后来,在成为小学教师后,他对这篇文章进行了修改和补充,并于1930年发表在《中华教育界》杂志上[①]。这篇文章可以视作他在师范学校期间撰写的教育论文的代表作。

在这篇文章的开头,他就提出:"我为什么要研究这个问题?这完全因为感到了实际的困难。我和许多小学教师谈到这个问题时,总是疾首蹙额的:'什么时候书局里能出一本完全适用的儿童字典呀!'的确,目前各书局出的字典不能算少,可是能对于儿童很适用的,简直寥若晨星。"接着,他在文章中指出了当时的字典从查字方法到解释都是从成人的要求出发,解释多是文言文,同时字典的字体大小、标点、插图等等都不适合儿童使用。他认为儿童字典解说用的语句要适合儿童的经验和想象。要使儿童一看就懂。例如,解释"犬"字,旧字典是"犬,哺乳动物之一也。"若是解说为:"犬是家里养来在夜里看守门户的",儿童可以一看就懂。他在这篇文章中还指出:使用儿童字典可以养成学生自己解决问题的习惯,增长儿童的知识,以及训练读音准确等功用。当时,这是一篇比较全面的从儿童心理的角度研究儿童字典的文章[②]。

朱智贤后来回忆说:那时,江苏省是文教事业发达的省份,那里的师范学校有一

[①] 庄永龄.现代教育家、心理学家朱智贤[M]//林崇德.朱智贤教育文集.南京:江苏教育出版社,2011:1-17.
[②] 庄永龄.现代教育家、心理学家朱智贤[M]//林崇德.朱智贤教育文集.南京:江苏教育出版社,2011:1-17.

个显著的特点,就是教育课程和活动多,教育专业气氛浓厚。我作为一个青少年,也曾有过各种梦想,例如,曾想当文学家,崇拜过鲁迅、郭沫若、高尔基等作家,也曾对历史和古籍下过一番工夫,但终于抵不过教师专业训练的严格(要不断地参观、见习、实习、教平民学校、办校外失学儿童班等),从而对教育学和心理学的学习兴趣超过了当文学家、历史学家的幻想,而终于占据了优势地位①。

朱智贤创作的新诗《惜别离》
(来源:潘磊)

江苏省的师范学校历来有一项传统活动,即组织应届毕业生进行教育参观,也称为外出考察。此类活动通常涉及前往南京、无锡、苏州、上海、杭州等城市,访问当地的知名小学。在这些访问中,除了观察教育活动,还包括邀请小学的领导和教师分享他们的教学经验,以及安排当地大学教授进行专题讲座。此外,师生们也会利用这一机会游览当地的历史文化景点。1928年春末,东海中学高中部师范科的应届毕业生及老师共30人,乘坐火车开始了他们的南下考察之旅。他们的行程包括徐州、南京、无锡、上海和杭州,沿途访问了十几所著名的小学,并参加了多个教育教学讲座。朱智贤在《东海中学学生生活漫忆》一文中谈到此次考察极大地拓展了他们的视野,丰富了知识。他们接触到了多种教学方法,例如设计教学法、单元教学法和道尔顿教学法等。这些大城市的小学教师所展现的教学风格、专业水平以及学生的素质,给这些来自苏北的师范生留下了深刻印象,对于开阔眼界和提高将来担任教师时的教育工作能力,都有很大好处②。

---

① 朱智贤.朱智贤心理学文选[M].北京:人民教育出版社,1989:1.
② 朱智贤.东海中学学生生活漫忆[M]//政协江苏省连云港市委员会,文史资料研究委员会.连云港市文史资料:第四辑.连云港:政协江苏省连云港市委员会文史资料委员会,1986:77-83.

在那次教育参观中,我对几件事印象很深:一件事是在上海时,亲眼看见租界上帝国主义者雇用的印度巡捕(人们都叫他们"红头阿三")对中国人的随意侮辱。记得我们这些土头土脑的学生到永安公司、先施公司参观时,印度巡捕竟像对待小偷一样,强迫我们的同学把手举起来让他们搜身。我们在上海也亲自看过"华人与犬不得入内"的牌子。这种令人愤慨的事情,是我终生难忘的。

　　另一件事是在南京时,我们参观了刚刚建立的陶行知先生主办的晓庄师范。那副寓意深刻的对联:"和马牛羊鸡犬豕做朋友,对稻粱菽麦黍稷下工夫",以及那些把教育和生活联系起来的各种教育措施,给我们留下了深刻的印象①。

　　杨汝熊在《董渭川与东海中学》一文中也曾回忆:为了让师范科学生有观摩教学和教育实习的场所,东海中学创办了实小,地址在海州城内仓巷。在高中师范科第一届学生将毕业时,董渭川除指导学生在实小参观实习之外,还将学生分成几组,指导他们到中学附近街道开办了几所小学,招收失学儿童入学,采用复式制进行教学,校长、教导主任都由学生担任,让他们从招生、编排学级、编制课程表、分工教学到考察成绩等一系列教务工作中获得实践的机会,取得工作的经验。这为师范生实习开创了先例②。

　　在师范学校的学习期间,朱智贤对教学方法的研究充满热情。毕业前夕,他决心撰写一部书籍。尽管当时有人对他的野心表示嘲笑,甚至认为他过于自负,但他坚定不移,决心完成著作。校长董渭川知道后,热情地鼓励他,要他大胆地写,并表示愿意帮助联系上海商务印书馆出版,这给了朱智贤莫大的鼓励。除了上课,他几乎把所有时间都投入到查阅资料和专心写作中。经过不懈的努力,1928年,他最终完成了一本名为《小学历史科教学法》的书籍,并由商务印书馆出版。这一成就让朱智贤感到非常兴奋,同时他也赢得了老师和同学们的祝贺。书籍的出版不仅进一步激发了他对儿童教育问题的研究兴趣,而且在经济上也给予了他一定的帮助。他收到了85元的稿费,对于当时的他而言,这是一笔相当可观的收入。

　　董渭川,东海中学的掌舵人,他的目光穿越了时代的迷雾,看到了大学区制在中国大地上的水土不服。尽管他曾是中央大学区的视察员,但实践的磨砺让他深刻体会到这舶来的制度并不适合这片古老的土地。于是,大学院仅仅存在了半年,大学区制在江苏等地的尝试便遭遇了前所未有的阻力,董渭川便是那反对浪潮中的中流砥柱。

---

① 朱智贤.东海中学学生生活漫忆[M]//政协江苏省连云港市委员会,文史资料研究委员会.连云港市文史资料:第四辑.连云港:政协江苏省连云港市委员会文史资料委员会,1986:77-83.
② 杨汝熊.董渭川与东海中学[J].江苏教育,1991(4):49.

第三章 思想之芽

1928年的秋风,似乎比往年更加萧瑟。蔡元培先生的辞呈,如同一片落叶,轻轻飘落在历史的书页上。同年深秋,大学院的名字被教育部取代,大学区制也于次年6月被国民党政府正式废止。而朱智贤等人手中的毕业证书,却永远镌刻着"国立中央大学区立东海中学"的字样,它们不仅是知识的证明,更是那段短暂而辉煌历史的见证者,珍贵而独特。

1932年7月,东海中学迎来了蜕变,更名为江苏省立东海师范学校。"东海中学"这个名字,如同流星划过夜空,绚烂而短暂。

朱智贤这个名字在时光的长河中熠熠生辉,他与二十四位同窗正是东海中学师范科三年级那即将破茧成蝶的群体。五年前,他们带着对知识的渴望,踏入了八师的大门,彼时,五十人的队伍浩浩荡荡;而今,毕业的钟声即将敲响,队伍却已缩减至近半数,那些中途离席的身影,成了青春里最深的遗憾。在那五年的师范生涯里,朱智贤与一群志同道合的朋友,共同编织着青春的梦想。他们或讨论(或写作)或漫步于校园的每一个角落,那些关于理想、关于未来的对话,至今仍回响在岁月的长廊。毕业后,他们各奔东西,但那份在东海中学结下的深厚情谊,却如同纽带,将他们紧紧相连。

毕业典礼上,董渭川校长的声音温暖而坚定:"孩子们,无论你们身在何方,都要铭记东海中学给予你们的智慧与勇气。"朱智贤站在人群中,目光坚定,心中涌动着对未来的无限憧憬。他知道,从这一刻起,他将带着东海中学赋予的力量,去追寻属于自己的广阔天地。"再见了,东海中学,你将永远是我心中最温柔的记忆。"朱智贤在心中默默告别,踏上了新的征程。

师范学校师生合影

(来源:连云港师范高等专科学校档案馆)

第四章

杏坛之花

第一节 梦启春晖

在生活这幅波澜壮阔的画卷里,懦弱者常被命运的潮水推向深渊,平庸者则在既定的航道中随波逐流,唯有勇者如同夜空中最亮的星星,无畏地穿越黑暗,每一次抉择都闪耀着智慧与勇气的光芒。机遇,这位神秘的旅者,总是偏爱那些在知识的海洋中扬帆远航的探险家,给予他们意想不到的馈赠。

按照惯例,每届毕业生中仅有一名能留在东海中学附属实验小学(简称"实验小学")任教。杨汝熊在毕业考试中总成绩排名第一,而朱智贤仅以两分之差位列第二。若遵循惯例,只有杨汝熊能够留下。面对这一情况,东海中学校长董渭川和东海中学附属实验小学校长刘百川都在考虑解决方案。刘百川与杨汝熊、朱智贤在师范学校时是同学,自然希望他们两人都能留下,以便继续共同探讨教育议题。他向董校长表达了这一想法,并得到了董校长的支持[①]。在他看来,朱智贤的教育科研能力,如同一颗璀璨的明珠,在师范生的群体中熠熠生辉。这种素质,正是成为一名卓越教育工作者的关键所在。因此,董校长破例将朱智贤与杨汝熊同时留在了东海中学附属实验小学任教,为两年后的保送之争埋下了伏笔。

1929年春季,朱智贤在师范学校毕业后,与杨汝熊一同留在东海中学附属实验小学工作,这在当时师范毕业生的分配中是最为理想的去向和最高的荣誉[②]。

东海中学附属实验小学位于海州东门内大仓巷的北端,原为清代的粮仓所在地。校园建筑分为东西两部分,东边是大型操场,而西边则是一个四合院。这个四合院被大礼堂分为前后两个部分,前院相对较小,后院则较为宽敞。教学区域主要分布在后院,办公区域和教师的宿舍则位于前院。朱智贤等人的宿舍就位于前院东侧的教师居住区。

---

① 黄永言.朱智贤传[M].北京:人民教育出版社,2000:64.
② 黄永言.朱智贤传[M].北京:人民教育出版社,2000:64.

第四章 杏坛之花

朱智贤开始了他的教学生涯，并且获得了稳定的月薪，这让他和他的家庭感到非常欣喜。据当时的资料记载，普通小学教师的薪资与实验小学教师的薪资存在显著差异，同时实验小学内部，校长与教师之间的薪资也有所不同。具体来说，刘百川校长的月薪为120元，宋弗庵主任的月薪为60元，而像朱智贤这样的班主任月薪为45元，其他科目的教师月薪则为40元。相比之下，普通小学的校长月薪通常为30元，普通小学教师的月薪为25元[1]。

1929年朱智贤在附小工作
（来源：潘磊）

在《我与教育》一文中，朱智贤回忆了实验小学的黄金时代：毕业以后，母校把我留在实验小学里当教员，恰巧校长是我的老同学刘百川先生，还有徐阶平、吴印圃等几位老朋友。我们重聚到一起，当然是不肯马马虎虎地下去，整天疯子似的，无论忙里闲里总是讨论些教育问题，讨论以后，就来做，做了以后再来讨论。那种又安闲又紧张又有趣的日子，现在回想起来，真是生活中的黄金时代[2]。

朱智贤担任了四年级的级任教师，并兼任儿童自治指导主任。在小学的教学工作中，朱智贤有机会与儿童密切接触，亲身体验不同的教学方法和儿童心理特征，这为他日后深入研究儿童心理学和儿童教育打下了坚实的情感基础。他继续广泛阅读与儿童教育相关的资料，并亲自尝试编写语文教材和实施儿童自治教育。他不仅在《中华教育界》等刊物上发表多篇论文，还陆续出版了《儿童自治概论》（中华书局出版）《小学课程研究》（商务印书馆出版）等专著。

朱智贤潜心完成的《儿童自治概论》，字里行间闪烁着自治的光芒：

一、自信。一个人要想能自治，必先有自信力，认清自己的地位、自己的能力，否则自己不能自信自己是一个"人"，哪里还谈什么自治？

二、自立。有了自信以后，就要本着自信力去处理自己的事务，不可依赖别人，否则空有自信力也是无用。

三、自强。只有自己处理自己事务的能力，而不能"自强不息""力求进步"，也不算得能自治，所以还要自强。

四、自制。积极方面能自立自强了，而消极方面还要能自制。一个人往往有许多坏的冲动，如自大骄傲、轻佻、暴虐等，非能自己制止，还不能算得自治[3]。

---

[1] 黄永言. 朱智贤传[M]. 北京：人民教育出版社，2000：64.
[2] 林崇德. 朱智贤教育文集[M]. 南京：江苏教育出版社，2011：348-352.
[3] 林崇德. 朱智贤教育文集[M]. 南京：江苏教育出版社，2011：19.

自治，是灵魂深处的自我掌舵，是自信、自立、自强与自制的华美乐章。朱智贤认为自治的基石是自信，个体必须首先相信自己的能力和价值，明确自己在社会中的地位。如果一个人无法确信自己的人格和能力，那么自治的概念就无从谈起。自信是自立的前提，一旦建立了自信，个体就应该依靠这股力量来管理自己的事务，而不是依赖他人。自信若不转化为自立的行动，那么它就是空泛的。仅仅能够处理个人事务还不够，个体还需要不断地自我提升和追求进步，这就是自强。自强不息是自治不可或缺的一部分，它要求个体持续努力，不断超越自我。在积极地自立和自强的同时，个体还需要在消极方面展现出自制力。人往往有多种不良冲动，如自负、骄傲、轻浮、暴躁等，这些都需要个体有能力自我控制。没有自制力，个体就无法实现真正的自治。这四个要素相互关联，共同构成了个体自治的完整图景。

朱智贤对与儿童亲近有着浓厚的兴趣，他经常从孩子们身上体验到童真和童趣所带来的快乐。通过频繁地与孩子们相处，他更深入地理解了孩子们纯真无邪的心理状态。为了与孩子们建立良好的关系，他投入了大量的精力去记忆众多儿童所喜爱的故事情节和童话，这些故事不仅具体、有趣，而且富有教育意义。朱智贤发现，通过讲述这些故事，他能够迅速与学生们建立起亲密的关系。他深刻认识到，一个儿童教育者最重要的条件是真诚地关爱孩子，这是有效教育的基石。在教授国语课程时，朱智贤使用的教材都是他亲自编写的。除了选取一些著名作家的作品外，他还将自己根据学生实际情况创作的诗歌、谜语和戏剧作品纳入教材之中。例如，他曾创作了两部儿童戏剧作品，一部以颂扬蔡锷的爱国精神为主题，另一部则以一个土豪劣绅对一个家庭的迫害为背景。朱智贤不仅创作了这些剧本，还指导学生进行排练和表演。

朱智贤与孩童们编织了一段段深情厚谊，共赴成长的盛宴，一位心理学巨擘与教育先驱的轮廓渐渐清晰。因对教育那份不灭的热爱与执着，朱智贤心甘情愿地拥抱繁忙。在忙碌的缝隙间，朱智贤如饥似渴地翻阅教育与心理学的典籍，于字里行间寻觅灵感，点滴心得汇聚成创作的甘泉。在连云港的蔚蓝海岸旁，朱智贤，这位教育的耕耘者，如璀璨星辰点亮教育的夜空，他的传奇在东海之畔闪闪发光。

1930年朱智贤在附小工作
（来源：潘磊）

第四章 杏坛之花

在刘百川校长的引领下，实验小学宛若一艘乘风破浪的航船，满载着怀揣梦想的青年教师，向教育的浩瀚深海勇敢进发。刘百川、宋甹庵等先辈以脚踏实地的勇气、探索未知的决心，照亮前行的道路。刘百川校长，作为实践者与智者，以笔为舟，载思而行，著《一个小学校长的日记》，由上海开华书局出版。该书以日记体裁记述了刘百川在教育工作中的经验和体会。书成之日，刘百川特邀朱智贤挥毫作引，他欣然从命。

朱智贤在序言中写道：百川具毅力，富才干，每有众人不决之事，百川能以一言决之。……而其勤力事业之精神，尤为常人所不及。百川居常无忧色，无怒容，不消沉，不欺惘。其对事也，无论其如何困难，从无畏虑退缩之表示；其对人也，无论其如何不肖，均存责己恕人之胸怀。百川健谈能文，所至之处，则谈笑风生，座中为之乐而忘倦。

《一个小学校长的日记》封面

江恒源在序中说："希望有优良小学校必先希望有优良小学校长[①]。"

在时光深处，朱智贤步入了人生的辉煌篇章。实验小学这片滋养梦想的圣地，见证了他两年的讲台春秋，虽短暂，却在心海刻下了永恒的痕迹。百川校长的慧目如炬，宋甹庵主任的细雨润物，加之同仁们的并肩同行，让朱智贤在教育的瀚海中扬帆远航。他不仅勤勉播种知识，更以笔为桨，在学术的星河中遨游，留下近三十篇论文、五六部著作，如珍珠般散落，光彩夺目。

在那片孕育梦想的土壤上，朱智贤与孩童们心手相连，筑起一座座灵魂的灯塔。纯真情感如涓涓细流，滋养着他教育探索的征途，使之既坚韧又温馨。正如长城巍峨始于微末，朱智贤作为师者的辉煌始于东海中学附属实验小学，悄然绽放，光芒四射。

---

① 刘古平.再版后记[M]//刘百川.一个小学校长的日记.北京：华文出版社，2012：159-162.

朱智贤与学生合影
（来源：潘磊）

第二节 学无止境

  时光回溯至 1927 年，那是一个风云变幻、机遇与挑战并存的时代。江苏省，这片古老而又充满活力的土地，率先迈出了教育改革的步伐，实行了大学区制。教育厅与中央大学携手，共同绘制了一幅教育的新蓝图。江苏省每年慷慨解囊，向中央大学输送数十万元的教育经费，而中央大学则以每年一个保送名额作为回馈，为江苏省立各中学的师范科毕业生铺设了一条通往学术殿堂的金色大道。

  这一年的规定，如同一道神秘的谶语，在无数师范生的心中播下了希望的种子。师范毕业生中的佼佼者（一般为前三名），在完成两年的小学教育服务后，将有机会被保送至高等学府深造，无需考试，直接入学。这不仅是荣誉的象征，更是人生轨迹的一次华丽蜕变。

  1929 年的早春，阳光温柔地洒在了东海中学和东海中学附属实验小学的每一寸土地上。朱智贤与杨汝熊，两位才华横溢的师范才子，并肩站在了人生的十字路口。他们毕业后一同被留在了实验小学任教，这一消息如同春风拂面，让两所学校的每一个角落都充满了喜悦与期待。教师们私下里议论纷纷，两年后，谁将成为那个被命运之神眷顾的幸运儿，被保送至中央大学？

  有人看好杨汝熊，认为他的总成绩稳居第一，这份荣誉理应属于他；也有人力挺朱智贤，认为他不仅学业优秀，更在科研领域展现出了非凡的潜力。在校期间，朱智贤不仅各门功课名列前茅，还发表了多篇论文，甚至出版了书籍，这样的成就，在师范生中堪称翘楚。

时光如梭，转眼间，两年的服务期即将画上句号。在这两年里，朱智贤与杨汝熊各自在教学和科研领域取得了令人瞩目的成就。朱智贤更是凭借其深厚的学术功底和不懈的努力，成为实验小学的一颗新星。然而，就在此时，一场突如其来的风暴打破了校园的宁静。

杨汝熊因被误认为是中共地下党而遭到了反动派的追捕。在一个风雨交加的夜晚，他不得不离开了实验小学，从此音讯全无。这场变故，让朱智贤意外地获得了保送的资格。东海中学及东海中学附属实验小学的师生们纷纷向他表示祝贺，而朱智贤的心中却五味杂陈。他既为这份意外的荣耀感到欣喜，又为杨汝熊的遭遇感到痛心。

这份荣耀并未让朱智贤的求学之路变得一帆风顺。当他满怀喜悦地将这个消息告诉父亲时，却遭到了父亲的强烈反对。父亲的话语如同冰冷的寒风，穿透了他心中的温暖："智贤啊，学校保送你上大学，这确实是难得的好事。可是，我们这个贫苦人家，如何能承担得起一个大学生的费用呢？"

朱智贤深知父亲的担忧并非空穴来风。当时，一个大学生一年的费用高达数百元，而他工作两年的积蓄还远远不够支付学费和生活费。面对这突如其来的经济压力，朱智贤的心中充满了矛盾和挣扎。但他并未因此放弃。他深知，只有继续深造，才能改变自己的命运，才能为家庭带来更多的希望。于是，他毅然决然地辞去了教师的工作，决定自力更生、自强不息地读完大学。他向父亲保证："爹，我去上大学，不会让家里为难。我完全可以自己养活自己。只是，我上大学这几年不能再帮家里了。"

父亲看着儿子坚定的眼神，听着他铿锵有力的话语，心中不禁涌起了一股暖流。他相信，朱智贤一定能够凭借自己的努力和才华，走出一条属于自己的道路。于是，他含泪点头，同意了朱智贤的请求。

1930年的夏天，朱智贤带着家人的期望和自己的梦想，从家乡赣榆县出发，踏上了前往南京的旅程。他乘坐着火车，穿越了广袤的田野和繁华的城市，最终抵达了这座梦寐以求的高等学府——中央大学。

国立中央大学校门
（来源：南京大学档案馆）

中央大学坐落在南京城内，四牌楼与丁家桥两处校区交相辉映，共同打造了这座学术殿堂的辉煌。文学院、理学院、法学院、工学院与教育学院齐聚四牌楼校区，而医学院和农学院则坐落在丁家桥校区。校部设在四牌楼校区，这里汇聚了来自五湖四海的莘莘学子，他们怀揣着梦想与希望，共同书写着青春的篇章。

朱智贤入学不久，中央大学就遭遇了一场重大变故。1930年10月，由于经费紧张，中央大学校长张乃燕不得不辞职。这一消息如同晴天霹雳，让校园内充满了不安与迷茫。然而，就在这一关键时刻，中山大学校长朱家骅调任中央大学校长，为校园带来了新的生机与活力。

中央大学校长朱家骅（1930—1931年）
（来源：南京大学档案馆）

九一八事变后，中央大学的学生们更是义愤填膺。他们冒着大雨游行，到中央党部请愿，后又到外交部和首都卫戍司令部，表达着对国家命运的关切和对民族尊严的捍卫。朱智贤也参与其中，他用自己的行动诠释着一名青年学子的责任与担当。

在接下来的日子里，朱智贤在中央大学度过了充实而难忘的岁月。他如饥似渴地汲取着知识的养分，不断拓宽自己的视野和思维。图书馆成了他最常去的地方，那些厚重的书籍如同智慧的灯塔，照亮了他前行的道路。他不仅在学业上取得了优异的成绩，还积极参与各种学术活动和社会实践，锻炼了自己的能力，提高了自己的素质。

对于朱智贤而言，荣誉与成就不过是过往云烟，他的目光始终锁定在更遥远的天际。他深知，知识的海洋浩瀚无垠，唯有不断扬帆，方能抵达那未知的彼岸。于是，他怀揣着对梦想的执着与对未来的憧憬，继续在知识的海洋中遨游，追寻着那片属于自己的梦想彼岸。

在中央大学的校园里，朱智贤结识了一群志同道合的朋友。他们一起探讨学术问题，一起参加社团活动，一起分享彼此的喜怒哀乐。这些珍贵的友谊，成为他人生中最宝贵的财富。他们相互鼓励、相互支持，共同走过了那段难忘的青春岁月。

朱智贤并未忘记自己的初心和使命。他深知，自己肩负着家庭的期望和国家的未来。因此，他更加努力地学习、更加勤奋地工作，希望能够用自己的知识和能力为社会作出更大的贡献。

岁月如歌，转眼间，朱智贤已经成长为一名优秀的青年学者。他不仅在学术领域取得了显著的成就，还积极参与社会公益事业，用自己的行动诠释着一名教育工作者的责任与担当。他的故事，激励着无数青年学子勇往直前、追求卓越。

第四章 杏坛之花

朱智贤的求学之路，宛如一部跌宕起伏的史诗，充满了挑战与艰辛。但无论前路如何坎坷，他始终保持着坚定的信念与不屈的意志，用自己的脚步丈量着"学无止境"的深邃与广阔。他，如同一盏明灯，照亮了无数青年学子的心灵，成为了那个时代的楷模与榜样。

这一切，都发生在那个风云变幻的年代——1932年的中国。那时的中国，如同一艘在狂风巨浪中颠簸的航船，亟待一位英勇的舵手来引领它驶向光明的未来。中央大学，这座坐落在古都南京的学术殿堂，也未能幸免于时代的动荡与洗礼。它，如同一叶扁舟，在历史的洪流中摇摇欲坠，亟待一位智者的指引与救赎。

那是一个冬日尚未完全褪去的初春，中央大学迎来了一场前所未有的风暴。校长朱家骅，因未能平息学生们对出兵抗日的呼声及对《中央日报》诋毁学生运动的愤怒，选择了引咎辞职。这一决定，如同在平静的湖面上投下了一颗重磅炸弹，瞬间激起了层层波澜与动荡。

随后的日子里，中央大学仿佛失去了灵魂的航船，在波涛汹涌的大海中迷失了方向。桂崇基，这位被国民党政府匆忙任命的新校长，还未站稳脚跟，便遭到了学生们的强烈反对与质疑。在一片喧嚣与混乱中，他黯然离职，留下了一个满目疮痍的校园与一个亟待重建的学术殿堂。

紧接着，政府又急忙将中国科学社社长任鸿隽推上了校长之位。然而，这位学界泰斗却坚决不就。这使得中央大学陷入了前所未有的混乱与迷茫，如同一艘失去了舵手的航船，在茫茫大海中无助地漂泊与挣扎。

在这动荡不安的时刻，中央大学的教师们也站了出来。他们因薪资久拖不决而宣布"总请假"，一场轰轰烈烈的索薪运动席卷了整个校园。6月底，行政院委派教育部政务次长段锡朋为代理校长。然而，这位政客式的人物并未得到学生们的认可与尊重，反而遭到了他们的强烈反对与攻击。最高当局震怒之下解散了中央大学，教育部派员接收，教员解聘，学生则听候甄别。

历史的车轮不会因一时的动荡而停滞不前。7月上旬，行政院议决成立中央大学整理委员会，由蔡元培、李四光等十位学界泰斗组成，李四光代行校长职务。如同一缕温暖的阳光穿透了厚重的云层，中央大学终于看到了希望的曙光与未来的方向。

8月26日是一个值得铭记的日子，国民政府正式任命罗家伦为中央大学校长。这位年轻的学者，带着满腔的热情与坚定的信念，踏入了中央大学的校园。他深知，自己肩负的不仅仅是校长

中央大学校长罗家伦（1932—1941年）
（来源：南京大学档案馆）

的职责与使命，更是整个国家教育事业的希望与未来。

罗家伦上任之初，便以整顿校务为己任。他深知，师资是学校的灵魂与基石。因此，他一方面极力挽留原有优秀教师，另一方面又广纳贤才，添聘专门学者。在他的努力下，中央大学逐渐汇聚了一批国内顶尖的学者与专家。他们不仅学识渊博、才华横溢，更有着高尚的品德与坚定的信念。其中，教育学院更是人才济济、群英荟萃。陈鹤琴、艾伟、萧孝嵘、潘菽等著名教育心理学家以及孟宪承、郑晓沧、陆志韦、廖世承等教育理论家的到来，为中央大学注入了新的活力与希望。他们的智慧与才华照亮了学术的殿堂与未来的道路。

在罗家伦的领导下，中央大学开始了一系列改革与创新。他提出了"安定、充实、发展"的六字治校方略以及"诚、朴、雄、伟"四字新学风。这一方略与学风不仅成为中央大学的校训与灵魂，更深深烙印在每一个学生的心中与灵魂深处。它们如同一盏明灯指引着学生们前行的方向与道路，如同一股清泉滋润着学生们的心田与灵魂。

作为这段历史的见证者与参与者之一，朱智贤回忆起那段岁月时眼中闪烁着光芒与感慨。他说：前两年正值'易长风潮'，师生人心惶惶，学校处于比较混乱的状态。但自从罗家伦校长上任后，一切都发生了翻天覆地的变化。他提出的六字治校方略与四字新学风让我们看到了希望与未来。中央大学在他的领导下逐渐恢复了往日的生机与活力。

在罗家伦的倡导下，中央大学还先后添设或恢复了心理学系、化学工程组和畜牧兽医专修科等专业与学科。这些专业的开设不仅为学生们提供了更多的学习机会与选择空间，更为国家的建设与发展培养了大批优秀人才与栋梁之材。朱智贤作为心理学系的佼佼者之一，更是受益匪浅、收获满满。他不仅在学术上取得了丰硕的成果与成就，还积极参与了《国立中央大学教育丛刊》的撰稿与编委工作等。

除了学术上的改革与创新之外，罗家伦还努力谋求中央大学与社会上其他机构的合作与交流。他深知教育不能脱离社会而孤立存在，因此他积极举办各种考察、讲习班等活动来拓宽学生的视野与知识面，以增强他们的实践能力与综合素质等。其中中等学校教职员暑期讲习班更是成为中央大学的一大亮点与特色之一。朱智贤积极参与了这些活动，收获颇丰。他通过这些活动不仅结识了许多志同道合的朋友与伙伴，还学到了许多宝贵的经验与知识。

在罗家伦的领导下，中央大学逐渐恢复了往日的生机与活力，焕发出了新的光彩与魅力。它如同一艘重新找到方向的航船，在知识的海洋中乘风破浪、勇往直前，驶向光明的未来与彼岸。那年盛夏，教育的光辉如炽热的阳光，照亮了朱智贤的心灵田野。暑期讲习班的教室里，刘百川校长的身影如同磁石，吸引着朱智贤求知若渴的目光。他们的对话，如同智慧的火花，点燃了教育的篝火，照亮了未来的道路。在那段短暂的时光里，他们共同探索教育的奥秘，体验到了知识的无穷魅力和力量。

第四章 杏坛之花

岁月匆匆，如流水般逝去，但那段与中央大学、与罗家伦校长的记忆，却永远镶嵌在朱智贤的心空。他时常漫步在记忆的花园里，回味课堂上的激情与思索，实验室中的执着与探索，以及与同窗们唇枪舌剑、思想碰撞的瞬间。

在知识的海洋中，朱智贤初识了唯物辩证的深邃与广阔。孟宪承教授以黑格尔的辩证思维为舟，引领他驶入了智慧海洋。而李浩吾（杨贤江）的《新教育大纲》，则如同一盏明灯，照亮了他前行的道路，为他筑起了坚实的学术基石。该书以马克思主义的观点剖析教育，其中蕴含的辩证唯物主义思想如同一股清泉，滋润了他干涸的心田。他如饥似渴地阅读着，仿佛找到了灵魂的归宿。这一切，如同春风拂过心田，悄然播下了方法论的种子，等待着他用心血和汗水去浇灌，绽放出绚烂的花朵。

第三节　笔耕不辍

在那座古老而庄严的中央大学校园里，有一座被岁月雕琢的图书馆，宛如一座智慧的灯塔，静静地矗立在时间的河流之中。它不仅是知识的宝库，更是无数追梦者的心灵栖息地。不仅校内那座图书馆散发着静谧庄严的气息，校外那些隐藏着历史秘密的书屋，也如繁星般点缀在城市的各个角落，共同编织着一个关于梦想与探索的传奇。

每当晨曦初露，天边泛起一抹温柔的蔚蓝，第一缕阳光便如同细丝般穿透薄雾，轻轻拂过校园的每一寸土地。这时，一个身影总是比任何人都要早一步出现，踏着露珠，怀揣着对知识的无限渴望，悄然步入那座神圣的知识殿堂——校内图书馆。他，便是朱智贤，一个怀揣梦想的青年学子。

朱智贤偏爱清晨的图书馆，因为那时的图书馆如同一片未被打扰的净土，窗明几净，空气中弥漫着淡淡的墨香，仿佛每一缕光线都在诉说着智慧的故事。他，就像是这晨光中的守护者，静静地等待着知识的馈赠。

回忆起大学四年的时光，朱智贤总是感慨万千。课堂上的知识往往过于理论化，难以触及教育的本质。而图书馆，却成了他真正的课堂。在这里，他仿佛打开了一扇通

国立中央大学图书馆
（来源：城事风云公众号）

往广阔世界的大门，涉猎了教育学、心理学和教学法的各个领域。他沉浸在书海中，思维得到了前所未有的启迪。他将读书与研究紧密结合，用笔尖记录下每一次思想的碰撞与火花，撰写出了一篇篇闪耀着智慧光芒的论文和著作。这些文字，不仅为他赢得了稿费，更支撑着他继续在知识的海洋中遨游。

朱智贤深知，真正的学问不仅仅在于书本上的知识，更在于将理论付诸实践。他将读书与思考紧密结合，既系统地学习教育学、心理学和教学法的理论，又不断反思自己的教学实践，将经验升华为理论。于是，他的笔下诞生了一系列著作：《教育研究法》《儿童教养之实际》《小学行政新论》……这些书籍，不仅是他研究成果的结晶，更是他对教育事业深沉热爱的见证。

《教育研究法》的出版，是他学术生涯中的一个重要里程碑。这本书完成于 1933 年，由他的学长刘百川亲自作序。刘百川在序中深情地写道："智贤与我，志同道合，情深意厚。他勤于治学，勇于探索，其精神令我深感敬佩。此书，是他多年来研究的结晶，对于教育的贡献，尤为卓越。"字里行间，流露出对朱智贤深深的敬意与赞赏。

中央大学"易长风潮"期间，朱智贤并未停下前行的脚步。他收到了昔日恩师董渭川的邀请，前往济南参与筹办《山东民众教育月刊》。董渭川先生爱才如命，对朱智贤等昔日的高才生始终关怀备至。在济南的日子里，朱智贤不仅投身于民众教育的实践，还积极参与办图书馆、搞展览、演话剧、改良私塾、办扫盲班等活动。他将成功的经验写成文章，发表在《山东民众教育月刊》上，推动了山东省民众教育的蓬勃发展。

在济南的短短半年时间里，他高效地完成了一本专著《民众学校设施法》。董渭川先生对这本书赞不绝口，并欣然为之作序。当中央大学复学后，朱智贤又满怀激情地回到了校园，继续他的学术探索。

在学术的道路上，朱智贤从未停歇。他积极参与谢鸣九先生组织的初等教育研究活动，与刘百川、杨汝熊等佼佼者共同探讨初等教育的诸多问题。他们共同倡议成立了中国初等教育研究社，并编辑出版了《初等教育通讯周刊》。研究社的成员们热情高涨，一年内发表的文字超过 30 万字。他们精选了其中的 10 万字，汇编成《初等教育研究集》（第一辑），并请著名教育家陈鹤琴先生题写了书名。这些文章，不仅记录了他们对初等教育的深刻思考，更为推动中国教育事业的进步贡献了力量。

在朱智贤的笔下，教育不再是枯燥的理论和空洞的口号，而是活生生的实践，是心灵的触动，是智慧的火花。他用文字记录下了每一次思想的碰撞与交融，仿佛为读者打开了一扇扇通往智慧殿堂的大门。他的文字温暖而明亮，照亮了无数追梦者的心灵之路。

朱智贤，这位怀揣梦想的青年学子，用他的智慧和汗水，书写了一段关于教育、关于梦想、关于探索的传奇。他的故事，如同一盏明灯，照亮了无数后来者的前行之路。在时光的画卷里,教育之梦如诗如画,缓缓铺展。岁月轻吟,朱智贤于教育的沃土上默默播种,以心血滋养,催生出一片片智慧的森林。他的笔触,宛若夜空中最亮的星,为万千教育追梦人指引方向。在书页翻动间,他寻觅到了心灵的栖息地。在知识的瀚海中,他铸就了生命的辉煌篇章。他,是那位在晨曦微露时静候的播种者,以笔墨为犁,耕耘着属于自己的传奇田园。

第四节 金陵恋情

中央大学宛若一座巍峨的古堡,拥抱万千追梦者的心绪与憧憬。朱智贤,恰似那夜空中最亮的星,四年求学路,其光华渐盛,璀璨夺目。20 世纪 30 年代初的南京,文化新潮涌动。朱智贤,风华正茂,立于青春浪尖。他的大学岁月,宛若一曲悠扬跌宕的长歌,每个音符都跳跃着拼搏与成就的旋律。他笔下生花,佳作连连。这些佳作如春日细雨后破土而出的笋尖,生机勃勃,部分已镌刻于历史的书页之中。墨香缭绕间,他宛若静待花开的少年,怀揣梦想,沐浴在同学们仰慕的目光与教授们的殷切期望中,内心充盈着前所未有的满足与骄傲。

1932 夏,暑气蒸腾中藏着命运的玄机,朱智贤踏入一所小学的门槛,兼职教师的生涯悄然铺展。王书丹的出现,如同晨曦微露,温柔地照亮了他的世界,为这段青春旅程添上了最绚烂的一笔。王书丹这个名字,自此与他的命运紧紧相连。在江苏省睢宁县,有位名唤王书丹的女子,自殷实之家翩然而出。她的父亲,庄稼汉之魂与油坊之主融于一体,以辛勤汗水绘就家园温馨画卷。王书丹的成长轨迹,宛若细腻绣品,每一针皆织就坚韧与奋斗。于徐州高中毕业后,她怀揣梦想,孤身跃入南京繁华,终以斐然成绩绽放于金陵女大。课余,她于新中门小学播撒知识种子,点亮孩童心灵之光。而朱智贤的出现,恰似命运之线巧妙牵引,虽地域相隔,却心有灵犀,共绘未来篇章。于苏北热土孕育的儿女,在异乡意外相逢,犹如荒漠逢泉,故人重逢。朱智贤,一位风华正茂的青年才俊,以智谋与炽热之情,捕获了王书丹的芳心。而王书丹,温婉若水,才情横溢,坚韧不拔,成为朱智贤生命中那抹不可磨灭的亮色。曾以为他应是位眼镜后深藏睿智的老者,未曾想,这位翩翩公子,正是她梦寐以求的灵魂伴

1933 年朱智贤与王书丹订婚照

侣。他，正值青春韶华，聪颖热情，诚实质朴，文静中蕴藏着无尽才华，令她一见倾心。她暗自忖度：这不正是我魂牵梦绕的良人吗？而于朱智贤而言，王书丹犹如尘世中的一抹清泉。初见，她身姿曼妙，容颜倾城，笑靥如花，令他心生涟漪。共事的日子里，他们心有灵犀，情感渐浓。王书丹不仅讲台上风采斐然，笔下亦生花，才情横溢，实为世间少有的佳人。在南京古城，王书丹笔耕不辍，将教学心得编织成文，轻置于朱智贤案前，期盼他慧眼点金。朱智贤不仅细心雕琢每字每句，更携手将其推向教育的璀璨星空。文章面世之日，喜悦如潮，共涌心间。爱，宛若春日里不经意间绽放的紫藤，缠绕于扬子江之滨，紫金山脚。他们情深似海，志坚如山。王书丹尤为情深，甘愿化作春泥，滋养这份深情，于无声处绽放最温柔的牺牲。她毅然离校，转身踏入新中门小学的门槛，以微薄的薪资为朱智贤筑起梦想的桥梁，誓要助他飞越学术的苍穹。爱，照亮了他的前行之路。在王书丹的柔情与坚毅中，朱智贤毅然辞别讲台，潜心学术。暑气蒸腾的日夜，他笔耕不辍，终绘就《教育研究法》的辉煌篇章。这不仅是学术的丰碑，更是他们爱情长河中的浪花，见证着两颗心紧紧相依、共绘未来。

为纪念文字果实落地，二人携手踏入南京照相馆，定格永恒。镜头前，他们笑颜如花，眸光中跃动着对明天的炽热渴望与无尽幻想。他们的爱，历风霜而不朽，经岁月沉淀，更显醇厚。流年似水，浮生若梦，朱智贤与王书丹的情缘，似一曲悠扬旋律，在漫长岁月的舞台上，低吟浅唱，悠长回响。缘分如织，相知相恋绘就斑斓画卷。未来悠长，他们手挽手，共绘传奇，让爱的篇章在时间的长河里摇曳生辉。

第五节　归乡悼亲

在时光的无垠长河里，朱智贤的求知之旅恍若一叶轻盈的小舟，在波涛汹涌的洪流中倔强地摇曳前行。那是一条遍布荆棘与坎坷的征途，每一步都镌刻着他坚韧不拔的意志和永不言败的灵魂。

朱智贤的童年，仿佛一幅褪色的画卷，铺满了饥寒交迫与亲人离散的阴霾。他幼小的心灵，过早地承受了生活的艰辛与世态的炎凉。小学毕业后，命运似乎要将他推向辍学的深渊，但班主任老师那温暖而坚定的眼神，犹如一盏不灭的明灯，照亮了他前行的道路。在老师的极力劝说下，父亲终于松动了紧锁的眉头，他才得以踏入了江苏省立第八师范学校的大门，开启了人生的新篇章。

师范的岁月，是朱智贤人生旅途中的一抹光芒。他如饥似渴地吮吸着知识的琼浆玉液，用勤奋与汗水浇灌着心中的梦想之花。那些日子里，他仿佛置身于知识的海洋中，尽情地遨游、探索。毕业之际，凭借着优异的成绩和在小学任教的两年经验，他幸运地被保送至中央大学教育学院深造。然而，命运似乎并未打算就此让他一帆风顺。

第四章 杏坛之花

家庭经济的拮据,如同一座沉重的大山,压在他的心头,让他几乎与这来之不易的深造机会擦肩而过。

朱智贤并未屈服于命运的摆布。他用自己的笔,书写着对生活的抗争与不屈;他用自己的智慧,在三尺讲台上播撒着知识的种子;他用自己的双手,一点一滴地积攒着上大学的费用,同时还要挤出微薄的收入,接济那个风雨飘摇的家。他,既是一个孜孜不倦的求知者,又是一个肩负重任的苦行者;既是一个孝顺懂事的儿子,又是一个家庭的顶梁柱。

然而,命运似乎总爱与他开玩笑。就在他即将大学毕业,准备用所学回报社会、报答家人的时候,一个噩耗如同晴天霹雳,击碎了他心中的宁静。1934年的清明节,父亲不幸被土匪杀害,年仅51岁。

当这个消息传到继母耳中时,她仿佛被抽走了所有的力气,瘫坐在地上,泪水如泉水般涌出。她颤抖着双手,请亲友帮忙将父亲的遗体运回家中。然后,她带着年幼的朱信贤,踉跄着走向电信局打电报,呼唤着远方的儿子归来。

当噩耗传到中央大学时,正值课间休息。朱智贤仿佛被一道闪电击中,整个人呆立在原地,半天说不出一句话来。他手中的电报仿佛有千斤重,让他的双手颤抖不已。同学们纷纷围拢过来,关切的目光中充满了同情与担忧。他们纷纷出谋划策,有的主动提出为他申请办理丧假手续,有的慷慨解囊相助,还有的赶忙张罗替他购买回乡车票。

朱智贤被同窗们的深情厚谊所感动,泪水在眼眶中打转。他强忍着悲痛,向同学们点头致谢。坐在通往故乡的火车上,朱智贤的心情如翻涌的波涛,久久无法平静。他望着窗外飞驰而过的风景,思绪万千。这条陇海线,他曾无数次往返其上。但这一次,却是为了千里奔丧。他的心情异常沉重,泪水不由自主地滑落脸颊。

他回忆起父亲的点点滴滴:父亲那瘦削的身影,在风雨中挑着小担走街串巷;父亲那粗糙的双手,从未享受过一天的安逸;父亲那慈祥的目光,总是充满了对他的期望与关爱。然而,如今父亲却惨遭杀害,他的心如刀割般疼痛。

他想到父亲节衣缩食支持他上学读书的情景,想到父亲在两次升学关键时刻的犹豫不决但最终同意他升学和深造的决定,想到父亲对他的殷切期望与无私培养……他的心中充满了感激与愧疚。他早就盘算着等大学毕业后多挣点钱、多尽点孝心,让父亲安享晚年。然而,命运却如此残酷地夺走了父亲的生命。他怎能不万分痛惜?

在办理父亲丧事的过程中,朱智贤仿佛一夜之间成熟了许多。他不再是那个只知道埋头苦读的学子,而是一个能够独当一面、处理复杂事务的男子汉。他亲自参与选购棺材、布置灵堂等事宜,每一个细节都力求尽善尽美。

在父亲的墓碑前,朱智贤默默地站了很久。他回想起父亲生前的点点滴滴,心中充满了无尽的思念和愧疚。他暗暗发誓,一定要努力学习、勤奋工作,用优异的成绩和出色的表现来告慰父亲的在天之灵。

在那段交织着忙碌与希望的日子里，朱智贤如同陀螺般旋转不停。白日里，他是家中那抹不可或缺的温暖，料理琐事，慰藉人心；夜幕下，他则化身为求知若渴的学子，昏黄的灯光下，他的身影与书页共舞，笔尖与纸张交织出未来的蓝图。夜深人静之时，他偶尔也会让思绪飘向远方，怀念往昔，哀悼逝去的亲人，但更多的，是对未来的无限憧憬与坚定信念。

丧事办妥后，朱智贤带着满心的疲惫和无尽的思念返回了学校。他深知，自己不能一直沉浸在悲痛之中，而是要化悲痛为力量，更加努力地学习和工作。他要用自己的实际行动来回报社会、报答家人，让父亲的在天之灵能够安息。

从此，朱智贤更加刻苦地学习，更加努力地工作。他依然保持着那份坚韧不拔的意志和永不言败的精神，继续在人生的道路上勇往直前。他用自己的双手创造了一个又一个辉煌的成绩，用自己的智慧和汗水书写了一段又一段传奇的人生篇章。朱智贤深知，这仅仅是风雨前夕的宁静，家庭的重担已悄然落至他的肩头。他回想着继母那张布满岁月痕迹的脸庞，以及弟妹们那双充满无邪与期待的眼睛，心中燃起不灭的火焰。他誓要接下父亲遗留下的这份沉甸甸的责任！

时光匆匆，大学毕业的钟声即将敲响，那将是他展翅翱翔为家撑起一片天的起点。他知道，前路虽长且险，但他怀揣着满腔热血与无畏的勇气，准备迎接每一个挑战，把握每一个机遇。因为，唯有如此，方能不负父亲的殷切期望，才能让那个曾经历尽沧桑的家重新焕发生机，绽放出新的光芒。

第五章

四海之行

第一节 集美执教

料理完父亲的丧事，五月的微风轻拂过南京城的每一个角落，也吹进了朱智贤的心田。他带着沉重却又不失坚定的步伐，重新踏入了中央大学的校门。此时，校园里弥漫着一种别样的氛围，同学们或低头疾书，或热烈讨论，毕业论文的撰写与未来去向的探讨交织成一首青春的交响曲。

对朱智贤而言，毕业论文并非一道难以逾越的坎。在中央大学的求学岁月里，他早已在教育学与心理学的领域深耕细作。五六本著作的问世，不仅为他赢得了学术界的认可，更成为他心中最坚实的基石。而今，一部新的书稿也即将完成，他学术生涯的又一高峰，静静地等待着被攀登。

当同学们纷纷为即将到来的华北教育考察团而雀跃不已时，朱智贤却选择了沉默。那是一个由教授率领的盛大队伍，将前往北平、济南、青岛等地，开启一场教育之旅。对大多数人来说，这不仅是一次学术的洗礼，更是一次心灵的放飞。但对于朱智贤来说，现实的考量让他不得不做出一个艰难的决定——放弃这次机会。

其实，朱智贤的放弃并非出于本意。他深知这次考察的重要性，但回乡奔丧的巨额花费已经让他囊中羞涩，他无力再承担这笔差旅费。面对现实的无奈，他只能默默地将这份渴望深埋心底，转而投身于另一项更为紧迫的任务——联系毕业后的工作。

1934年朱智贤毕业于中央大学时的学士照

王书丹，那个在南京小学里默默耕耘的女子，成了他此时最坚实的后盾。他们的爱情，如同紫金山下的野花，虽不张扬，却坚韧而美丽。在朱智贤为工作奔波的日子里，她始终陪伴在他身边，给予他无尽的支持与鼓励。

终于，一个决定性的时刻到来了。朱智贤收到了来自厦门集美师范学校的邀请。这所学校，不仅有着悠久的历史和深厚的文化底蕴，更有一位他敬仰已久的校长——王秀南。他们同为中央大学教育系的佼佼者，不仅学业有成，更在学术上有着共同的追求。当集美师范学校得知朱智贤即将毕业的消息时，立即向他伸出了橄榄枝，邀请他前来任教，并参与学校两个教育刊物的编辑工作。

面对这份突如其来的邀请，朱智贤的心中充满了激动与期待。他深知，这不仅是一个展示自己才华的舞台，更是一个实现教育理想的契机。而更让他感动的是，校方为了解决他的后顾之忧，不仅破例任命他为研究部主任，还同时聘任了王书丹为编辑部工作人员。王书丹听到这个消息时，脸上洋溢着幸福的笑容。她决定辞去在南京的教职，随朱智贤一同前往厦门。他们将婚礼定在了厦门的鼓浪屿上，那是一个美丽而浪漫的地方，见证了他们爱情的甜蜜与坚定。

在离开南京前，他们去照相馆拍了结婚照。那是一张充满幸福与甜蜜的照片，王书丹披着一袭洁白的婚纱，如同天使般美丽；朱智贤则穿着笔挺的西服，系着领带，英俊潇洒。他们的脸上洋溢着幸福的笑容，仿佛整个世界都在为他们的爱情喝彩。

1934年的夏天，朱智贤和王书丹带着对未来的憧憬与期待，踏上了前往厦门的旅程。王秀南校长亲自来到南京，与他们一同乘火车前往那个充满希望的远方。车站上，送行的人群熙熙攘攘，既有他们的同窗好友，也有王书丹的同事与亲朋。他们共同祝愿这对新人在新的岗位上比翼齐飞，白头偕老。

到达厦门后，朱智贤和王书丹迅速融入了集美师范学校的生活。他们不仅在教学上兢兢业业，更在学术上不断追求卓越。朱智贤的研究部主任工作让他得以充分发挥自己的才华，而王书丹也在编辑部找到了属于自己的舞台。他们的爱情与事业，在这个美丽的海滨城市绽放得更加绚烂。

闲暇之余，他们漫步在鼓浪屿的街头巷尾，感受着那份独特的宁静与美好。他们会在夕阳下的大榕树下合影留念，也会在月光下的海滩上留下串串足迹。那些日子，仿佛被时间定格成一幅幅美丽的画卷，永远镌刻在他们的心中。

集美师范学校校园

第五章 四海之行

1934年8月,继母和弟妹们收到了来自厦门的信件和汇款。信中,朱智贤和王书丹详细地介绍了他们在集美师范学校的工作与生活情况,并附上了三张珍贵的照片。除了在南京拍摄的订婚照和结婚照外,还有一张他们在厦门拍的生活照。照片上的他们,笑容灿烂,仿佛整个世界都在为他们的幸福而欢歌。

1935年的元旦,当新年的钟声在鼓浪屿上空回荡时,朱智贤和王书丹站在窗前,共同迎接着新的一年。他们知道,未来的路还很长,但只要彼此携手,就没有什么能够阻挡他们前进的脚步。在那个充满希望的时刻,他们许下了共同的愿望——愿他们的爱情如鼓浪屿的浪花般永不停息,愿他们的事业如集美师范学校的钟声般响彻云霄。

1934年朱智贤与王书丹在集美师范学校

厦门依山傍海,风光旖旎,气候宜人。朱智贤夫妇新婚蜜月,没有沉浸在甜蜜的闲适中,而是选择了将满腔热情投入工作中。集美师范学校,这座知识的殿堂,见证了他们的奋斗与执着。

朱智贤不仅担任师范部的教育学、心理学课程,更是研究部的主编与主笔。从昔日的投稿者,到如今的刊物掌舵人,他仿佛跨越了时间的鸿沟,游刃有余地穿梭于组稿、审稿、发排之间。他的才华与勤奋,照亮了研究部的每一个角落。

他是研究部最忙碌的人,既要编辑,又要撰写。每期的"卷首语",都凝聚了他的智慧与心血。他的教育论文,如同雨后春笋,一期又一期,层出不穷,有时甚至达到五六篇之多。他的文字,如同甘霖,滋润着读者的心田,引领着教育界的思潮。

在厦门集美,朱智贤不仅家庭幸福,而且事业也取得了辉煌的成就。尤其在儿童教育和心理研究方面,他更是达到了一个新的高度。师范学校里,心理学、教育心理学以及心理学实验、儿童教育心理实习等课程,如同知识的海洋,吸引着朱智贤的目光。起初,他并未觉得这些课程有何特别之处。但随着学习的深入,他逐渐发现心理学与儿童教育甚至与自己都有着密切的联系。心理学,这门与人本身息息相关的科学,让他产生了浓厚的兴趣。他深知,要从事教育工作,必须了解人,了解人的心理。同时,心理学又与众多学科紧密相连,讲大脑、讲遗传,与自然科学息息相关;讲人格、讲意识,又与社会科学紧密相连;而且心理学的整个内容又与哲学有着千丝万缕的联系。这种跨学科的特性,进一步激发了他学习心理学的热情。

在那风云变幻的20世纪30年代,中国的教育天空仿佛被一层厚重的阴霾所笼罩,无数有志之士在黑暗中摸索前行，试图为这片古老的土地注入新的生机与活力。朱智贤，便是这众多探索者中的一位，他的名字，如同一束穿透云层的光芒，照亮了教育的未来之路。

朱智贤的文章在《初等教育界》上涌现，《我与教育》《中国教育的新生命》……每一篇文章都凝聚着他对教育的深刻思考与无尽热忱。这些文字，不仅仅是纸上的墨迹，更是他心中那份对教育事业的执着与追求，引领着同行者前行。

《儿童导师》的页面上，朱智贤的名字频繁出现，从《训练顽皮儿童的几个方法》到《怎样处理儿童哭泣》，再到《儿童节与儿童年》，每一篇文章都像是他与孩子们之间的一场心灵对话，细腻而温暖。他用最质朴的语言，讲述着如何走进孩子的内心世界，如何引导他们健康成长。这些文字，如同一股清泉，滋润着每一个渴望知识的心灵。

朱智贤的求学之路并非一帆风顺，经济的拮据曾让他几度陷入困境。然而，正是这份沉重，成为他笔下文字的源泉。他用自己的经历，诠释着"书山有路勤为径，学海无涯苦作舟"的真谛。每一篇文章，都是他对生活的深刻感悟，是他对教育的无限热爱。在厦门集美师范学校的那段日子里，他仿佛找到了自己的精神家园，更加勤奋地投身于教育与心理学的科研事业中，儿童教育与心理研究成为他新的研究方向。

1935年的春天，朱智贤夫妇踏上了前往厦门大学的旅程。在那里，他应教育学会的邀请，为师生们献上了一场题为《中国教育的新生命》的演讲。这场演讲，如同一场思想的盛宴，让在场的每一个人都为之震撼。

朱智贤站在讲台上，目光如炬，他的话语如同破晓的曙光，穿透了教育的迷雾。他回顾了中国教育的历史，剖析了存在的问题，更以西方资本主义国家的教育为镜，反思中国封建主义教育的弊端。他提出，教育的核心在于平民化，要让每一个孩子都能享受到优质的教育资源，让知识的光芒照亮每一个角落。虽然，朱智贤所提出的教育理想在当时的社会背景下难以实现，但他的远见卓识与对教育事业的深情厚谊，却如同一颗种子，深植于人们的心田。他的演讲，如同一把钥匙，打开了人们心中那扇通往教育新世界的门。

岁月流转，时光荏苒。朱智贤的名字，或许已被许多人遗忘，但他那份对教育事业的执着与追求，却如同薪火一般，代代相传。他的文字，他的思想，永远指引着后来者前行的方向。

第二节　北赴泉城

王秀南校长荣升福建省教育厅督学,并掌舵福州实验小学。王校长的离去如秋风扫落叶,令朱智贤心生凄凉,仿佛孤舟独泊。然而,朱智贤与董渭川先生的情谊却如春日暖阳,未曾稍减。董渭川,时任山东省立民众教育馆馆长,亦是朱智贤昔日恩师。朱智贤订婚与结婚的喜悦瞬间,皆化作照片,穿越千山万水,送达董渭川夫妇手中。工作中的欢笑与泪水,他亦毫不保留地向董先生倾诉。此刻,董渭川刚从欧洲考察归来,带着对民众教育的新视野,那是何思源厅长赋予他的使命。他游历了欧洲十国,从意大利的浪漫到瑞典的静谧,每一步都踏着知识的节拍。在丹麦的国际民众高等学府,他沉浸于成人教育的海洋,笔记如繁星点点,近百万字,映照着思想的火花。1935年春,他满载而归,心中燃烧着乡村教育的火种。董渭川,这位教育的先驱,对朱智贤寄予厚望,一封急信穿越千山万水,劝他舍弃集美师范学校的安稳工作,携家带口,共赴济南,携手点燃民众教育的熊熊烈焰。

在鲁北广袤的大地上,董渭川先生身兼山东省第一民众教育辅导区主任之职,引领着鲁北17县的乡村教育变革。他亦是私立齐鲁大学的座上宾,以讲师之名,播撒知识的种子。因在民众教育领域的卓越贡献,董先生备受瞩目,受邀加入中国社会教育社,与平民教育家俞庆棠并肩作战。此时,他急需一位左膀右臂,心中早已锁定人选——那位才华横溢的朱智贤,愿与之共绘教育蓝图。

他郑重引荐朱智贤于山东省教育厅厅长何思源,言辞恳切,终获青睐。于是,朱智贤夫妇离开厦门集美师范学校,前往济南。旅途中,王书丹突发临盆之兆,于福州友人宅邸,急转医院,诞下娇女,笑语盈堂。不久,一家人整装待发,怀抱襁褓,踏上北上的列车。窗外风景如电影胶片般掠过,直至列车缓缓驶入济南。然而朱智贤心绪难宁,无暇顾及眼前泉涌柳垂,满心皆是即将展开的新篇章。他匆匆踏入山东省立民众教育馆的大门,心怀急切。

夜幕低垂,董渭川夫妇携着温情而至,为王书丹母女送上慰藉的言语。次日,董渭川便正式任命朱智贤为山东省立民众教育馆编辑部掌舵人,主编《山东民众教育月刊》和《小学与社会》,王书丹亦随其侧,共绘文字江山。

朱智贤与王书丹

董馆长以高薪相待，远胜往昔集美师范学校之酬。故地重游，朱智贤携往昔佳绩，再获同仁热忱相待，董馆长更将编辑出版之重责全权托付于他。

朱智贤犹如一颗新星，不负众望地在编辑界绽放光芒。仅仅数月，他手中的《山东民众教育月刊》和《小学与社会》便如凤凰涅槃般焕然一新，好评如潮。朱智贤在编辑的田野上辛勤耕耘，两刊在他的笔下绽放着智慧与启迪的光芒。在笔墨间耕耘不辍的他，几年前初涉民众教育的洪流，便倾情书就《民众学校设施法》，由山东民众教育的灯塔——山东省立民众教育馆付梓，更由董渭川先生欣然挥毫作序。在董馆长的提议下，他重新审视了民众教育领域，加之几年来的实践更加充实丰富。因此，他决定对《民众学校设施法》进行修订，旨在使其更加周全和具有指导意义，以期为民众教育提供更具体的操作指南。

1935年朱智贤（后排中）与山东省立民众教育馆同仁合影
（后排右一为董渭川馆长，前排左一为董夫人孔文振）

岁月悠悠，朱智贤的心灵与学识如秋实般日益丰盈。女儿的降生，宛如春日暖阳，照亮了他的世界，家庭的温馨与欢笑成为他最坚实的后盾。他们将年迈的外婆接入温馨小巢，共同守护这份宁静。某夜，灯火阑珊，朱智贤与家人围坐，谈笑间提及幼弟朱信贤虽已跨过初小的门槛，却因家境贫寒，只能默默守望在家，静待命运的转机。

于是，朱智贤提笔，字字深情，句句恳切，一封承载着希望与梦想的书信，缓缓铺展。不久，弟弟朱信贤至济南。次日，朱信贤便进入济南市第一实验小学。朱信贤不负众望，成绩斐然。终于，捷报传来，朱信贤以笔为剑，斩破荆棘，赢得齐鲁中学入学通知书。

第三节　东瀛求知

在 20 世纪 30 年代，中国大地上燃烧着一股炽热的留学热情，如燎原之火，势不可挡。那是一个充满壮志的青年才俊们渴望跨越山海、探索知识无垠边界的辉煌岁月。他们心中怀揣着对远洋彼岸的向往，有的梦想着前往欧美，有的则憧憬着东渡扶桑。当时，留学的门槛尚未被繁复的程序束缚，尤其对于日本，一腔热血和无尽的求知渴望，便足以成为踏上那片既遥远又充满诱惑的土地的通行证。

在这股留学热潮中，朱智贤如一颗新星般在知识的夜空中升起。他，一位对教育学与心理学充满憧憬的青年学者，正站在命运的十字路口，面临着人生的重大抉择。他的同窗刘百川等人，以书信传递着对他未来的殷切期望与坚定鼓励。他们的话语中充满了对他追寻梦想与真理的期望。

朱智贤的心中早已种下了留学的种子。他渴望了解世界各国在教育、心理研究领域的最新成果，渴望在这片未知的学术领域中找到属于自己的位置，绽放出独特的光芒。这对他来说，不仅是一个千载难逢的机会，更是一个可以在知识的海洋中畅游、在学术的天空中翱翔的机遇。

于是，他鼓起勇气向自己的恩师董渭川先生坦露心声。董渭川先生，教育界的一颗璀璨明星，他的睿智与深邃仿佛能洞察世间一切。他深知朱智贤出国留学的决定将是改变命运、实现梦想的绝佳机会。然而，朱智贤心中却充满了矛盾与不安。他深知自己对民众教育馆的工作有着深深的情感纽带，对那些渴望知识的民众们有着无法割舍的情感。

然而，董渭川先生的大局观和坚定支持给了他力量。他亲自找到山东省教育厅厅长何思源先生，为朱智贤争取公费留学的机会。何思源先生与董渭川先生有着深厚的私交，他们同为山东人，对故乡有着割舍不断的情感。在得知董先生的来意后，何先生欣然答应支持朱智贤的留学计划。

然而，朱智贤却婉拒了这份优厚的待遇。他认为自己服务山东的时间尚短，不愿给何先生和董先生增添额外的负担。他决定自费留学，用自己的努力去创造属于自己的未来。

带着师长的期望和妻子的支持，朱智贤踏上了前往日本的旅程。他从济南出发，乘坐火车抵达上海，再从上海搭乘海轮驶向日本。在十六铺码头，他的好友刘百川等人专程赶来为他送行，他们的眼神中充满了祝福与鼓励。

在浩瀚的海轮上，朱智贤遥望着无边的海洋与天空，心中充满了感慨与激动。他回忆起自己的人生历程，知道为了求学，离开家庭、离开祖国是必须的牺牲。当海轮抵达神户时,他踏上了这片陌生的土地。简单的行囊和简单的检查让他顺利入关。随后,他踏上了前往东京的火车。

在帝国大学,朱智贤见到了他的指导教授阿部重孝先生,一位在教育界享有盛誉的学者。阿部重孝教授已经看过朱智贤的著作。当得知朱智贤是自费留学并决定半工半读时,阿部教授慷慨地答应帮助朱智贤在帝国大学图书馆找到工作,并承诺为他提供一切必要的支持与协助。阿部教授的热情与慷慨深深打动了朱智贤,让他心中涌动着感激与敬意。

在帝国大学的日子里,朱智贤仿佛找到了知识的海洋中的一叶扁舟,自由自在地在其中游弋。他如饥似渴地学习,像一块海绵一样吸收着新知。他积极参加各类学术交流活动,与来自世界各地的学者们碰撞思想火花,交流学术观点。他沉浸在学术的海洋中,忘却了时间的流逝和身体的疲惫。

随着时间的推移,朱智贤逐渐适应了日本的生活与学习环境。他开始尝试着与当地人交流、结交朋友,并积极参与各种学术活动与研讨会。他的视野变得更加开阔、思维也变得更加活跃。在这片充满机遇与挑战的土地上,他不断地成长与进步着。

然而,无论走到哪里、无论身处何方,朱智贤的心中始终怀揣着对祖国的深深眷恋与思念。他知道自己总有一天会回到那片熟悉的土地上,用自己的所学所长为祖国的教育事业贡献自己的力量。这份信念与执着如同一盏明灯般照亮着他前行的道路,让他在异国他乡也能感受到家的温暖与力量。

在日本帝国大学的一隅,朱智贤的身影总是忙碌而坚定。他是一位怀揣梦想的青年学者,一面在教授的悉心指导下,如饥似渴地探索着学术的奥秘;一面又在课余的缝隙里,于图书馆默默奉献,用汗水换取着生活的微薄酬劳。那是一段清贫却充实的日子,图书馆成了他心灵的避风港,书页翻动的声音,是最动听的音乐。

与众多留学生不同,朱智贤并未踏足神户、横滨的繁华,也未沉醉于大阪、京都的古韵,更未驻足奈良、札幌的静美。不是因为对它们毫无向往,而是囊中羞涩让他选择了与书为伴,与梦同行。然而,当樱花盛开的季节悄然而至,那份对美的渴望终是难以压抑。他决定,即便只是片刻的逃离,也要

1936年朱智贤在东京帝国大学文学部大学院

去东京郊外的上野公园,与樱花来一场浪漫的邂逅。

那是一个阳光明媚的星期天,朱智贤踏上了前往上野公园的旅程。古朴与静谧交织的东京郊外,仿佛一幅淡雅的水墨画,而樱花则是其中最绚烂的一笔。它们依山傍水,千枝万朵,竞相绽放,犹如一片片粉色的云霞,将大地装扮得分外妖娆。朱智贤漫步其中,每一步都踏着花香,每一眼都满载春色。

在图书馆的日子里,朱智贤不仅解决了生计问题,更收获了知识的宝藏。一次偶然的机会,他借阅了野上俊夫编著的《青年心理与教育》。这本书如同一把钥匙,打开了他心灵的另一扇门。书中的论点新颖独特,与朱智贤一直关注的儿童心理课题不谋而合,更让他对青年心理产生了浓厚的兴趣。

于是,一个大胆的想法在他心中萌芽——将这本书翻译成中文,让更多人受益。在指导教授的引荐下,他拜访了野上俊夫先生,并得到了宝贵的指教和鼓励。经过无数个日夜的奋战,朱智贤终于完成了《青年心理与教育》的翻译工作。他将译稿寄回国内,由上海商务印书馆出版。

金秋9月,王书丹带着对丈夫的思念与对未来的憧憬,从上海乘海轮来到了日本。她的到来,为朱智贤的生活带来了翻天覆地的变化。家的温暖与亲人的温馨,让他感受到了前所未有的幸福与满足。他更加珍惜这段来之不易的时光,更加勤奋地投入到学习和研究中。

1936年的冬天,西安事变震惊中外。朱智贤从日本报纸的报道中,看到了中国共产党以民族大义为重,妥善处理了事变,赢得了国内外人士的广泛赞誉。这让他对共产党产生了浓厚的兴趣。他开始关注日本街头的马克思、列宁书籍,并毅然购买了《资本论》进行研读。这是他人生中的一次重要转折,让他第一次深刻理解了剥削的本质,学会了用辩证唯物论的方法分析问题。

回顾在日本留学的这段短暂而充实的时光,朱智贤感慨万分。他深知,最大的收获不仅仅是学术上的进步,更是对马克思主义信仰的初步接触与理解。樱花下的邂逅,让他感受到了生命的美好与短暂;书海中的泛舟,让他收获了知识的力量与智慧;而信仰的萌芽,则让他看到了未来的希望与光明。

如今,朱智贤已不再是那个初来乍到的青涩青年,而是成长为了一名有担当、有理想的学者。他知道,前方的路还很长,但他愿意带着这份信仰与梦想继续前行,在知识的海洋中扬帆远航,为人类的进步贡献自己的力量。

第四节　大港流金

　　1937年的夏天，东京的街头弥漫着一种不同寻常的紧张气息。在帝国大学的图书馆深处，朱智贤正埋头于书海，试图从历史的尘埃中汲取智慧。然而，一场突如其来的风暴，将他的思绪从遥远的过去拉回了残酷的现实。

　　那是一个阳光斑驳的午后，"七七事变"的消息如同晴天霹雳，瞬间在留学生群体中炸开了锅。朱智贤手中的书卷仿佛被一股无形的力量点燃，他的心中燃起了一团熊熊的烈火，那是对祖国命运的深切忧虑和对民族尊严的坚定捍卫。

　　夜深人静，朱智贤躺在床上，辗转反侧，难以入眠。他仿佛能听到祖国大地上的哀鸿遍野，看到同胞们在日寇铁蹄下的苦难挣扎。他与妻子王书丹彻夜长谈，谈论着国难家祸，担忧着远隔重洋的亲人。

　　朱智贤让王书丹准备行李，自己则迅速走到书桌前，提笔疾书。这是一份申请退学的报告，每一个字都凝聚着他对祖国的深情与责任。

　　8月中旬，朱智贤和他的妻子离开了日本，乘坐一艘英国轮船返回中国。当轮船在海上航行时，他们远眺着远方的祖国，当轮船缓缓驶入上海十六铺码头，迎接他们的不仅有亲人的拥抱，还有救亡宣传队的歌声。那歌声激昂而悲壮，仿佛在诉说着一个民族的苦难与抗争。

　　刘百川夫妇特地赶来迎接朱智贤夫妇。他们知道，这位曾经的同窗好友，如今已是一位满腔热血的爱国志士。在那片被历史风霜雕琢的江苏大港，刘百川，一位乡村教育的拓荒者，以无畏的勇气和深邃的智慧，在这片广袤的土地上绘就了一幅教育的新篇章。他的召唤，如同春风拂过沉睡的大地，唤醒了朱智贤夫妇心中的热情与梦想。他们带着对教育的无限热爱，踏上了这片充满希望的土地，恍如与久违的故人重逢。昔日的教育同仁，亦因刘百川的召唤，纷纷汇聚于此，共同在这片热土上播种希望，收获未来。

　　朱智贤夫妇的到来，受到了大港乡村教育实验区同仁的热烈欢迎。他们仿佛看到了一股新的力量正在这里汇聚，一股能够推动社会前进的力量。在刘百川和同仁的关心下，朱智贤夫妇得以暂时安顿下来。他们深知，这里的条件虽然艰苦，但他们的心中充满了对未来的憧憬和信念。他们提出要把乡村学校办成农村文化中心和农村社会改进中心。他们相信，教育能够改变命运，能够点亮希望之光。

　　在刘百川以及同事们的关怀下，朱智贤和妻子回到了苏北睢宁县王书丹的家乡进行探亲，他们见到了长时间未见的女儿一闽。这次团聚带来了满溢的欢乐和浓厚的家

第五章 四海之行

庭情感,使得整个家乡的小院都充满了温馨。经过五天的短暂相聚,朱智贤夫妇依依不舍地告别了女儿,急忙返回到镇江大港继续他们的工作。

位于长江以南的大港地区,被群山环绕,生活环境十分艰苦。然而,朱智贤夫妇投身乡村教育的意志坚定。他们立志将乡村学校建设成为农村的文化和社会发展中心,认为乡村学校的教师不仅要教育儿童,还要为失学青年和成年人提供学习机会,同时担任乡村社区在政治、经济和社会生活方面的指导者。他们相信乡村学校能够在农村社会中发挥其独特的优势,成为推动社会进步的核心力量。

朱智贤夫妇的工作日程非常紧凑,白天负责儿童班课程,晚上则为成人班授课。他们每天早晨起床后,上午制订工作计划,下午进行巡视,而晚上则更加繁忙,因为晚饭后他们需要前往各个村庄检查工作。刘百川安排王书丹在实验区工作,月薪22元,而朱智贤则未被安排工作,原因是考虑到他计划在中日战争结束后要返回日本继续他的学习和研究。

朱智贤夫妇的心中有一个不灭的梦想——将那些简陋的校舍,化作乡村的灵魂灯塔,让知识的光芒照亮每一个角落,让变革的种子在这片土地上生根发芽。晨曦初照,儿童班书声琅琅,如同天籁之音,回荡在乡间的小道上,包围着他们的是对未来的无限憧憬。与乡村共舞的教育梦想,正如同初升的太阳,悄然绽放。

夜幕降临,成人班灯火通明,照亮了乡村的夜空。刘百川将实验区的重任托付给了王书丹,而朱智贤则默默接过了夜间下乡的重任,化身为夜行者,穿梭在乡间的小路上,用知识的光芒照亮村民的心灵。刘百川在大港的日子里,笔耕不辍,养成了每日记录工作与思考的习惯。他的日记如同涓涓细流,汇聚成《乡村教育实施记》,并由上海书局出版,全书共分三辑,累计超过百万字。在乡村教育实践的过程中,他逐步认识到:一个乡村学校(同时办儿童班和成人班)应该作为这个乡村的文化中心和乡村社会改进中心,乡村学校的教师应该是儿童的老师、失学成人的老师,也应是乡村群众在政治、经济、社会、生活等各方面的导师。乡村学校应该发挥它在乡村中的优势,发挥它推动社会前进的核心作用[①]。基于这一理念,他进一步撰写了《乡村教育的经验》一书,并由商务印书馆出版。刘百川对大港乡村教育实验区的小学进行了全面的改革,并成功取得了明显的成效。这些著作照亮了20世纪30年代乡村教育的探索之路,成为研究20世纪30年代江苏乡村教育的珍贵文献。

在这些著作的撰写过程中,刘百川先生总是邀请朱智贤审阅书稿,并诚恳地征求他的意见和建议。

刘百川在自己从事教育科学研究的过程中,愿意与同事共同研讨,取长补短,以丰富自己的思想认识,提高自己教学和科研能力。他一贯宽以待人,

---

① 杨汝熊.怀念刘百川先生[J].江苏教育,1990(Z1):81.

严于律己，从不骄傲自满、眼睛朝天、看不起人。一般同事和他相处日久，都成了他的知己，所以他的朋友很多。各人又有各人的特长和专长，这使他在和朋友相处中不知不觉得到感染和教益，受到某一方面的启迪。

刘百川平时生活简朴，办事勤俭。他到实验区以后，为了表示和农民打成一片，像农民那样过简朴的生活，特意剃光了头，叫做从"头"做起。他不穿西装，不穿皮鞋。虽担任领导职务，但不铺张浪费，不用公款请客送礼，与朋友通信，不用公家邮票，做到公私分明。他来实验区工作，不带家属，不特殊化，而是和同事们同吃同住。他的工资，除供给家属生活费用外，都用来购置图书；朋友们经济上遇有困难，他就主动资助，不要归还。大港乡村教育实验区的学生，由区供应课本及笔墨簿本，数量很大，有的商人对他进行贿赂，趁机抬高价格，可他都予以拒绝，而选购其他价廉物美者[①]。

朱智贤夫妇与刘百川先生情谊深厚，他们的友谊，如同陈年佳酿，愈久弥香。无论是出国前的送行，还是归国后的迎接，刘百川先生总是亲力亲为，这份深情厚谊，让人动容。当朱智贤的家人远赴香港时，又是刘百川先生细心安排，一路相送。这份情谊，早已超越了时间与空间的限制，成为彼此心中最珍贵的记忆。那片被刘百川和朱智贤等先驱者用智慧和汗水浇灌的土地，必将绽放出更加绚烂的花朵，照亮乡村的未来之路。

第五节　西行漫记

1937年的深秋，华夏大地被战争的阴霾所笼罩。上海，这座曾经繁华的城市，如今却成了日寇铁蹄下的废墟。枪声、炮声、哭喊声交织在一起，构成了一幅悲惨的画卷。人们被迫离开家园，踏上了一条未知的流亡之路。在这片焦土上，不愿做亡国奴的中国军民，以血肉之躯筑起了抵抗的长城，民族气节如烈火般熊熊燃烧。

在这片烽火连天的土地上，刘百川、朱智贤等爱国知识分子，引领着迷茫的人们寻找希望的方向。他们不仅用笔墨书写着对祖国的深情厚谊，更用实际行动诠释着爱国者的担当。在大港实验区，他们带领着一群热血青年走上街头，用激昂的演讲和传单，唤醒沉睡的民众，让抗日救国的火种在每一个人的心中生根发芽。

《义勇军进行曲》响彻云霄，激励着无数中华儿女奋勇向前。在那个年代，抗日救亡歌曲成为最有力量的文艺武器。它们像一把把锋利的剑，刺向敌人的心脏；又像一面面鲜艳的旗帜，引领着人们前进的方向。《松花江上》的哀怨悲婉，诉说着家园的破

---

① 杨汝熊.怀念刘百川先生[J].江苏教育，1990(Z1)：81.

第五章 四海之行

碎;《五月的鲜花》的沉痛悲愤,表达着对逝者的哀悼;《毕业歌》和《大刀进行曲》的慷慨激昂,则激励着人们为了民族的解放而浴血奋战。

朱智贤教授,这位从日本归来的学者,心中充满了对祖国的热爱和对未来的憧憬。然而,战争的爆发,让他不得不放下手中的书本,投入这场伟大的民族解放战争中。每当夜深人静,他总会情不自禁地哼唱起那些熟悉的旋律。那些歌曲,如同他生命中的一部分,承载着他对那段岁月的深深怀念。

随着抗日战争的烽火在中国各地蔓延,国家面临严重危机,大港乡村教育实验区的工作人员无法再专注于他们的实验工作,朱智贤也放弃了返回日本继续深造的计划。面对未来,他们必须做出选择。

这时他们收到了董渭川从四川寄来的信函,信中提到在日军占领济南后,董渭川一家随着逃难的人群到达了四川。刘百川建议朱智贤、杨汝熊前往大后方。

1937年11月底,朱智贤夫妇与杨汝熊夫妇一同离开了大港,前往大后方。那是一个未知的世界,充满了危险和不确定性。但他们知道,只有在那里,他们才能继续为祖国的解放事业贡献自己的力量。自朱智贤夫妇从日本回国后,他们在大港的停留时间正好是两个月。在他们离开之后,刘百川与大港实验区的同事们北上,经过徐州,最终到达甘肃,在那里成立了战区中小学教师甘肃服务团,刘百川担任了该服务团的主任。

朱智贤夫妇和杨汝熊夫妇乘坐的大船从镇江溯江而上,途经南京、安庆,最终抵达九江。他们首先在江边一家小旅馆暂住。简单用餐后,他们开始讨论接下来的行动计划。杨汝熊提到他认识一位名叫姜爱群的先生,此人在九江师范学校担任教师,并兼任乡村实验区主任。

九江师范学校位于庐山脚下,距离九江市区大约十里路,因此地名被称为十里埠。安顿好夫人后,朱智贤和杨汝熊步行前往十里埠,并成功找到了姜爱群先生。杨汝熊向姜先生说明了他们的来意,并介绍了朱智贤。姜先生对朱智贤的著作表示了敬意,并热情地提供了帮助。他们被安排在九江师范学校用餐,并在学校附近租了两间民房。食宿问题得到了暂时的解决。

在那段艰难的日子里,朱智贤夫妇和杨汝熊夫妇相互扶持、共同前行。他们用自己的行动诠释着对祖国的忠诚和对未来的信念。那些抗日救亡的歌曲,如同他们生命中的灯塔,指引着他们前进的方向。每当夜深人静时,他们总会聚在一起,唱起那些熟悉的旋律,让歌声在夜空中回荡……

1937年的冬天,南京沦陷的消息如同寒风刺骨,让人心生寒意。当得知南京失守的消息时,他们心中充满了无尽的忧虑与不安。九江,这座曾经繁华的城市,如今也笼罩在了战争的阴影之下。他们深知,此地已不再是久留之地。于是,他们决定再次启程,前往汉口,寻找那或许存在的一丝生机。

汉口，这座繁华而又陌生的城市，成为他们新的起点。然而，高昂的生活费用却让他们不得不再次踏上迁徙的征途。他们选择了前往武昌，住进了简陋的旅店，用烧饼、油条和开水维持着生命。

1938年的春天，日本敌机的轰炸如同噩梦一般，日复一日地摧残着这片土地。国民党军队的节节败退，让武汉的形势愈发危急。难民所里，人潮涌动。人的命运，如同风雨中的浮萍，无处安放。

就在这绝望之际，一份来自教育部战时教职人员登记处的告示，如同黑暗中的一缕曙光，照亮了他们的前行之路。告示上写着，凡是流落在汉口的教职人员，愿意西行的，都可以前来登记，免费获得前往宜昌、重庆的船票。这无疑是上天赐予他们的最好机会。他们决定一同前往重庆，寻找属于他们的新天地。

船行万县（今万州区），他们踏上了山城重庆的土地，又辗转来到了北碚。朱智贤和杨汝熊都被安排在了重庆女子师范学校任教。

在那段颠沛流离的日子里，朱智贤与杨汝熊结下了深厚的情谊。他们曾一同在江苏省立第八师范学校求学，又一同留在了实验小学任教。如今，在这乱世之中，他们再次相聚，共同面对着命运的挑战。

第六节　川桂授业

在重庆女子师范学校，朱智贤教授教育学、心理学及教学法。他每日上午授课，午后则融入学生浪潮，慷慨激昂地讲述着抗日的故事，言辞热血沸腾，感染力直击人心。彼时，江苏教育学院南迁桂林，董渭川先生以其深厚的学术造诣与卓越的教育领导力，在桂林教育界树立了一座巍峨的丰碑。他的一封书信穿越烽火，轻触重庆的静谧，召唤着朱智贤前往桂林。

此时的朱智贤却陷入了两难的境地。他的妻子王书丹生病，他难以割舍。然而，王书丹却以坚韧之心，劝他西行，誓待病愈，共赴桂林山水间。桂林，这个在战火纷飞中依然保持着宁静与美丽的城市，如同世外桃源一般吸引着朱智贤。他最终决定前往桂林，与董渭川先生并肩作战，共筑学术殿堂。

在桂林的江苏教育学院，朱智贤成为社会教育系的一员。他站在副教授的席位上，讲述着心理学与教育学的奥秘，教育哲学与历史亦在他的话语间

1938年朱智贤在桂林江苏教育学院

流淌。他的言传身教如同春风化雨，催生了无数思想的萌芽。学生们自发组建读书社，秘密研读《政治经济学》等进步刊物，更有《共产党宣言》在暗中传阅。朱智贤则成了他们精神上的引路人，引领着他们探寻真理的道路。

以下摘录几位江苏教育学院社会教育系的同学回忆朱智贤教授教育教学的工作情况。

> 当年，智贤师教我们教育心理学，我们大家都爱听他的课，在我当时的心目中，他是我最尊敬的师长。他不仅讲课内容丰富，条理清楚，使我获益匪浅，终身受用；他的处世为人，尤其使我衷心景仰。在当时江苏教育学院，很多同学都是从无锡迁来的，家乡沦陷，与家庭失去了联系，断绝了经济来源，生活是比较清苦的。智贤师就经常用自己艰苦求学的亲身经历来鼓励我们艰苦奋斗，渡过难关。
>
> 当时，学校条件很差，图书馆内存书不多，他就把自己的参考用书借给同学轮流阅读。他对同学要求非常严格，我们的听课笔记都要交给他审阅。我的笔记常常受到智贤师的称赞，每次发还时，常常在课堂上表扬我的心理学笔记记得最详尽、最清楚。他还鼓励我多读课外参考书，也鼓励其他同学与我竞争，使我真有点受宠若惊之感。
>
> ——无锡师范学校退休老教师卢士锦的回忆

> 当时，朱老师只有三十多岁，是一个比较年轻的老师。他讲课观点进步，条理清晰，很受学生欢迎。朱老师一个人住在江苏教育学院附近的一间小楼上，许多同学常去他那里聊天，他经常介绍一些进步书刊给同学们阅读。朱老师的教学、言论、行动在学生中产生了广泛的影响。同学们纷纷成立了各种读书小组，阅读与学习一些进步书刊，如沈志远编写的《政治经济学》，同学中还秘密传阅《共产党宣言》等，并请朱老师作指导教师。
>
> ——徐州师范大学中文系教授杨履武的回忆

> 1938年，朱先生在江苏教育学院任教，讲授心理学和中国教育史课程，并担任学生导师。朱先生讲课、组织教材，适合学生接受水平。讲课时，声音高低适度，语调缓急适当，讲述清晰，便于学生记笔记，有时也板书讲授提纲。他在课堂上运用辩证唯物主义观点来分析心理学和教育学方面的一些问题，深入浅出，简明扼要。这样讲授很受学生们的欢迎。
>
> 朱先生还经常给学生讲述学习中应注意的问题，指导学生课外自学。自学内容主要是教育学、心理学、时事政局、唯物主义哲学等；学习方法主要是自己阅读，集体讨论。他要求我们写读书笔记，把自己的学习体会写出来，有时他还为我们批阅。当时，学校还规定学生写日记，由导师审阅。他经常

在学生日记上批注一些意见,对学生帮助很大。

——人民教育出版社编审熊承涤的回忆①

这时,命运却对朱智贤夫妇开了一个残酷的玩笑。在重庆的烽火连天中,王书丹以病弱之躯亲历了日寇的"重庆大轰炸"。尽管心脏病与肠炎缠身,她却坚韧如松,屹立不倒。瘦削的她形如枯槁,防空警报骤响时,步履蹒跚间被友人以滑竿轻抬至防空洞内避难。暑期归渝时,朱智贤携王书丹遍访名医,渴望奇迹的发生。然而,秋风起时一纸电报急至:"书丹病重,速归。"朱智贤心急如焚归渝直奔医院,却得知王书丹已罹患肠癌。不久之后,王书丹溘然长逝,朱智贤将其安葬于歌乐山翠竹环绕之处。墓碑静立,诉说着对亡妻王书丹的无尽哀思。1939年的记忆随落叶纷飞。然而朱智贤并未被悲痛击垮,他继续投身于教育事业中,用他的智慧和热情点亮着更多人的心灵之灯。

朱智贤的学术生涯,如同一部跌宕起伏的史诗。在桂林的山水间,他如同一位孤独的旅者,怀揣着对知识的渴望与对真理的追求,踏上了探索教育学的征途。他的课堂上,儿童教育与心理如同画布。他挥洒着唯物辩证的色彩,引得同学们阵阵掌声。他与程今吾等共产党人及进步人士,共筑教育座谈的殿堂,以马克思主义为灯,照亮教育学与心理学的迷雾。

朱智贤的心灵,被中国共产党的光辉所照亮。他再次沉浸于《资本论》的深邃,又涉足《西行漫记》的壮阔与《联(共)布党史》的波澜,笔下生花,笔记详尽。他的笔下,不仅有对学术的深刻洞察,更有对时代的敏锐感知。在桂林的山水间,他文思泉涌,《教育是什么》《一个教育定义的商榷》《心理学上三个行为公式之批评》等佳作迭出,激荡着学术的浪花。他在学术的浩瀚海洋中,引领着教育学与心理学的航向。

朱智贤在1956年8月4日的自传材料中回忆:

> 我在中苏文化协会主办的俄文夜校学习俄文,和一些共产党人及进步人士如刘季平(现任上海书记)、程今吾(现在中央宣传部)、付彬然(现任文化部出版局副局长)等共同组织教育座谈会,探索马克思主义教育学和心理学理论。同时我也曾参加了时事座谈会等进步组织,并为进步刊物如《中国农村》等写稿。
>
> 我写过《教育是什么》(合编小册子)、《一个教育定义的商榷》(《中山大学教育研究》)、《心理学上三个行为公式之批评》(《中华教育界》)、《论人性的改造问题》(桂林《建设月刊》)等,试图以辩证唯物主义观点论述教育学和心理学的若干基本问题。

---

① 黄永言.朱智贤传[M].北京:人民教育出版社,2000:129-131.

第五章 四海之行

然而,朱智贤的学术之路并非一帆风顺。在那个风雨飘摇的年代,他面临着来自各方的压力与挑战。江苏教育学院内,中共地下党支部如同一股潜流,在暗处涌动着。朱智贤的身影时常穿梭其间,与青年才俊们共话马克思的智慧之光。然而,随着国民党党团活动的炽烈火焰,学院内的读书小组如晨雾般消散。校长亲自约谈朱智贤,言辞间暗藏锋芒,劝诫他勿要踏入共产党的洪流。某夜,训导主任如暗夜幽灵,突袭其宿舍,马恩著作散落一地,被斥为"禁书"。1941年,"皖南事变"爆发,国民党反共声浪高涨,校方借此东风,驱逐进步师生。朱智贤亦未能幸免,只因他曾引领学子缅怀尚仲衣烈士之光辉,便成了解聘的导火索。

朱智贤在1956年8月4日的自传材料中回忆这段经历:

> 1940—1941年,皖南事变前后,整个形势恶化,当时江苏教育学院的院长高阳从上海来桂林(抗战后他躲在上海,此时则来桂林)。他到校后,一面在放假时开除大批学生,一面在当时伪教育部督学张北海的指使之下,决定解聘我和另一教授秦柳方(此人现在国务院第八办公室工作)。
>
> 高阳在解聘我之前,曾两度找我谈话,希望我不要被别人牵着鼻子走,而且希望我和他走一条路线。当时我断然拒绝了,我说人各有志,不能相强,我就这样被学校解聘了。记得我在被解聘时曾对一个同事说,我是穷人出身,我不能忘本,来表示我对人民、对革命靠拢的决心。当时进步的同学们以及朋友们都对我很关怀。

尽管朱智贤本人面临着困境,他仍旧对那些遭到学校开除的学生抱有关切之情,彰显了他高尚的教师品德和仁慈的爱心。杭州大学教育系教授张定璋回忆这段经历,至今心潮澎湃,热泪盈眶。

> 1941年初,春节前,江苏教育学院突然公布开除一批学生的名单。我是属于"应令转学"的,大部分学生属于"勒令退学",接着就被学院当局赶出学生宿舍,搬到小学部所在地的一个祠堂暂住。
>
> 同一时刻,朱智贤老师与附中校长樊月培老师也被无理解聘。他们二位搬到城内中山纪念学校,暂居在一间教室内。
>
> 桂林当时的形势已急转直下,患难与共的师生关系却愈加密切了。我班留校同学对我们被开除的人是很同情的。他们恭请朱先生和我们到川菜馆聚餐,餐后合影留念;同系三年级同学则开茶话会送别。
>
> 这时,朱先生考虑的不是自己,而是我们几个被开除同学的去向问题。他设法找到杨东莼先生。杨先生原是广西省(今广西壮族自治区)干部学校的教育长,遭国民党通缉,隐居在广西省主席黄旭初家中。朱先生知道杨东莼先生与广东文理学院院长林砺儒先生是至交,想请杨先生给写封介绍信,

将我们几个同学介绍到广东文理学院去。杨先生对朱先生非常敬重，又为他的爱生之精神所感动，尽管自己的处境困难，但仍欣然提笔写了一封介绍信交给朱智贤老师。

朱智贤老师拿着介绍信后，就赶到火车站，为我与凌志谦、刘明曦三人买了火车票，经衡阳到砰石，再转道去粤北的广东文理学院。朱先生要我们次日去他住处取信和车票。

次日黎明前，我们三人悄悄来到朱先生暂居的中山纪念学校。朱先生把介绍信交给我，嘱我把信藏到皮箱的夹层布内，然后又将三张火车票交给我。他又冒着风险一直把我们送上火车。

火车马上就要开动了，只见朱先生抬了一下手，立即回头就走。我在车厢内看到他的背影，止不住地流下泪来。此情此景，历历在目，往后，乃至今日，一想起这幕情景，我总是要泪水汪汪。在此后的人生行程中，我有过波折和曲折，但恩师朱智贤先生的言传身教，总是时刻在教我如何自强自励、正直为人和栽培后生。

进广东文理学院后，接到桂林同学来信，得知我们走后的第二天就发生新知书店和生活书店等被砸烂洗劫的事件，不久又看到《新华日报》开天窗的版面上有"千古奇冤，江南一叶"的大写字迹。我们更深一层理解到朱先生催促我们走的苦心。

——杭州大学教育系教授张定璋的回忆[1]

困境并未击垮朱智贤。他如同一位顽强的战士，在逆境中奋起抗争。他笔耕不辍，渡己亦渡人。他的文字，如同一缕温暖的阳光，穿透了黑暗与阴霾，照亮了人们的心灵。留校学子特邀朱先生与被逐同窗围炉川菜小馆，那一刻的温情，如同冬日里的炉火，温暖了每个人的心房。

在那段烽火连天的岁月里，朱智贤与师生们一同踏入了七星岩的静谧。他们聆听徐特立慷慨激昂的抗日救亡之音，共同为国家的命运而担忧。朱智贤虽是一位温文尔雅的学者，但在时局动荡中，他失去了讲台的依托，生活陷入困顿。然而，他并未因此沉沦，反而以更加坚定的步伐，继续前行在探索真理的道路上。他如同一座灯塔，照亮了前行的道路，引领着学子们走向光明的未来。

---

[1] 黄永言. 朱智贤传[M]. 北京：人民教育出版社，2000：144-145.

第五章 四海之行

第七节 爱河共渡

于江苏海门的一隅,藏着一位名唤杨云美的女子。她,生于中农之家,自幼心向知识,梦逐远方。春日,桃花嫣红,她于花影下苦读,似与花瓣共舞;秋日,稻香四溢,她于田埂边诵读,仿佛与稻穗共鸣。在南通女师初中部,她宛若静谧百合,绽放于书海,以斐然成绩与坚韧意志,赢得众人倾慕。然而,1938年春,寒意料峭,日寇铁骑踏破江南宁静,亦将她求学之路无情斩断,如桃花凋零于风雨,徒留一地哀伤。

学校静默,家园黯淡,而她心中却绽放出一朵璀璨的火莲。次年,南通女师于乱世上海悄然重启,她挣脱亲情的温柔枷锁,决绝地驶向那片波涛汹涌的希望之地。海浪轰鸣,仿佛为她那不屈的意志奏响赞歌。杨云美以斐然成绩自南通女师荣耀毕业,心中那颗名为梦想的种子已破土而出——她渴望步入大学殿堂,继续知识的探索之旅。思绪飘向远方,广西省教

1938年杨云美在南通通州女子师范学校

育厅工作的表兄倪焕周成了她的灯塔。一封承载着无尽憧憬的信笺,穿越重重山水,翩然落至桂林。表兄的回信,宛若春日暖阳,温柔拂过她心间。命运之轮悄然转动,为杨云美铺设了一条未曾预料的道路。正当她心怀憧憬,欲赴桂林逐梦时,一纸通知如冷水浇头——大学考试已悄然错过。但她未让失望吞噬梦想,转身踏入表兄母校江苏教育学院的门槛,于社会教育系重启征程。

在这片新天地,她邂逅了朱智贤,一位青年才俊,其课堂吸引着求知若渴的心灵。渊博的知识、灵动的思维、滔滔的口才,如磁石般,引领着她步入知识的殿堂,开启了人生的新篇章。在朱智贤的课堂上,心理学不再是枯燥的理论,而是他笔下绘声绘色的故事,令杨云美坐在前排,目光如炬,心生敬仰。一次学院苏北同乡会的灯火阑珊处,杨云美轻启歌喉,《渔光曲》悠扬,如清泉潺潺,触动了朱智贤的心弦。她,文静而美丽,不仅歌声绕梁,更以求知若渴之心,常伴朱智贤左右,借书还书间,细水长流。甚至,她以针线之情,为他缝补衣物。这些细微之举,如同春日暖阳,温柔地照进了他的心房。漓江之滨,柳絮轻扬,朱智贤与杨云美漫步其间,学术与梦想的火花在笑语中碰撞,爱意如细雨,无声滋养心田。

1941年初朱智贤在桂林被校方解聘后与同学们的合影（前排左三为朱智贤，后排右一为杨云美）

然世事无常，朱智贤遭逢解聘。不久，朱智贤由王秀南先生介绍赴福建永安工作。朱智贤踏上福建永安之旅，两地相隔，唯书信为桥，字里行间，尽诉衷肠，悲喜交加，情深意长。那些承载着思念与牵挂的墨香，穿越时空，温暖了彼此的心房。如同织梦者穿梭于岁月的缝隙，将两颗心细腻地缠绕。

1941年夏，江苏教育学院停办，合并到新成立的国立社会教育学院。杨云美将赴重庆，继续她的学业。朱智贤，不畏炎炎烈日，自福建永安疾驰而来。他轻声许诺，四川教育学院将有他新的篇章。杨云美踏上前往四川璧山的征途，国立社会教育学院的钟声为她响起新的序曲。在那里，她翻开生活的新页，而他们的故事，正悄然绽放于遥远的时空彼岸。

国立社会教育学院位于重庆南部的璧山县（今璧山区），这个小山城距离重庆大约60公里。由于学院的设立，璧山县内较好的建筑几乎都被征用。学院设有五个系（科），包括社会教育、社会事业、图书博物馆、艺术教育（涵盖美术、音乐、戏剧等）以及电化教育（含电影、播音）。其中，社会教育和社会事业两个系规模较大，各有百余名学生。教职员工中，许多是来自无锡、桂林的江苏教育学院的资深人员，例如院长陈礼江，以及教授童润之、陈友端、韩天眷、董渭川等[①]。

1941年初秋，杨云美抵达四川璧山，在新成立的国立社会教育学院继续她的学业。学院原定于9月1日开始上课，但由于师生陆续到达，开学典礼被推迟至12月5日。在典礼上，院长宣布了学院的校训：人生以服务为目的，社会因教育而光明。这一宣

---

① 李清悚.电教专修科迁北温泉的杂忆[M]//苏州大学社会教育学院四川校友会.峥嵘岁月：第二集.成都：成都新硕印刷厂，1989：30-32.

言极大地激励了在场的师生。

经过友人的引荐，朱智贤从福建转至重庆沙坪坝附近的磁器口，在四川教育学院担任教职。因此，朱智贤与杨云美得以在假期相互探访。随着时间的推移，他们之间的情感逐渐加深，彼此之间的依赖愈发显著。

1941年，朱智贤刚到四川教育学院工作时，由于当时政治动荡，学校经常停课，他难以发挥自己的专长，心情上感到压抑和沮丧。因此，他常常光顾附近的茶馆，泡一壶茶，阅读书籍，或与朋友们闲聊以打发时间。尽管如此，他对教育和心理学的追求和信念始终坚定不移。

随着局势逐渐稳定，学院的教学活动开始恢复正常，朱智贤迅速投入繁忙的教育和教学工作中。同时，他继续关心和帮助有进步思想的学生。例如，王伯恭（退休前为大百科全书出版社的编审）曾被江苏教育学院无理开除，生活和学习陷入困境，从桂林来到重庆寻求帮助。朱智贤深表同情，不仅接纳了他，还推荐他到四川教育学院继续学业直至毕业。

1941年杨云美在国立社会教育学院

到了1943年2月，国立社会教育学院的电化教育专科迁移至重庆北温泉，作为分校，并租用临江楼作为招待所。师生的食宿和教学活动主要在公园的茶室进行。当时，李清悚先生被任命为国立社会教育学院的教授兼电化教育专科主任。他首先邀请朱智贤教授担任"电化教育专科的教务主任，负责主持全科的教学工作"[①]。

在加入国立社会教育学院电化教育专科后，朱智贤不仅承担了行政职责，还负责教授心理学等课程，深受学生们的喜爱和尊敬。学生们经常拜访他的住处，讨论时事和学术问题，他成为众多年轻学生的指导者。

在这段时间里，朱智贤仍然利用业余时间进行学术写作，他与杨云美合作完成了《心理常识漫话》一书。该书于1943年1月出版，成为他们深厚爱情的见证和成果。

---

① 李清悚.电教专修科迁北温泉的杂忆[M]//苏州大学社会教育学院四川校友会.峥嵘岁月：第二集.成都：成都新硕印刷厂,1989:30-32.

1942 年朱智贤与杨云美第一张合影

朱智贤与杨云美，虽隔万水千山，心却紧紧相依。他们以笔墨为媒，鸿雁传书，字里行间满载思念与智慧火花。烽火岁月，他们的爱恋犹如峭壁之花，不畏风雨，傲然挺立。这段情，宛若一曲悠扬乐章，回响在历史的苍穹，诉说着知识分子对爱的执着与对学问的追求。

1943 年 2 月，朱智贤与杨云美在重庆北温泉举行了婚礼。经过四年的相识和相爱，他们在相互理解和支持的基础上，最终结为终身的伴侣。春意盎然的重庆，嘉陵江水轻吟着古老的歌谣，见证了一幕爱情的传奇。在北温泉的幽邃之处，临江楼畔，一间简约小屋，倚江而立，成了朱智贤与杨云美灵魂的栖息地。室内无华，仅一榻一桌，双椅相依，热水瓶与搪瓷盆静默相守，却映照着两颗跃动的心，满载对未来的炽热梦想。月华如练，亲友围坐，他们以天地为证，许下永恒之约。

婚后，杨云美继续她的学习，直至 1944 年完成学业。同年，国立社会教育学院社会教育系的毕业生参观团访问了北温泉，朱智贤作为东道主，热情接待了来访的学生们，并与他们合影留念。

北温泉地区毗邻嘉陵江，以其秀丽的自然风光而闻名。临江楼坐落于山坡之上，下方是公园和温泉池。温泉池分为内池和外池，外池较大，长约 25 至 30 米，水温适宜，师生们常在此游泳。即使在冬季，内池的水温也足以让人不感到寒冷。

朱智贤夫妇也是温泉的常客。朱智贤擅长游泳，而杨云美则只能在池边戏水。游泳后，他们常常在池边的茶馆品茶，或在靠椅上休息，享受轻松的闲聊时光。他们有时也会沿着山路散步，欣赏嘉陵江两岸的迷人景色，仿佛置身于人间仙境。

1944 年在重庆北温泉
（前排右二为朱智贤，左一为杨敏）

朱智贤教授的夫人杨敏曾撰文回忆这一段在北温泉的时光：

> 北温泉是个风景旅游区，是个好地方，临江楼在山坡上，下去就是公园、游泳池。智贤经常去游泳，游得很自在，而我只能在水中拍打几下。往北走

去，就是澄江口，一路上风景优美，我俩人常在节假日在这条路上散步，嘉陵两岸的风光尽收眼底，宛如仙境。

智贤在社教院电专科的时间不到一年，接触的都是电影界人士，如著名导演史东山、孙瑜等。与他的专业心理学格格不入，他觉得很孤单，又逢国难当头，无心搞学问。这样阴沉的气候何时能过去，他虽然感到茫茫然，但他坚信晴朗的一天总会到来[①]。

1944 年 2 月 17 日，他们的第一个孩子小梅在北碚江苏医学院附属医院出生。此前，朱智贤夫妇已接受了广东中山大学师范学院的聘任，计划在孩子满月后前往赴职。

第八节　南北转战

1944 年的初春，北温泉的晨雾尚未完全散去，朱智贤一家三口已踏上了新的旅程。他们先乘船悠悠荡荡地抵达了雾都重庆，再换乘长途汽车，向着那遥远而陌生的桂林进发。那时的路途，仿佛一幅缓缓展开的画卷，充满了未知与挑战。从重庆到桂林，汽车穿梭在崇山峻岭之间，昼行夜宿，颠簸不已。

在桂林，朱智贤夫妇多住了几日。他们再次踏上了征程，先乘火车到韶关，再换乘船只，向着那更加遥远的坪石县附近的管埠镇进发。管埠镇，这个位于粤北山区的小镇，此时正静静地等待着他们的到来。广州中山大学师范学院因战乱临时迁到了这里，这儿与湖南交界，偏僻而宁静。在王秀南教授的引荐下，院长毛礼锐教授热情地接待了他们。朱智贤被聘为该院教育系教授，讲授教育学、教育心理学、儿童心理学等课程；而杨云美则先在教导处工作，后转到历史系当助教，并改名为杨敏。

学校的校舍简陋而临时，由木板搭建而成，摇摇欲坠。学生宿舍和食堂紧挨着教室，教师的宿舍则更加偏远，坐落在小山坡下。朱智贤夫妇与音乐系的马思聪教授住在一排，共用一个厨房。虽然条件艰苦，但他们的心中充满了对未来的憧憬与希望。

为了安心工作，他们特地请了一个保姆来帮忙带孩子、做饭。山区的日子虽然清苦，但工作却让他们感到充实与满足。秋天来临时，满山的桂花竞相绽放，香气四溢。那些高大的桂花树仿佛成了守护这片土地的巨人，任由人们采摘那金黄的桂花，泡在茶水中，品味着那份独特的香甜。

杨敏曾撰文回忆在中山大学的情形：

[①] 杨敏.智贤在北温泉[M]//苏州大学社会教育学院校友会.峥嵘岁月：第三集.苏州：苏州科迪电脑排版印刷公司，1992：132-134.

我们住的房子很简陋，好像也是木板房子，一排住着马思聪（小提琴家）等好几家，有一公共厨房。房子后面是一个小山坡。我们找了当地的一个保姆带孩子、做饭。我先在教导处工作，后在历史系当助教。学校的校舍也都是临时性的。一到秋天，这里的桂花真香，可以随便采摘，放在茶中，真好喝，生活虽然艰苦，但过得还平静。

然而时局动荡，国民党不战而退，日寇紧随其后，时局一片混乱。湘桂大地烽烟四起，学府被迫关闭，师生流离失所。严冬之际，朱智贤一家携着对知识的渴望，在孟宪承教授的儿子、儿媳的陪同下，踏上逃难的漫漫长路，但是他们的心中却燃烧着不灭的希望之火。而后，中山大学的钟声，伴着士兵的坚毅脚步，穿越了八百里的风霜，传出了希望的回响。在历史的长河中，他们目睹了人性最耀眼的光芒与不屈的坚韧，心中对未来的渴望愈发炽烈。

杨敏在自传中回顾了途中所经历的艰辛以及来自乡亲们的温暖：

我们继续往前走，一路上高山峻岭，冰天雪地，山路不好走就坐在地上往下滑，挑夫一头挑行李，一头挑放在筐里的小梅，因山路太滑了，挑夫摔倒，筐倒了，好险呀，路旁就是好几十丈深的山谷，掉下去不就没命了。只见小梅两只手冻得像红萝卜的小手还紧紧拉着筐上的绳。没有掉下去，算捡了一条命。

到了平地好走些，路上路边也有不少国民党逃兵的尸体，穿着单薄的衣服，手里还抱着一只早已熄的竹烘炉，我们就跨过这些尸体向前走，一直走到天黑，还不见村庄和小镇，听说这里很不安全，心里好害怕，将到半夜时，才走到一小镇长江，好容易找到了歇脚的地方，住在一家的堂屋里，弄了点东西吃，幸亏小梅一直吃人奶，否则真不好办。困得要命，倒头就睡着了。

忽听得外边人声喧闹，原来日寇来了，赶快找个挑夫把东西挑着，慌慌张张地走着，走到一桥上，因人多，桥差点被踩断了。这时天才蒙蒙亮，随着人群走呀走呀，谁也没有目标，真是疲惫不堪，肚子又饿，给我们挑东西的老侯，见我们怪可怜的要把我们接到汝城县热水他家去住，他这样的诚恳，就跟他到了热水。

热水这地方，有一热水池，是天然的老是热气腾腾，远看像雾从地升起，当地的老百姓一有病如伤风感冒之类，就得用这热水在家中洗澡，说这可以去，从热水翻过一个大山才能到汝城县，交通很不方便，热水镇很小，只有很少的铺面，有糯米粑粑卖，味道不错，街上没有电灯，点的是煤油灯。

我们春节就在他家过的，平时给我们做好吃的，如米饭、青菜和肉，而他们自己只是用辣椒送饭，我们实在过意不去，就在热水镇上把我那件皮袍卖了，并自己卷香烟卖了些钱，给老侯交饭费，他怎么也不要，说谁都有难的时候，你们是好人。

镇上的人都知道我们是教师，要我们留在这里教书，在这兵荒马乱的年代，还教什么书呀？便婉言谢绝了。

在老侯家住了两个多月，老侯这样的普通农民帮助了我们，新中国成立后，我曾写信到热水，打听老侯的消息，没有打听到，成为我们终生的憾事。

彼时，中山大学在龙川县龙母圩。龙川，一个遥远而陌生的地名，对于朱智贤夫妇而言，却如同黑暗中的一缕曙光。他们决定即刻启程，寻找那失落的学术殿堂。为了安全起见，他们绕道江西省南部，沿着当年红军的足迹前行。沿途的墙壁上，依然保留着"实行减租减息""打倒土豪劣绅"等革命口号。这里的乡亲们，对他们照顾有加，甚至拒绝了他们的钱财。原来，这里是革命老区，人们的心中充满了对共产党的敬仰和对革命的热爱。经过一个多月的跋涉，他们终于抵达了龙川县龙母圩。

1945年8月15日，日本宣布无条件投降。消息传来，龙母圩上顿时沸腾了，鞭炮声震耳欲聋，人们欢呼雀跃，庆祝着这来之不易的胜利。朱智贤夫妇也与大家一同欢庆，他们知道，这不仅仅是国家的胜利，更是每一个饱受战乱之苦的人的胜利。他们收拾行囊，随中山大学的师生一起乘船返回广州，心中充满了对未来的无限憧憬和期待。

1946年5月5日，大南的诞生，为这个小家添上了无尽的温馨与憧憬。

第九节　中山岁月

在广州这座繁华都市的一隅，中山大学如同一颗璀璨的明珠，镶嵌在这片土地上，熠熠生辉。尽管时光流转，岁月更迭，它依旧以其独特的魅力，吸引着无数求知若渴的学子。而在这所历史悠久的学府中，有一段关于朱智贤夫妇的故事，如同一段悠扬的旋律，回荡在时光的深处。

广州中山大学回迁之后，这里仿佛焕然一新，无论是巍峨的教学楼，还是温馨的学生宿舍，都彰显着现代教育的气息。与粤北山区的简陋相比，这里无疑是一片知识的沃土，滋养着无数年轻的心灵。

校园内，一幢幢建筑错落有致，风格独特，与苏、浙、川、桂等地的高校截然不同。这些建筑似乎更加洋气，带着一丝欧美风情，让人仿佛置身于异国他乡。而教师宿舍，则是一排排精致的小洋房，它们静静地伫立在校园的一隅，诉说着华侨们对教育的深情厚谊。

朱智贤夫妇的居所，便是一幢朝南的小洋房。这里光线充足，宽敞明亮，客厅、饭厅、寝室、保姆房、厨房、卫生间一应俱全。四周空地上，翠竹环绕，微风拂过，竹叶簌簌作响，宛如一首悠扬的乐章，为这宁静的居所增添了几分诗意与雅致。

朱智贤与小梅、大南在广州中山大学住宅门前　　杨敏与小梅、大南在广州中山大学住宅门前

在这宁静的校园里，朱智贤夫妇不仅教书育人，还经营着房前的小菜园。他们在这片土地上播撒着希望的种子，期待着收获的喜悦。青菜、豌豆、苦瓜等蔬菜，在他们的精心照料下，茁壮成长，绿意盎然。而在西南边，两棵木瓜树更是枝繁叶茂，果实累累。课余时间，朱智贤夫妇便在这片菜园里劳作，以劳动代替休息。他们享受着这份宁静与惬意，也享受着这份来自大自然的馈赠。

1946年的中山大学风华正茂。那一年，心理学选修课成为许多学生的热门选择。朱智贤的课以辩证唯物论为指针，深入浅出，例证丰富，让人耳目一新。朱智贤用他那独特的授课方式，吸引了众多学生的目光。在朱智贤的课堂上，学生们不仅学到了知识，更感受到了他对教育的热爱与执着。他用自己的行动诠释了什么是真正的教育者，诠释了什么是真正的学者。

1946年朱智贤夫妇在广州中山大学（前排右二为朱智贤，左二为杨敏）

第五章 四海之行

然而好景不长，1946年至1947年间，国民党撕毁和平，内战烽火连天，全国上下，到处充满着白色恐怖。一场波澜壮阔的抗争浪潮席卷华夏。中山大学，这所曾经宁静的学府，也未能幸免。一场声势浩大的"反饥饿、反内战、反迫害"的斗争席卷全国。中大校园内，一群热血青年挺身而出，成为时代的弄潮儿。在朱智贤的隐秘宅邸内，烛光摇曳，群英荟萃，共谋时局之策。门外，杨敏如猎豹般警觉，守护着这方思维的净土。在时光的深处，朱智贤夫妇的故事如同一盏明灯，照亮着无数求知若渴的心灵。他们的故事，也将永远铭刻在历史的长河中，成为后人学习的楷模和榜样。

1946年初夏，广州的天空似乎总是被一层厚重的阴霾所笼罩，仿佛预示着即将到来的风雨。朱智贤妙笔生花，于5月25日，在广州《每日论坛报》发表力作《风雨如晦话学潮》，五千言字字珠玑，直击时弊，反动当局如芒在背。这篇文章，便是朱智贤教授以笔为剑，对当时风起云涌的学生运动进行的深刻剖析与呼喊。

那时的广州，工潮、米潮此起彼伏，如同狂风中的巨浪，无情地拍打着社会的每一个角落。教育这片净土，也未能幸免。饥饿、苦闷与不满的情绪，如同无形的锁链，紧紧缠绕在每一位教师的心头。这股情绪，如同被压抑已久的火山，终于在经济风暴的猛烈冲击下，喷薄而出，化作了一场场轰轰烈烈的学生运动。

从繁华的都市到偏远的乡村，从高等学府到中等学校，学生运动的火焰几乎点燃了整个中华大地。教师们心绪难安，学生们无心向学，这一幕幕景象，让人不禁想起了那个激情燃烧的五四年代。然而，与五四运动相比，此时的学生运动更加深沉、更加复杂，它不仅仅是青年学子的呐喊，更是整个社会对于变革的渴望与呼唤。

面对如此僵局，朱智贤教授没有选择沉默。他走出书斋，站在了时代的前列，用他那激昂的文字，振臂高呼，正告政府当局应采取根本措施。他强调，无论是工潮、米潮还是学生运动，停战、和平、民主都是最基本的条件。只有恢复了和平，才能让社会重新焕发生机与活力。

对于教育当局，朱智贤更是提出了尖锐的批评与建议。他呼吁教育当局要认清形势，不要做出不必要的措施来激化矛盾。他主张增加图书设备、审慎任命校长、提倡清廉、消除贪污，以此来平复人心、恢复元气，为教育的改革与发展创造有利条件。

朱智贤的这篇时政论文，思想深邃，语言犀利，说理透彻，切中时弊。它不仅让反动当局心惊胆寒，更让广大人民和青年学生深受鼓舞。然而，这也为他自己带来了无尽的麻烦与危险——特务的监视、反动当局的迫害……。

1947年5月31日，中山大学的学生和广州市其他大中学校的学生联合举行了示威大游行。然而，国民党的军警和特务却奉命前来制止，他们冲散游行队伍，殴打参加游行的学生。许多同学被打伤，激起了广大市民的愤慨。翌日清晨，军警奉命包围了中山大学，将参加游行的学生一起抓走。接着，他们开始对朱智贤等进步教授进行监视和跟踪。在学生运动中，朱智贤夫妇始终站在学生的立场上，给予他们最大的支持和帮助。他们不仅为学生们提供集会的场所,还为他们出谋划策,帮助他们渡过难关。

在那烽火连天的岁月里,青年学生的热血与担当如万丈光芒,照亮了黑暗。国民党反动派却如惊弓之鸟,对学生运动的浪潮畏之如虎,密谋搜捕那些怀揣理想的师生。朱智贤以笔为剑,力挺学生正义之举,却触怒了腐朽的校方。1947年盛夏,聘期未满的他,与钟敬文等名士,竟被无端解聘。此举在校园里掀起了滔天巨浪,师生们义愤填膺,誓要为真理与光明而战。

在地下党组织的帮助下,朱智贤孤身一人踏上了前往香港的旅程。不久之后,他的妻子杨敏也带着两个孩子来到了香港。虽然身处异乡,但朱智贤的心始终与祖国同在。他继续关注着国内的形势与变化,用他那犀利的笔触和深邃的思想,为祖国的繁荣与富强贡献着自己的力量。

他们,以不灭的热情与无尽的梦想,点亮了漫漫征途。岁月流转,朱智贤与杨敏的名字,镌刻于历史长河。他们的故事,超越了爱情的甜蜜,是对理想矢志不渝的颂歌。风雨洗礼下,他们以无畏之姿,书写了勇敢与责任的壮丽篇章,让后世仰望,心生敬仰。

第十节 达德弘道

在香港新界的西南,青山湾畔,有一处被历史铭记的圣地——香港达德学院。这所学院并非普通的高等学府,而是承载着特殊使命与时代光辉的知识殿堂。它诞生于烽火连天、山河破碎的战后年代,是中共广东区党委与在港各民主党派及无党派爱国人士共同孕育的智慧结晶。

战后的华南,满目疮痍,无数青年因战乱失去了求学的机会,他们的心中充满了对知识的渴望与对未来的憧憬。与此同时,随着蒋介石全面内战的爆发,大批爱国民主人士和文化教育界精英被迫流亡香港。他们心中燃烧着不灭的爱国火焰,渴望为国家的未来贡献自己的力量,却苦于无处施展才华。

正是在这样的背景下,中共广东区党委根据周恩来、董必武的指示,提出了创办一所学院的建议。这一建议立即得到了李济深、蔡廷锴、陈其瑗、丘哲等民主党派领导人及其他爱国民主人士的热烈响应。他们携手并肩,共同筹办这所学院,旨在为饱受战乱之苦的青年提供一个学习的平台,同时也为爱国民主人士提供一个施展才华的舞台。

经过一番艰苦卓绝的努力,香港达德学院终于在1946年10月10日正式开学。学院位于新界西南部的青山屯门新墟附近,毗邻青山湾,远离尘嚣,却又不失便利。芳园牌坊作为学院的象征,俨然成为一扇通往知识殿堂的大门。穿过牌坊,沿着水泥小路前行，便可看到"泷江别墅"的牌坊状大门框，上面挂着"学习第一，团结第一"的标语，彰显着学院的精神风貌。

香港达德学院

学院本部大楼蓝琉璃瓦盖顶，气势恢宏，成为香港达德学院的标志性建筑。楼内设有各个办公室及多间教室，为师生提供了良好的学习环境。女生宿舍掩映在绿树丛中，男生宿舍则分布在公路以西及校本部北侧，共同构成了学院的生活区。

香港达德学院的教师队伍堪称豪华阵容，汇聚了全国乃至全球的顶尖学者。经济学系的沈志远、千家驹、许涤新、狄超白、王亚南，政治学系的邓初民、胡绳、刘思慕、张铁生，文哲学系的黄药眠、钟敬文、杜国庠、翦伯赞、侯外庐、司马文森，新闻专修科的陆诒、高天、赵元浩、梁若生等，以及政治法律系的周新民、梅龚彬、李相符等，都是各自领域的佼佼者。他们不仅学术造诣深厚，更怀揣着对国家的热爱与对知识的执着追求，为香港达德学院注入了无尽的活力与智慧。

在香港达德学院的发展历程中，教育改革始终是其核心议题之一。学院负责人陈其瑗与杨东莼作为资深教育家，深知教育对于国家未来的重要性。他们携手教务主任陈此生、朱智贤等专家教授，共同推动了一系列富有成效的教育改革措施。

朱智贤在香港达德学院，担任文史哲系教授，并兼教务主任。他深入教学一线，密切联系师生，了解教学情况，及时解决教学中存在的问题，很快成为学院教学工作的领军人物。在他的推动下，达德学院的教学改革如火如荼地进行着。

朱智贤的改革方案包括掌握工作方针、检讨过去以及进行中的教学改革工作三大部分。他明确指出，香港达德学院的工作方针是"一切为了人民，一切为了学习"。这一方针不仅体现了学院对人民的忠诚与对知识的尊重，更彰显了其作为一所民主学府的责任与担当。

在改革方案的实施过程中，朱智贤注重培养学生的集体意识与民主作风。他鼓励师生共同参与学院的决策过程，确保每一项决策都符合集体的利益与意愿。同时，他还倡导理论联系实际的教学方法，注重培养学生的实践能力和创新精神。在他的努力下，香港达德学院

1947年朱智贤在香港达德学院

的教学水平得到了显著提升，师生们的精神面貌也焕然一新。

香港达德学院不仅是一所学院，更是一个时代的见证与传承。在这里，无数青年学子汲取了知识的养分，坚定了为人民服务的信念。他们走出校门后，成为各行各业的佼佼者，为国家的繁荣与发展贡献了自己的力量。

同时，香港达德学院也培养了一批批优秀的民主人士和文化精英。他们怀揣着对国家的热爱与对民主的追求，在各自的领域里发光发热，为中国的民主进程注入了源源不断的动力。

在香港达德学院，知识的种子被播撒，智慧的火花被点燃，而这一切的源头，都源自一位教育先驱——朱智贤先生，他以非凡的远见和坚定的信念，引领着香港达德学院走上了一条独特而辉煌的教育改革之路。

杨敏在自传中详细记录了香港达德学院生活的艰辛：

> 当时安排我们两人都在香港达德学院工作，地址在九龙郊区青山。这个学院由共产党、民主党派合办，旨在培养南洋华侨的革命青年。我那时有两个孩子，青山离我住所较远，就由同班同学汪季琨（她是地下党员）介绍到港龙英文书院教国语，这个书院离我住所较近。1947年12月21日生第三个孩子大海，产假期间不给钱，我们的生活相当困难。我把当年在广州的保姆阿凤请来了，这位老太太对我们很有感情，来了，见我们困难，她不要工钱，有时拿自己的钱给我们买菜。她带着三个孩子料理好我的家。产后一个月，我就上课了。自从有了大海，并请来了阿凤，家里共六口人，这么小间房怎么睡得下，于是大床睡两个大人和两个孩子，大海的小床靠着大床南头放着，到晚上，阿凤在床前搭起帆布行军床睡觉，这间房真是成了沙丁鱼罐头。
>
> 后来港龙英文书院的校长帮我们在九龙弥敦道找到一间房子，离书院特近，我们搬进去了，约17.8平方米，在二楼上，是一间后厢房，门朝南，前有一过道，仅西边有窗户。由过道下楼去，西边就是厕所、厨房，过道南边是房东的卧室和客厅，地方很大，客厅前面是很长的阳台，直对横ংার街道。房东是个妇女，听说她的丈夫在海外，好像把她遗弃了。我们所租的这间房，每月房租是港币120元，我每月工资才170元港币，交了房租就不剩几文了，智贤每月工资也不多，大海就靠麦片粥和罐头牛奶喂大的。不过，房子较前宽敞了，只有两家使用厨房、厕所，条件比

朱智贤、杨敏和孩子朱小梅、朱大海、朱大南在香港合影

前好多了,那时我已很满足了。

不久,朱智贤的弟弟、继母、女儿来了,这间房住不了这么多人。我们就在朋友的帮助下,迁到启德机场附近的较大的两间房。这里是贫民窟,周围连个厕所都没有,只好坐痰盂,往附近没房的地方倒,一到夏天,苍蝇、蚊子成群。女儿素华安排在香港达德学院先修班学习,信贤有时刻写一些东西,一家九口人的生活更艰难了,幸亏有组织的帮助。

香港达德学院,一个名字里就蕴含着深厚文化底蕴的地方,它的工作重心如同磁石一般,紧紧吸引着每一个师生的心——那就是组织学习、加强学习。在这里,"一切围绕学习"不仅仅是一句口号,更是一种信仰,一种追求。朱智贤先生深知,教育的本质是点燃火焰,而非灌满瓶子,因此,他将学习视为学院发展的灵魂,让这股学习之光,照亮了每一个学子的心灵。

然而,在追求卓越的道路上,难免会遇到荆棘与坎坷。朱智贤在审视香港达德学院的教学工作时,敏锐地发现了存在的问题:教条主义、主观主义、命令主义的倾向在教的方面仍旧存在;浪漫主义、个人主义、趣味主义的倾向在学习方面仍有残留;教学工作总的发展上,脱节现象更是屡见不鲜。这些问题,如同巨石般阻碍了学院前进的步伐。

但朱智贤并未因此气馁,反而以此为契机,提出了教学改革的方向。他强调,自动、自觉、自律的学习是教与学统一的根本契机,只有当学生真正成为学习的主人,教育才能焕发出勃勃生机。为此,他倡导建立集体的学习组织与纪律,确保学习的巩固与发展。同时,他要求克服一切教学上的脱节现象,让理论与现实、课内与课外、个别与集体紧密地联合起来,共同构筑起知识的殿堂。

在朱智贤的精心策划下,香港达德学院的教学改革如同一场春风,吹遍了校园的每一个角落。他亲手拟订的改革方案,不仅是他多年教学研究的结晶,更是他结合当时实际进行改革的积极探索和实践。

健全学习小组,是改革的第一步。朱智贤深知,集体的力量是无穷的,只有将每一个同学都纳入到学习小组中,才能形成强大的学习合力。于是,学习小组成为香港达德学院集体的学习与生活的核心组织,每一个成员都在这里找到了归属感和成就感。

改造课程与教材,是改革的第二步。朱智贤主张课程与教材应遵循精简且实用的原则,使每门课程的教材都充满生机和实用性。他强调每门课程的教材应有明确的进度安排,对于每个进度的中心问题都应提前发布提纲,以确保学生能够有针对性地学习。

建立教学纪律,是改革的第三步。朱智贤认识到纪律是完成学习计划的关键。他提倡的教学纪律是集体共同制定的行为规范，完全由群众自觉建立，并依靠群众力量来维持和执行。这种纪律不仅规范了学生行为，还激发了他们的学习热情。

改善考绩制度，是改革的第四步。朱智贤认为，考绩制度是为了检查学习、加强学习而设立的。他建议技术性课程应重视日常练习，而理论性科目则应定期进行学习总结。总结过程包括：确定问题、个别学习和集体讨论，最后撰写总结报告并由教授评定成绩。这种考绩制度既重视知识积累，也强调能力提升。

运用教学批判，是改革的第五步。朱智贤认为批判是为了促进进步和团结，而非破坏或分裂。他鼓励在教学活动中，如课堂、公告板和小组团体内的积极和总结性的批判。这种批判既推动了教学的改进，也增强了师生间的凝聚力。

在朱智贤的带领下，香港达德学院不仅在教学改革上取得了显著成效，更在文化建设上独树一帜。学院经常邀请如乔冠华、茅盾、郭沫若等社会知名人士到学院讲演、开座谈会，解答学生思想、学术中的诸多问题。这些活动，不仅拓宽了学生的视野，更激发了他们的思考。

香港达德学院毕业生与教师合影（第一排左二为朱智贤）

1948年5月2日，文哲系在本校举行招待香港作家茶话会。应邀的作家们围绕着"五四运动与文艺"这个主题展开了热烈的讨论，他们的发言如同春风化雨，滋润着每一个学子的心田。同年10月21日，全院举行鲁迅逝世十二周年纪念大会。会上，胡绳的讲话、臧克家与曹禺的发言、方荣的朗诵、马思聪的演奏、梁枫的表演等节目，都博得了与会者热烈的掌声。这些活动，不仅是对鲁迅先生的缅怀与敬仰，更是对文化精神的传承与弘扬。

在香港达德学院，学生的课外活动同样多姿多彩。学院鼓励学生自治会组织各类活动，包括院内外的交流、学习、文化娱乐和体育活动等，跨越班级或系的界限。学生自治会的正副主席每学期通过竞选产生，由全院学生直接选举，这种民主管理模式不仅锻炼了学生的组织能力，也增强了他们的责任感和使命感。

朱智贤先生经常参与学生组织的文体活动，深入到班级和系中去。一次，他与黄药眠、狄超白老师一同和学生们前往青山湾游泳，并在沙滩上合影留念。那一刻，他们之间的关系超越了师生界限，成为朋友和伙伴。这种亲密的关系为香港达德学院的校园生活增添了温馨和欢乐。

在朱智贤的带领下，香港达德学院发展成为一所新型的高等教育机构。学院大胆推行教学改革，提出了"学习自觉、学术自由、生活自治"的理念，强调培养学生的理论知识、专业技能、实践能力和正确的政治方向。这些理念如同照亮学院未来的璀璨星光，如同点燃学子梦想的不熄火焰。

如今，虽然岁月流转、时光荏苒，但达德之光却永不熄灭。它将继续照耀着每一个追求知识、渴望成长的学子，它将继续激励着每一个热爱教育、献身事业的人们。让我们共同铭记这段辉煌的历史，让达德之光永远照耀着我们前行的道路！

在那片被历史温柔以待的土地上，香港达德学院如同一颗星星，镶嵌在时代的天幕之上，闪烁着智慧与信仰的光芒。师生们心手相连，以民主为舟、团结为帆，共同驶向知识的海洋，让这所学府不仅成为学术的殿堂，更成为理想与信念的熔炉。

在这片热土之下，中共达德学院的党组织如同隐秘而坚韧的根系，深深扎入土壤，滋养着每一寸思想的沃土。这里，是朱智贤人生轨迹的重要转折点，是他最初在中国共产党的光辉照耀下，找到生命航向的地方。在这里，党的雨露滋润了他的心田，让他感受到了前所未有的温暖与力量。他那份对党的深情厚谊，如同春日里破土而出的嫩芽，悄然生长，直至枝繁叶茂。

在香港达德学院的日子里，朱智贤首次在党的直接领导下工作，与众多共产党员并肩作战。他与杜国庠、张铁生、黄焕秋、张明生等党员教授建立了深厚的友谊，他们常常围坐一堂，畅谈理想，交流思想，共同为学院的未来出谋划策。朱智贤尊重党组织的每一个决定，同时也勇于表达自己的见解，那份坦诚与勇气，赢得了众人的尊敬与信赖。

这段经历，让朱智贤对中国共产党有了更加深刻的认识。他意识到，自己与党的命运已经紧密相连，不可分割。他开始摒弃原有的超阶级、超政治的思想，确立了为共产主义事业奋斗终身的政治理想。他夜以继日地研读毛主席的著作，那份对党的忠诚与热爱，照亮了他的前行之路。他深刻体会到，只有中国共产党，才能将那些深陷苦难的人民解救出来，赋予他们新生。那一刻，他对党的信任与依赖，如同磐石般坚不可摧。

据杨敏女士回忆，那些日子里，不乏民主党派的高官显贵，带着诱人的职位与承诺，试图将这位才华横溢的学者纳入麾下。然而，朱智贤的心中，早已有了坚定的方向。他婉拒了那些世俗的诱惑，转而向杜国庠——那位在香港达德学院商经系担任主任的共产党员，表达了自己渴望加入党组织的强烈愿望。这一步，不仅是他个人政治生命的转折点，更是他灵魂深处对真理与信仰的深情告白。

然而，命运似乎总爱与人开玩笑，香港当局突然封闭了香港达德学院，朱智贤的入党愿望未能如愿以偿。但即便如此，他对党的信念与追求，却从未有丝毫动摇。

1949年3月，春回大地，万物复苏。朱智贤携全家，与其他进步人士一道，踏上了前往解放不久的北京的征途。他们心中充满了对未来的憧憬与期待，准备迎接中华人民共和国的诞生。在北京，朱智贤继续着自己的教育事业，同时也积极参与到了新中国的建设中。他的生命，如同一首激昂的诗篇，书写着对党的忠诚与热爱，对理想与信念的执着追求。

香港达德学院，那个曾经见证了他成长与蜕变的地方，如今已化作历史的尘埃，但那段光辉岁月，却如同永不褪色的印记，永远镌刻在他的心中，激励着后人不断前行，追寻那份属于自己的光明与未来。

第六章

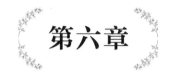

编辑之年

第一节 京城北上

1949 年，历史的车轮缓缓驶入了新时代的门槛，而北平这座承载着千年文化底蕴的古都，也在 1 月 31 日迎来了她命运中的重大转折——和平解放。春风拂过古老的城墙，万物复苏，仿佛是大自然对这座城市的重新洗礼与祝福。当 3 月的暖阳洒满大地，朱智贤等一众文化名人，怀揣着对未来的憧憬与期待，从天津踏上了前往北平的列车。他们的目的地，是位于前门外西河沿的永安饭店招待所，一个为他们精心准备的临时家园。在这里，他们享受着供给制的优厚待遇，食宿无忧。但更为重要的是，这里不仅是他们暂时的栖身之所，更是他们心灵与思想的洗礼之地。

中央为他们安排了一系列丰富多彩的学习活动，从聆听革命领袖的深刻报告，到观看充满乡土气息的秧歌表演，再到游览北平的名胜古迹，每一项都让他们受益匪浅。而最让他们难忘的，莫过于在"干训班"上的那段时光。

在这里，他们系统地学习了中国革命和马克思主义的基本理论，从毛泽东的《中国革命和中国共产党》《新民主主义论》到《矛盾论》《实践论》，再到马克思、恩格斯的经典著作《共产党宣言》《反杜林论》等，每一本书都像是为他们打开了一扇新世界的大门。他们如饥似渴地汲取着知识的养分，不仅学习了理论知识，更在学习的过程中，深刻体会到了理论联系实际的重要性，思想认识水平得到了极大的提升。

学习之余，他还聆听了多个形势报告和辅导报告，每一次的聆听都让他对中国的革命形势有了更深刻的认识。他仿佛看到了中国共产党领导下的中国人民，正以一种前所未有的勇气和决心，向着新中国的曙光奋勇前进。他的心中充满了无比的激动与喜悦，他深深地为自己能够见证这一历史时刻而感到自豪。

在学术探索的旅程中，朱智贤对共产党的理解逐渐加深。他出身于贫困家庭，深刻体会到民众争取解放的艰难。在日本求学期间，他首次接触到了马克思列宁主义，归国后在不同高校教书时，也结识了一些共产党人，并阅读了多部马克思列宁主义的经典著作。然而，如此集中、系统地学习马克思列宁主义和毛泽东思想，对他来说是生平首次。这次学习经历极大地提升了他的思想认识，使他对中国共产党及其领导的革命事业的信念和支持更加坚定。

学习结束后，中央又组织他们参观了北平的名胜古迹。当他们漫步在故宫的红墙绿瓦间，感受着那份历史的厚重与庄严；当他们站在颐和园的昆明湖畔，欣赏着湖光山色与古典园林的和谐共生；当他们走进清华、北大等高等学府，感受着知识的海洋与青春的活力……他们的心中充满了无比的喜悦与自豪。朱智贤站在古老的城墙上，望着这座历经沧桑却依然屹立不倒的古都，心中充满了无限的感慨。他深深地感受到党中央和毛泽东同志对于保护这座世界著名的古都、对于保护北平的名胜古迹是何等的重视与关心。

在攻城部署中，毛主席多次强调要精密计划，避免破坏故宫、大学等文化古迹。为了这一目标，攻城部队迅速传达指示，进行补充调查，明确攻击范围。北平市地下党也绘制了详细地图，标明了重点保护文物古迹的位置。东北野战军总部更是制定了严格的入城纪律，确保部队在保护文化古迹方面做到万无一失。

在参观过程中，朱智贤被解放军精心保护名胜古迹的事迹深深感动。他走进颐和园，为这里的湖光山色所陶醉，更被解放军战士们对园内一草一木的珍惜与爱护感动。朱智贤还参观了北海、故宫、太庙、景山等名胜古迹。尤其是故宫，那金碧辉煌的建筑群令他惊叹不已。守卫故宫的部队对文物古迹的敬畏与保护，让朱智贤深感敬佩。

在军队与民众的相互支持下，人民解放军成功地完成了上级指派的任务，并赢得了北京各界的热烈赞扬。众多知名人士和群众代表向军队赠送了锦旗和牌匾，称赞解放军纪律严明，是一支"仁义之师"。这些赞誉不仅表达了对解放军的肯定和赞赏，也反映了对中国共产党领导下的人民军队的高度信任和认可。

朱智贤还得知，为了保护北京的历史遗迹，中共中央对傅作义将军进行了耐心的争取。中共中央承诺，只要傅作义将军接受和平改编，保护这座文化古城，中国共产党将不追究过去，展现宽容。最终，傅作义将军接受了中国共产党提出的和平条件，和平解决了北京问题，实现了保护古城文化遗产和文物完整的目标。

当朱智贤目睹了故宫、颐和园等名胜古迹完好无损地呈现在他眼前时，他的心中充满了感慨与激动。他仿佛看到了中国共产党领导下的中国人民，正以一种前所未有的智慧和勇气，守护着这座承载着千年文化底蕴的古都。他深深地为自己能够生活在这个伟大的时代而感到自豪与幸福。他们将继续在这片土地上耕耘与探索，用知识的力量推动社会的进步与发展。他们也将继续传承与弘扬中华民族的优秀传统文化，让这座文化古都在新时代焕发出崭新的光芒。

朱智贤又参观了清华大学、北京大学等著名的高等学府。这些学府不仅是他向往已久的地方，更是他心灵的归宿与精神的家园。他置身于那所历史悠久的大学校园中，被葱郁的林木紧紧环绕,仿佛踏入了一片知识的密林。建筑在树影婆娑间若隐若现,透出一种古老而深邃的韵味,如同时间的低语,在耳边轻轻回响。每一步都踏在了历史的脉络上,让他不由自主地沉醉其中。

当他踏入图书馆时,心中涌起一股难以言喻的激动。排书架如忠诚的卫士,守护着浩瀚的知识海洋,他仿佛看到了智慧的灯塔,在茫茫书海中为他指引方向。他流连于书页间,指尖轻触过每一本厚重的书籍,如同与过往的智者进行着一场跨越时空的对话。他心中默默许愿:若能在清华大学、北京大学这样的学术殿堂里传道授业解惑,那该是多么美妙的人生啊!

在北平的日子里,朱智贤不仅收获了知识与智慧,更收获了信仰与力量。他深深地感受到了中国共产党领导下的中国人民所展现出的伟大精神与力量。他相信,在未来的日子里,这座承载着千年文化底蕴的古都将在中国共产党的领导下谱写更加精彩的华章。

命运的车轮悄然转动,将他引领向了另一条道路。在参观学习之后,朱智贤被赋予了筹备中华全国教育工作者协会的重任。正当筹备工作如火如荼之际,一场突如其来的变革让一切戛然而止,教育工作者被纳入了工会的怀抱,一枚镶嵌着钟形浮雕的徽章,成为他们新的身份象征,闪亮于许多教师的衣襟之上。

时局风云变幻,全国解放的号角即将吹响。为了解决亿万青少年的教育大计,华北人民政府教育部成立了教科书编审委员会,叶圣陶、胡绳等大师领衔,而朱智贤亦被委以重任,兼任教育组组长,肩负起中等与高等师范学校教育学、心理学的教材编纂与出版使命。从此,朱智贤在编辑与出版的领域里深耕细作,虽非初涉,但这份责任却如千钧之重。他的每一字、每一句,都承载着对未来的期许与梦想,熠熠生辉于知识的海洋,照亮着无数学子的前行之路。

第二节 人教生涯

1949年10月1日,秋风送爽,天安门广场上人潮涌动,30万军民身着节日的盛装,汇聚在这片雄伟宽阔的土地上,共同见证这一历史性的时刻。朱智贤,这位怀揣着教育梦想的学者,有幸受邀站在天安门城楼两侧的观礼台上,与万千民众一同见证这一伟大时刻。

毛主席亲手按下电钮,那面承载着无数先烈鲜血与希望的五星红旗,在万众瞩目中冉冉升起,那一刻,整个广场仿佛被一股无形的力量震撼,欢呼声、掌声如潮水般涌来,经久不息。毛主席那铿锵有力的声音,穿越时空的阻隔,至今仍回荡在每一个中国人的心间:"中华人民共和国中央人民政今天成立了!"这不仅是宣告,更是承诺,是对亿万中国人民美好生活的向往与追求。

城楼，巍峨中透着不朽。天安门广场上，红旗招展，人海如潮，胜利的歌声响彻云霄，每一个中国人的脸上都洋溢着前所未有的自豪与喜悦。朱智贤站在观礼台上，望着这一幕幕激动人心的场景，心潮澎湃，一股从未有过的民族自豪感从心底油然而生。开国大典的辉煌，点燃了他心中的熊熊火焰，永不熄灭。在历史的洪流中，贫苦大众翻身做主，洋溢着由衷的喜悦，中国共产党那颗为祖国繁荣、人民幸福跃动的赤子之心，熠熠生辉。他深知，这一刻，不仅标志着新中国的诞生，更预示着一个新时代的到来，一个属于知识分子的春天即将来临。

北京东总布胡同 10 号的人民教育出版社

中华人民共和国成立伊始，百废待兴，但新中国对教育事业的重视却从未有丝毫懈怠。1949 年 10 月，中央人民政府出版总署迅速设立了编审局，地点选在了繁华的东总布胡同，署长胡愈之与副署长叶圣陶携手，共同肩负起新中国教育出版事业的重任。

在那个充满希望的年代，中小学教材成为新中国教育事业发展的基石。为了编写出一套适合全国青少年的教材，党中央特地从上海等地邀请了一批进步的知名学者，他们怀揣着对教育的热爱与对国家的忠诚，不远千里来到解放区，与早已在此奋斗的文教界人士共同组成了中小学教材编写队伍。叶圣陶、朱文叔、宋云彬、胡绳、朱智贤……这些名字，如今已成为新中国教育史上璀璨的星辰。

人民教育出版社的成立，更是新中国教育事业发展中的一个重要里程碑。教育部马叙伦部长亲笔题写社名，而毛主席的题字更是如春风般吹进了每一位教育工作者的心田，激励着他们在新中国的教育之路上砥砺前行。人民教育出版社的社长由著名教育家叶圣陶兼任，副社长由教育部视导司司长柳湜兼任，他们携手一众教育精英，共同开启了新中国教育事业的崭新篇章。

在人民教育出版社，朱智贤担任副总编辑，主管教育组的工作，同时兼任教育书籍编辑组组长。他深知，编写教材不仅是一项技术活，更是一项良心活；教育是一项系统工程，需要全社会的共同努力。他带领教育组的成员们，夜以继日地工作，从浩瀚的知识海洋中精选和提炼最基本、最精华的内容，融会贯通，写成教材。他们不仅介绍苏联教育学、心理学方面的书籍，还系统地出版教育方面的丛书，如《教育资料丛书》等，为新中国教育事业的发展提供了有力的支撑。

第六章 编辑之年

在朱智贤的带领下,教育组的成员们个个都是教育领域的佼佼者,他们不仅有着深厚的学术功底,更有着对教育事业的无限热爱。他们深知,每一本教材都承载着无数青少年的梦想与希望,因此,他们在编写教材的过程中,反复推敲每一个字、每一句话,力求做到准确无误。他们的努力,换来了新中国教育事业的蓬勃发展,也赢得了无数家长和学生的赞誉。

在那片古老而年轻的土地上,一群心怀梦想的教育先驱,正以一种前所未有的热忱与执着,编织着新中国的教育梦想。他们心中,时刻牵挂着亿万青少年,那是国家的未来,民族的希望。在这片希望的田野上,朱智贤如同一盏明灯,照亮了前行的道路。

1949年10月1日朱智贤任华北人民政府教育部教科书编审委员会委员时合影
(中排左四为朱智贤,后排左六为杨敏)

春风化雨,润物无声。在那个信息尚不发达的时代,朱智贤如饥似渴地汲取着来自苏联的教育新知。他翻阅着新出版的教育、心理学书籍,仿佛在与远方的智者进行着跨越时空的对话。他的心中,有一个宏大的计划正在悄然萌芽——将苏联的社会主义教育经验,引入这片亟待耕耘的土地。

于是,他组织起一支精干的队伍,开始了翻译与编译的艰辛旅程。凯洛夫、叶希波夫和冈察洛夫的《教育学》教材,在他们的手中,化作了滋养中国教育的甘露。这些书籍,如同春风一般,吹遍了神州大地的每一个角落,为当时的中国教育注入了新的活力与希望。

然而,朱智贤并未止步于此。他深知,苏联的经验虽好,但唯有结合中国的实际,才能开出绚烂的花朵。于是,他又投身于另一项更为艰巨的任务——编写适合中国国情的中等师范教育学和心理学教材。这是一项前所未有的挑战,也是一项开创性的壮举。

面对质疑与困惑,朱智贤耐心地与同事们促膝交谈,用智慧与热情,激发了大家的创造力与责任感。在统一思想的基础上,朱智贤带领大家开始了艰苦卓绝的编写工

1950年朱智贤在人民教育出版社任副总编辑

作。他们学习苏联的教育学和心理学教材体系，取其精华，去其糟粕，再结合中国的实际情况，制订出了编写大纲。经过无数次的讨论与修改，他们终于着手编写教材。

编写教科书的过程，是一场漫长而艰辛的旅程。从晨光初照到夜幕降临，他们的身影总是忙碌而坚定，但他们的心中充满了对工作的热爱与对编写教科书的责任感与自豪感。

在那段日子里，他们仿佛与时间赛跑，与困难抗争。每当夜深人静之时，办公室里总是灯火通明，那是他们为教育事业默默奉献的见证。他们的心中，只有一个信念：为了新中国的教育事业，为了亿万青少年的未来，他们愿意付出一切。

终于，在不懈的努力下，他们拿出了初稿。朱智贤亲自审阅，并派同事深入到学校和教师中征求意见。经过反复的修改与补充，教科书终于定稿。在朱智贤的严格把关下，教科书经过检查科的细致审查，最终得以出版。

1953年，新中国第一套中等师范学校《教育学》《心理学》教材问世了。它们如同春天的花朵，绽放在教育的田野上，为中国的教育事业注入了新的生机与活力。朱智贤和教育组的同志们，用汗水与智慧，编织出了新中国教育梦想的经纬。

他们的努力，得到了社会各界的广泛赞誉。人民教育出版社也立即作出了决定：尽快着手编辑高等师范院校的教育学科教材。这一决定，标志着中国教育事业的又一个新的起点。

朱智贤，如一位深海的探险者，在知识的洋流中遨游。从求知若渴的学子到传道授业的师者，他的影响，如同涟漪般荡漾开去，直至万人共鸣。教材，是滋养青少年心灵的甘露，编者需如蜂采蜜，穿梭于智慧的花海，精心酝酿每一滴知识的甜蜜。他们以勤勉为笔，蘸取晨露，细细勾勒知识的甘霖。在浩瀚的知识海洋里，他们是淘金者，以匠心雕琢，从沙砾中提炼出明珠，镶嵌于智慧的织锦上。此路漫长且孤寂，如夜行者默默探索。朱智贤步入出版社的大门，方觉此地规矩如林，教科书不仅是知识的载体，更是党的光辉指引下的灯塔，照亮学子前程。在教育圣殿，字字句句皆需精准，出版物，特别是教科书，如明灯高悬，无政治阴霾，无科学瑕疵，照亮知识的航道。

岁月如歌，光辉岁月中，朱智贤和他的同事们用智慧与汗水，书写了一段不朽的传奇。他们的精神，永远照耀着中国教育事业的天空。在未来的日子里，让我们继续传承这份精神，为新中国的教育事业贡献自己的力量！

第三节　劳累成疾

在北京古城的心脏地带，朱智贤与杨敏的爱情篇章，犹如一曲悠扬的古筝独奏，轻轻响起。他们不仅是新中国教育蓝图的绘梦师，更是京城岁月流转中，那抹永不褪色的温情。他们不仅是文字与知识的编织者，更是新时代梦想与希望的播种人。自踏入这座古老而又充满活力的都城，无论是在华北人民政府教育部那盏深夜不灭的灯光下，还是在国家出版总署繁忙的走廊间，乃至人民教育出版社的书页间，朱智贤与杨敏始终以满腔的热情，携手并进，将心血倾注于编辑事业，仿佛是用文字搭建起一座座通往未来的桥梁。

他们的热情，不仅仅是对这份职业的热爱，更是对新中国、新生活无限憧憬的流露。那是一种从心底涌出的力量，如同春日里破土而出的嫩芽，带着对阳光的渴望及对雨露的期盼，顽强而坚定地生长。这份热情，与他们内心深处的责任感与事业心交织在一起，形成了一股不可阻挡的力量，推动着他们在编辑的道路上越走越远，越走越宽广。

在北京的冬日里，组织上的关怀如同一缕温暖的阳光，穿透了寒风，照亮了他们的心房。为了让他们能够全心全意地投入工作中，组织为他们安排了宽敞舒适的住所——那是一座位于演乐胡同的院落，古朴而典雅，前后三院，错落有致。朱家居住在中间大院的北屋，两间卧室温馨而宁静，一间客厅宽敞明亮，还有独立的厕所、洗澡间和厨房，家具一应俱全，皆是公家所备，尽显组织的体贴与周到。在这方小天地里，他们找到了初来乍到的安宁与归属。在朱智贤夫妇的世界里，组织的细腻关怀如同春雨，悄无声息地滋养着他们，使二人得以心无旁骛地耕耘事业。

1949年末，当新年的曙光初现，杨敏于北京迎来了一个新生命，他们满怀激动，以"大京"为其名，意在纪念首都北京的辉煌诞生。为让杨敏更好地休憩，组织精心安排他们迁居至国家出版总署旁的温馨小筑。这里虽无演乐胡同的阔绰，却自成一派雅致。两间北向静室，一间东厢暖阁，加之车房内温柔的保姆身影，共同编织了他们新生活的甜蜜篇章。这个小小的巢，洋溢着无尽的温情与憧憬。

杨敏在自传中也回忆了这段经历：

> 五月，我们被分配到华北人民政府教育部教科书编审委员会工作，智贤是编审委员，我是助理编辑。这时我们就搬到演乐胡同住了，房子在路北，前后有三个院，我们住中间大院的北屋，靠西头，两间卧室，一间客厅，还有厕所、洗澡间和厨房。听说这个房子曾有日本人住过，怪不得改成日本式

了。家具都是公家的。智贤先上班,当时家里还有六个人没有安排好,后来组织把智贤的弟弟信贤送到革大学习,把女儿素华送到华大学习,又派人把继母送回老家赣榆,并与当地商量分到了房与地,把三个孩子安排在女青年会托儿所。这样差不多两个月,我才于7月1日开始上班。智贤吃小灶,我吃中灶,每月还给些零花钱,生活得很好。我家之所以有今天,全靠党的关怀与照顾,我一定好好工作,报答党的恩情。

初到北京时杨敏与女儿朱小梅及儿子朱大南、朱大海合影

朱智贤的心,仿佛一艘坚固的船,即便生活波涛汹涌,也未曾偏离家庭的港湾。继母,在香港的霓虹与北京的喧嚣间徘徊,却始终难掩对故土的深深眷恋。朱智贤,以一份细腻入微的孝心,织就了一张温暖的网,不仅尊重了继母的归乡之梦,更以行动诠释了责任与爱的真谛。组织的力量,如春风化雨,迅速为继母铺就了归途,让赣榆县的田野再次拥抱了这位远方的游子。而朱智贤的亲人,弟弟朱信贤与女儿素华,亦在北京的广阔天地间,找到了属于自己的人生理想。

朱信贤,在香港的风雨中迷失了职业的航向,却在北京找到了新的曙光。他被引领至华北人民革命大学的殿堂,翻开了人生的新篇章。朱智贤夫妇,在供给制的天空下,虽无锦衣玉食,却享受着别样的风味。小灶与中灶的炊烟,零花钱的甜蜜,交织成生活的乐章。杨敏总爱用那些零星的钞票,为朱智贤换来

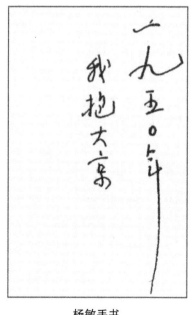

杨敏手书

第六章 编辑之年

几盒精致的香烟,余下的则悄悄化作秋日里北京街头金黄的梨,甜蜜而温馨,仿佛是他们南方故土的缩影。黄昏时分,两人携手漫步于东单二条,沉浸在只属于二人的静谧里。

然而,命运却悄然织起了一张捉弄人的网。朱智贤染上了低热,身体日渐消瘦。起初,他并未在意,只是简单地吃些退烧药。然而,病情并未好转,反而日益加重,直至咳嗽缠绵,痰中带血。杨敏惊慌失措,立刻请人将朱智贤送到了北京协和医院。

医院的病房里,人民教育出版社的领导也匆匆赶来。他们邀请了著名的专家为朱智贤会诊,最终确诊为肺病,需要立即进行手术。手术由著名的外科专家吴英恺大夫主刀,时间长达六个小时。手术过程中,朱智贤全身麻醉,右边切除了四根肋骨,右边的肺切除了一块。手术虽然成功,但朱智贤需要在医院住上一个多月进行恢复。

在那段时期,杨敏肩负着工作、照顾住院的朱智贤以及几个孩子的重担,压力巨大。幸运的是,她年轻且坚强,依靠对家庭的深爱和对生活的坚定信念,成功度过了这段艰难时期。朱智贤出院后,急切希望重返工作岗位,但医生和人民教育出版社的领导建议他继续休息。因此,朱智贤在家休息了大约半年,才重返他热爱的编辑工作。

在朱智贤住院和康复期间,许多老同事和老朋友前来探望,其中一位身材中等、慈祥的老人给朱智贤带来了特别的温暖。这位老人就是时任北京师范大学校长的林砺儒先生。

林砺儒,一位自青年时期就立志投身师范教育的学者,早年留学日本,在东京高等师范学校深入研究师范教育多年。回国后,他曾任北京师范大学教授兼附中主任、桂林师范学院教授兼教务长。新中国成立后,他被任命为北京师范大学校长。他的一生与师范教育紧密相连,被誉为"最有恒心的教育家"。

林砺儒在选拔人才时不拘泥于常规,他重视德行、技能和才干的平衡。在担任北京师范大学附中校长期间,他曾邀请著名女作家庐隐担任国文教师,并特别邀请了女作家石评梅。林砺儒对朱智贤的才华和人格非常赞赏,他们不仅是多年的好友,也是教育事业上的知己。

林砺儒(林绳直)我国著名的教育家
(来源:广州协和学校官网)

在林砺儒看来,朱智贤是心理学领域的佼佼者,他的加入必将使北京师范大学教育学科的学术水平实现质的飞跃。因此,他多次向朱智贤发出邀请,希望他能到北京师范大学任教。对于林砺儒的邀请,朱智贤心中充满了感激与期待。他知道,这不仅是对他个人能力的认可，更是他为实现新中国教育事业发展贡献力量的绝佳机会。

  于是，朱智贤进入北京师范大学，这成为他人生旅途中的又一重要转折。从此，他在北京师范大学的讲台上，一站便是四十年，直至岁月尽头，将满腔智慧与热忱，化作不朽的丰碑，镌刻在他挚爱校园的每一寸土地上。

第七章

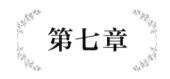

师大之志

第一节 院系变革

在北京这座古老与现代交织的城市中,有一所学府,它静静地伫立于繁华与喧嚣之外,以其深厚的文化底蕴和卓越的教育成就,成为无数求知者心中的圣地——北京师范大学。这是一所承载着百年风雨与辉煌的学府,它的故事,如同一幅缓缓展开的画卷,细腻而生动,引人入胜。

时光回溯至20世纪初,那是一个风云变幻的时代,国家急需人才,教育成为救亡图存的关键。1902年的冬日,京师大学堂师范馆诞生,它如同一颗希望的种子,在京城这片沃土上生根发芽。这便是北京师范大学的前身,一段关于教育与梦想的传奇,由此拉开序幕。

岁月流转,京师大学堂师范馆几经更名,从优级师范科到京师优级师范学堂,再到北京高等师范学校,每一次更名都见证了它的成长与蜕变。与此同时,另一所女子师范的兴起,为这片教育热土增添了别样的色彩。1908年,北京女子高等师范学堂成立,它如同一朵在风雨中坚韧绽放的花朵,为女性教育开辟了新的天地。

历史的车轮滚滚向前,1931年,一个具有里程碑意义的时刻到来。由国立北平女子师范大学校沿革而来的国立北平大学女子师范学院并入国立北平师范大学。这一合并,不仅实现了教育资源的整合,更开启了国立北平师范大学教育史上的新篇章。文、理、教育三个学院的设立,为培养全面发展的教育人才奠定了坚实的基础。

不幸的是,和平的校园生活并未持续太久,抗日战争的爆发打破了校园的宁静。1937年,国立北平师范大学不得不向西迁移,与国立北平大学和天津的国立北洋工学院联合,组成了一所临时性的大学,后来更名为国立西北联合大学,在战争的阴影下继续承担着教育的重任。后来,学校进一步迁移到了陕西省的城固县,尽管条件十分艰苦,但师生们依然坚守在教学和研究的岗位上,为国家的明天播下希望之种。

1939年,西北联合大学师范学院独立为国立西北师范学院,逐步迁往兰州。在这片黄土地上，国立北平师范大学的精神得以延续和发扬。师生们在艰苦的环境中，依然保持着对知识的渴望和对教育的热爱，为国家的教育事业贡献着自己的力量。

抗日战争胜利后，1946年，国立北平师范学院在北平复校，重新焕发出勃勃生机。1949年，北平解放，学校更名为北京师范大学，迎来了新的历史机遇。军管会奉命接管学校，周扬、钱俊瑞、周建人等一批教育界的佼佼者，坐着卡车进入校园，开启了北京师范大学发展的新篇章。

在1951年的金秋，北京师范大学教育系的门槛被一位温文尔雅的身影轻轻跨过，那是朱智贤，他携着家眷，步入了一个全新的篇章。他的到来，如同一缕清风，拂过了副教务长丁浩川那如秋日暖阳般温和的目光。朱智贤教授虽身体尚未完全康复，但面对这份沉甸甸的信任与期待，他毅然决然地踏上了新的征程。

他们择居西河沿畔，北京师范大学的宿舍里，清风与明月成了最亲密的邻居。妻子杨敏，亦执起教学之杖，于北京师范大学附属实验中学的讲台上，点亮了一盏盏求知的明灯，照亮了学子们的心田。校方的关怀，如同细雨般润物无声。他们为朱智贤筑起了一道远离喧嚣的屏障，偶有要事相商，也是遣使者登门求教，让他在静谧中悠然地恢复着元气。

1952年，春的气息浓郁。彼时，教育部精心谋划的教育改革蓝图——《关于全国高等学校1952年的调整设置方案》问世，仿佛强劲的春风席卷华夏大地。在此背景下，全国高等院校展开了具有战略意义的院系调整，这是一次大规模的分合之举。

北京师范大学在这场变革中迎来了前所未有的发展契机。北京大学、中国人民大学等校的教育系并入北京师范大学，使其规模急剧扩张，师资力量变得极为雄厚。其中，教育系成为学术大家云集之地。邰爽秋、董渭川、朱智贤、关瑞梧等老一辈教育家，与陈友松、邱椿、彭飞、王焕

院系调整时的朱智贤教授

20世纪50年代中期朱智贤在什刹海龙头井居住

第七章 师大之志

励、黄济等中青年学者汇聚于此。他们博古通今，既受中国传统教育的熏陶，又深受西方教育思想之影响，宛如璀璨明星闪耀于北京师范大学教育系。

然而，院系调整后，也出现了一些问题。一些老教授由于留恋原来的学术环境，或者在新环境中感到不适应，积极性并不高。这在一定程度上影响了北京师范大学教育系的学术氛围和发展速度。但正如那句老话所说："风雨之后见彩虹"，在经历了一段时期的调整后，北京师范大学教育系逐渐焕发出了新的生机与活力。

院系调整之后，北京师范大学的领导班子发生了变化。林砺儒，这位在教育界声名远扬的学者，被调往教育部担任副部长。在离开之前，他专门与朱智贤告别。老友相见，自是畅所欲言。他们谈及北京师范大学的过往与未来，也提到了令人揪心的现状：老同事、老同学之间往来甚少，仿佛一盘散沙。这种局面让二人都痛心不已。林校长还鼓励朱智贤以儿童心理学为依托，在学术的海洋中探索前行，驾船扬帆驶向未知之域。老校长的话语似春风般温暖，满含期待与鼓励，给朱智贤的内心注入了力量和希望。

时光荏苒，转眼间，北京师范大学校园北边盖起了几排教师宿舍楼。朱智贤的家也搬至了新居。新居的环境优雅宜人，上班也更加方便。然而，对于朱智贤的妻子杨敏来说，却仍有一段路程需要奔波。尽管如此，杨敏却并未因此而有丝毫的怨言。她深知，丈夫的事业与追求，比一切都重要。于是，她默默地承担起了家庭的重担，将几个孩子照顾得无微不至。每天晚上，当夜幕降临、灯火阑珊之时，杨敏总会坐在书桌前备课、批改作业。她的身影在昏黄的灯光下显得格外专注与坚定。朱智贤看着妻子那疲惫却坚定的眼神，心中充满了感激与愧疚。他深知，没有妻子的支持与付出，自己无法在学术的道路上走得更远。

1955年10月，朱智贤夫妇的小女儿朱小林来到人间。

朱智贤深知，一个人的力量是有限的。他希望能够有更多的学者与教育者加入这个行列中来，共同传承师道、弘扬学术。于是，他将自己的经验与心得毫无保留地传授给年轻一代的教师们，鼓励他们在教学与科研的道路上不断前

1956年朱智贤夫妇与五个子女在北京合影

行、不断创新。他用自己的学识与智慧,培养了一批又一批的优秀人才。他的名字,如同一盏明灯般照亮了无数学子的心灵之路。

在朱智贤的引领下,北京师范大学的教育事业迎来了新的春天。一批又一批的年轻教师脱颖而出,成为教育界的佼佼者。他们用自己的实际行动诠释着师道的真谛与传承的力量。如今,当我们再次回望那段历史时,不禁为朱智贤的坚韧与执着而感动。他用自己的一生诠释了师道的传承与坚守。在未来的日子里,愿我们能够铭记这位伟大的学者与教育家的精神与遗志,继续前行在教育与学术的道路上,为社会的进步与发展贡献自己的力量。

第二节　译著领航

在历史的长河中,总有一些人,他们如同夜空中的星辰,照亮了前行的道路。朱智贤,这位心理学界的巨擘,便是这样一位在风雨飘摇中毅然挺立,以辩证唯物主义的光芒,照亮了中国心理学前行之路的先驱。

20世纪30年代初,当马克思主义如一股清新的春风拂过中华大地时,朱智贤的心灵也迎来了前所未有的觉醒。他仿佛找到了一把钥匙,一把能够打开心理学神秘大门的钥匙——辩证唯物主义。他深知,这是一条充满荆棘与挑战的道路,但他更清楚,这是一条通往真理与光明的道路。

然而,时局并未给他太多时间去沉浸在学术的海洋中。抗日战争的烽火迅速燃起,国家与民族正面临着生死存亡的考验。在这个关键时刻,朱智贤毅然放弃了继续在日本留学的机会,将满腔热血和才智投入到了爱国教育的洪流中,为民族的解放和国家的独立贡献着自己的力量。他深知,教育的力量是无穷的,它能够唤醒民众,凝聚力量,共同抵御外侮。

在那段动荡不安的岁月里,新中国心理学界犹如一片混沌未开的迷雾之地,行为主义、构造主义、机能主义、格式塔理论、精神分析等学说交织在一起,让人眼花缭乱。而朱智贤犹如一把锋利的剑穿透了迷雾,他以批判性的眼光审视着各种学说,取其精华,去其糟粕,为心理学界带来了一抹清新的空气。

终于,随着新中国的成立,朱智贤迎来了他学术生涯的春天。1949年后,他全身心地投入到心理学的清理与重建工作中,用辩证唯物主义的思想去改造旧心理学,这是一项艰巨而繁重的任务。但朱智贤从未退缩,他深知这是历史赋予他的使命,也是他作为一名心理学家的责任与担当。

在北京师范大学的校园里,朱智贤的身影总是那么忙碌而坚定。他不顾身体虚弱,夜以继日地钻研马克思主义经典著作,学习和研究苏联心理学,并将这些宝贵的学术资源翻译介绍给中国的读者。他的工作不仅为中国的心理学界带来了新的视野和思路，更为心理学的未来发展奠定了坚实的基础。

在与苏联心理学家的交流中，朱智贤深刻体会到了马列主义对于心理学发展的重要性。他深知，只有以马列主义为指导，才能找到心理学发展的正确方向。因此，他极力主张科学的心理学必须以辩证唯物主义和历史唯物主义作为方法论基础。这一观点不仅在当时引起了广泛的关注和讨论，更为后来的心理学研究提供了重要的思想武器。

朱智贤在讲台上激情洋溢地讲述着马克思主义的真谛，用知识的光芒照亮着每一个渴望光明的心灵。他深知，只有用辩证唯物主义的观点去审视心理学，才能找到真正的出路，才能为中国的心理学发展开辟出一条全新的道路。

中年的他，并未因岁月的侵蚀而失去对知识的渴望，反而怀揣着一颗炽热的心，夜以继日地沉浸在马克思主义与苏联心理学的海洋中。瘦削的他，在中苏友好协会的灯光下，风雨无阻地研习俄语，仿佛那是一艘驶向真理彼岸的船。他的坚韧与执着，激荡着每一个学子的心灵。

谁也没有想到，十多年前，他每天晚上风雨无阻地去中苏友好协会勤奋地学习俄语，把俄语作为追求真理的工具，现在居然派上了用场。杭州大学心理学教授龚浩然回忆：20世纪50年代，原中央教育部决定要编一本俄汉对照的教育学名词辞典，委托北京师范大学的邱椿教授、邵爽秋教授、朱智贤教授和我共同负责。我在和朱教授合作翻译苏联心理学论著的过程中，从他那里学到了很多东西，不仅在专业方面学到不少知识，而且从他治学严谨方面也学到很多做人的道理[①]。

在翻译苏联心理学论著的过程中，朱智贤始终坚持信、达、雅的原则，对每一个词汇、每一个句子都进行反复的推敲和琢磨。他深知，翻译不仅是语言的转换，更是文化的传递和思想的交流。因此，他对于每一个细节都毫不放过，力求做到尽善尽美。这一过程中，他不仅展现了自己深厚的专业基础和渊博的知识，更体现了他对于学术的敬畏和对于真理的追求。

短短几年间，朱智贤和同事们共同翻译了许多苏联心理学名著，如：查包洛塞兹的《心理学》（1954），斯米尔诺夫主编的《心理学》（1957），富尔顿纳多夫和彼得罗夫斯基合著的《心理学》（1957）。此外，受中央教育部委托审订了俄汉对照的《教育学名词》，由人民教育出版社出版（1955）。审订了俄汉对照的《心理学名词》，由中国科学院出版（1954）[②]。

朱智贤的学术生涯不仅充满了艰辛与挑战，更充满了智慧与光芒。他用自己的实

[①] 黄永言.朱智贤传[M].北京:人民教育出版社,2000:210.
[②] 李震.朱智贤传述[M].北京:华文出版社,2017:72-73.

际行动诠释了什么是真正的学者风范和学术精神。他深知,学术的道路是永无止境的,只有不断学习、不断探索、不断创新,才能不断推动学科的发展与进步。

在他的影响下,中国的心理学界涌现出了一批又一批优秀的学者和专家,他们沿着朱智贤开辟的道路继续前行,为心理学的未来发展贡献着自己的力量。朱智贤不仅为中国心理学的发展奠定了坚实的基础,更为后来的学者树立了光辉的榜样。

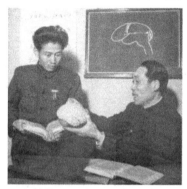

20世纪50年代,朱智贤与新中国成立后第一位研究生的合影（刊登在当时的《人民画报》上）

朱智贤与同事们一同投身于苏联心理学的翻译与研究工作之中,为中国心理学界带来了宝贵的思想财富。同时,朱智贤还深入研究了苏联心理学的各个学派。从维果茨基的社会文化历史学派到鲁宾斯坦学派、定势心理学学派以及彼得罗夫斯基的个性心理学派,他都进行了深入细致的研究与探讨。他的研究成果不仅丰富了中国心理学界的理论体系,更为中国儿童心理与教育事业的发展奠定了坚实的基础。

朱智贤是一位思想者,他坚信,中国心理学的航程,应扬帆于世界之海,但绝不可迷失于西化的迷雾。在探索的征途中,他选择了汲取苏联心理学的精髓,融为中国之魂,为中国心理学的发展开辟了一条新的道路。

在中华人民共和国成立之初,由于条件限制,未能立即召开全国人民代表大会来制定宪法,因此采取了由中国人民政治协商会议全体会议临时行使全国人民代表大会职权,并以《中国人民政治协商会议共同纲领》暂代国家宪法的临时措施。1954年1月,宪法起草小组正式启动工作。到了2月中旬,起草小组完成了《宪法草案》的初步草案,随后又完成了草案的第二次和第三次修改。进入3月,起草小组进一步提出了草案的第四版。中央政治局连续举行扩大会议,对第四版草案进行了深入讨论和修改,基本上完成了《宪法草案》初稿的起草工作。到了5月,决定将《宪法草案》初稿分发至中国人民政治协商会议全国委员会等机构进行讨论。朱智贤参加了政协全委会组织的座谈会,并被分配到第十一组参与讨论。

1956年1月,中共中央召开了关于知识分子议题的座谈会,周恩来总理作了《关于知识分子问题的报告》。在讲话中,他指出国家计划委员会需与相关部门合作,在三个月内制定出1956至1967年全国科学发展远景规划。随后,科学规划委员会正式成立,由聂荣臻担任主任,负责领导规划的制定工作。同时,应中国政府之邀,苏联派遣了16位科学家协助指导科学规划的制定。

朱智贤受邀参与该规划的制订,心中激荡着难以言喻的喜悦。他亲自聆听了党和国家领导人的讲话,深刻体会到老一辈无产阶级革命家在团结党外人士、团结知识分

第七章 师大之志

政协全委会组织的《宪法草案》初稿座谈会成员合影（后排左六为朱智贤）

子方面，以及在对科学和人才的尊重方面所展现出的广阔胸襟。他积极参与讨论，以言辞犀利、笔墨生花的论述，为心理学领域勾勒出一幅壮丽图景。他的文章《心理学的对象、特点和它在科学分类中的地位》在《自然辩证法研究通讯》首刊上发表，体现了学术探索的精神。

朱智贤寓居在北京师范大学工四楼15栋106室，那是一间三室一厅的温馨雅致的小屋。客厅中央，一方镜框静静悬挂，内里珍藏着一帧珍贵的会议合影。那是1956年6月14日，中共中央领导人接见全国科学规划拟制科学家的历史性瞬间。照片中，毛泽东、周恩来、朱德、邓小平、聂荣臻等党和国家领导人风采卓然，定格成了永恒的记忆。

1956年朱智贤参加我国十二年科技规划的拟订工作，图为中央领导人和与会代表合影，第四排右五为朱智贤教授

每当夜深人静时，朱智贤总会凝视着这张照片，思绪万千。他深知，自己能够参与这个伟大的时代，为国家的科学事业贡献自己的力量，是一种莫大的荣幸。他也深知，自己肩上的责任重大，必须继续努力，为中国心理学的发展贡献更多的智慧与力量。

朱智贤以智慧为舟，以心灵为帆，在心理学的波澜中破浪前行。他拒绝陈规的束缚，不盲从洋学，而是坚持走自己的路，为中国心理学的发展开辟了一条新的道路。他的学术成就和人格魅力，永远镌刻在中国心理学的天空中。

第三节 风云骤起

1956年的春天，似乎比往年更加令人期待。党在这一年提出了"百花齐放，百家争鸣"的方针，宛如一股和煦的春风，拂过知识分子们的心田。他们纷纷拍手称快，仿佛看到了新时代下思想的自由与繁荣。1957年3月24日，《人民日报》刊登费孝通的一篇文章——《知识分子的早春天气》，犹如一枚石子投入平静的湖面，激起了层层涟漪。这篇文章如同一面镜子，映照出了广大知识分子的心声。它迅速在知识分子群体中引起了强烈共鸣，也引起了中央高层领导的关注。一个月后，中共中央《关于整风运动的指示》如同一道闪电划破长空，在5月1日的《人民日报》上公开发表。这个指示如同一剂猛药，旨在治愈党内存在的种种弊病，让神州大地焕发出前所未有的生机与活力。

于是，一场前所未有的鸣放热潮席卷全国。大字报、座谈会、各种形式的批评与建议如雨后春笋般涌现。党外人士畅所欲言，对党和政府提出了大量中肯的批评和建议。这些声音，如同春日里的细雨，滋润着每一寸土地，也滋润着每一个渴望变革的心灵。

然而，就在人们以为这股春风将吹遍每一个角落时，一场突如其来的寒潮却打破了这份宁静。5月16日，《中央关于对待当前党外人士批评的指示》如同一道冰冷的命令，让这场整风运动迅速转向了另一个方向。

在北京师范大学的校园里，也弥漫着一种紧张的气氛。不少教授、副教授本着对党的信任和爱国之心，积极发表意见，提出了大量的批评与建议。他们的声音，如同春风中的呐喊，渴望被听见，被理解。

在《人民日报》《光明日报》和《北京日报》等重要媒体上，陶大镛、黄药眠、董渭川、钟敬文等教授的名字频繁出现。他们的观点和言论，为人们指明了前进的方向。然而，并非所有的声音都能得到同样的关注。朱智贤在一次座谈会上提出了自己的见解和建议，但这些声音并未被媒体广泛报道，仿佛被风带走的尘埃，消失在了人群中。

第七章　师大之志

　　如果整风运动能够严格遵循既定的指导方针进行，那么它有望取得显著的成果。这样的运动将有助于改进党的工作和领导方式，树立起执政党的新形象，激发广大知识分子的积极性，推动社会主义建设的发展。可是，世事难料，就在人们充满期待之际，整风运动却意外地转变为了反右派斗争。

　　1957年6月8日，中共中央发布了准备反击右派分子进攻的指示。同日，《人民日报》发表了题为《这是为什么？》的社论，这标志着全国范围内的反右斗争正式启动。这场斗争如同一场突如其来的风暴，打破了原本宁静的湖面，掀起了巨大的波澜。

　　一夜之间，曾昭抡、钱伟长、费孝通等六位教授从备受尊敬的学者变成了闻名全国的"大右派"。他们曾经荣幸地受到毛主席的接见，亲自为他们解除思想顾虑。然而，此刻的他们却如同被遗弃的孤儿，无助地面对这场突如其来的风暴。

　　这场"反右派斗争"如同一场肆虐的寒潮，将原本生机勃勃的春天瞬间冰封。它不仅打击了知识分子的积极性，也破坏了党内外的和谐氛围。在这场斗争中，许多无辜的人被划为右派，遭受了严重的迫害。

　　在反右派过程中，一再强调"深入挖掘"，机械地规定百分比，比例不够就硬凑。这种简单粗暴的做法导致了大量冤假错案的发生。许多原本应该被保护的人才被无情地打压和迫害，他们的才华和贡献被埋没在了历史的尘埃之中。

　　右派分子从最初的几百人到后来的几万人，再到最后的五十多万人，这场斗争的规模不断扩大，影响也越来越深远。它不仅破坏了党内外的和谐氛围，也阻碍了社会主义建设的进程。

　　那是一个风起云涌的年代，整风"反右"的浪潮席卷全国，每一个角落都弥漫着紧张与不安的气息。朱智贤，这位在教育界享有盛誉的学者，也在这场运动中经历了人生的起伏与波折。然而，他最终却以一种超乎常人的淡然与坚韧，书写了一段属于自己的传奇。

　　初夏的傍晚，微风轻拂，夕阳的余晖洒在朱智贤的书桌上，那是一张堆满了书籍和稿纸的旧书桌，见证了主人无数个不眠之夜。朱智贤坐在桌前，眉头紧锁，手中紧握着一支钢笔，正专心致志地撰写着对党的意见和建议。他的文字，既充满了对党的热爱与拥护，又不乏对现实问题的深刻剖析。他知道，自己的每一句话都可能成为风暴中的一叶扁舟。但他更清楚，作为学者，他有责任也有义务为党的事业贡献自己的力量。

　　然而，命运似乎并不打算让朱智贤的这条道路一帆风顺。一天，他独游书肆，购书盈筐，肩扛手提，三轮车吱呀归途。至宿舍门口，为躲避一孩童，车急转弯，朱智贤被甩到地上，大腿瞬间传来了剧烈的疼痛。周围的人纷纷围拢过来，有的呼喊，有的帮忙，将他抬上了救护车。这场意外不仅让他的身体受到了伤害，更可能让他错过整风反右运动的重要时刻。

可是，命运似乎又在此时给了他一个转机。由于伤势严重，他需要卧床休息半年之久。这半年里，他无法亲自参与运动，却得以从病床上观察着这场风暴的走向。他听着收音机里传来的消息，读着报纸上的报道，心中充满了复杂的情感。

在心理学的浩瀚星空中，昔日恩师董渭川自 20 世纪 50 年代的风云变幻起，他的名字便与历次政治运动的波澜紧密相连，成为风雨中摇曳的烛火。尤其是 1957 年的那个严冬，北国的风似乎比往年更加凛冽，雪花纷飞，将大地装扮成一片银装素裹的世界，却也掩盖了无数人心头的寒意。

北京师范大学的校园里，这份寒冷似乎更加刺骨。一场名为"反右派斗争"的风暴席卷而来，上千名师生在这场风暴中摇摇欲坠，几百人更是被无情地贴上了"右派"的标签。那些曾怀揣着满腔热忱、向党提出宝贵意见、希望助力党整风前行的人们，转瞬之间便成为众矢之的。同事间的温情、同窗间的友谊，在这一刻变得如此脆弱，仿佛一夜之间，整个世界都颠倒了黑白。

人们开始变得小心翼翼，见面时不敢有丝毫的亲近之举，生怕一不小心就被卷入这场无妄之灾。那些尚未被划为右派但也曾受到批判的人们，同样生活在阴影之下，抬不起头来。

然而，在这混沌不堪的年代里，却有一抹温暖的光芒始终未曾熄灭。朱智贤，这位心理学界的泰斗，敢于在逆流中坚守真理，不畏强权，对那些含冤受屈的人们深表同情。他的存在，就像是冬日里的一缕阳光，穿透了厚重的云层，照亮了人们的心房。

第四节　动荡年代

在那片古老而辽阔的中华大地上，人生宛如一条蜿蜒曲折的河流，时而奔腾于峭壁之巅，时而低吟于深谷之底，无有定态，唯有波澜不惊与惊涛骇浪交替上演。朱智贤，一位在教育学与心理学领域默默耕耘的学者，正站在他学术生涯的巅峰，夜以继日地沉浸在教学的热情与科研的严谨之中，但他却未曾料到，一场突如其来的风暴，如同冬日里的寒风，悄无声息地席卷了他的世界。

那是一段被历史铭记的岁月，1958 年至 1960 年，中国大地上掀起了一股名为"大跃进"的狂飙运动。这不仅仅是一场经济建设的运动，更是一场社会思潮的涌动，总路线、"大跃进"、人民公社三面红旗高高飘扬，映照出了那个时代特有的狂热与迷茫。

在"大跃进"的浪潮中，农业领域的浮夸风如同瘟疫般蔓延，工业领域的大炼钢铁更是将这股狂热推向了极致。高炉如林，火光冲天，神州大地仿佛一夜之间就要超越西方列强，实现工业化的伟大梦想。就连北京师范大学的校园里，也竖起了座座小

第七章 师大之志

高炉，师生们怀揣着对未来的憧憬，日夜不息地奋战在高炉前。就连那两尊承载着历史沧桑的铁狮子，也未能幸免，被投入了熔炉，化作了滚滚铁水，消逝在历史的长河中。

然而，对于北京师范大学的师生而言，1958年最难忘的，并非大炼钢铁的狂热，而是一场由该校发起且迅速席卷全国的"心理学大批判"。这场批判如同一场突如其来的暴风雨，让所有人措手不及，也让朱智贤这位心理学界的佼佼者，陷入了前所未有的困境。

在那个特殊的年代，中苏关系紧张。在这样的历史背景下，一场针对苏联教育学的批判悄然酝酿。有人提出了一个令人震惊的想法——批判心理学。

在北京师范大学，一场针对心理学领域的批判活动悄然展开。该校的主要负责人，一位擅长运用革命根据地工作方法、擅长动员群众和处理阶级斗争的领导者，在接到中央宣传部的指示后迅速采取行动。他首先与教育系的党支部书记进行了深入交流，传达了上级的意图，并指示其选拔一批年轻的教师和学生作为核心团队，准备充分的论据，以便在心理学领域引发一场"拔白旗，插红旗"的高潮。此外，该负责人还亲自前往物理系和数学系，点燃了批判的火花，意在将这场运动扩展至全校乃至全国范围。

在随后的辩论中，学生和青年教师们基于大量实例，揭露了心理学教学中的资产阶级倾向。他们强调，资产阶级心理学在教学过程中用心理分析取代了阶级分析，忽视了阶级背景的重要性。他们试图从生物学角度解释心理现象，排除阶级社会对个体心理的影响。他们公开宣传资产阶级思想和低俗趣味，对年轻一代造成了严重的负面影响。

1958年8月15日，《光明日报》刊发了社论。该社论强调，北京师范大学对心理学教学和科研中的资产阶级倾向进行彻底批判，具有深远的意义。这不仅标志着在心理学领域内"拔白旗，插红旗"的斗争，更象征着对资产阶级教育科学改造的一场重要战役。

在炎热的8月，北京师范大学这座学术圣地，为了根除心理学中的"资产阶级毒瘤"，特别邀请了来自京津地区的高校和研究机构的杰出人士，共同探讨对策。根据《光明日报》的报道，会议现场气氛热烈，与会者一致谴责心理学研究和教学中的资产阶级倾向。这场批判活动对全国心理学界产生了巨大影响，其影响迅速扩散至上海、杭州、南京、武汉、广州、西安等多个城市，引发了一连串的批判浪潮，似乎要彻底净化心理学领域的每一个角落。心理学的捍卫者朱智贤，被插上了"白旗"，被定性为"资产阶级分子"。

到了1959年夏季，全国各地的报刊重新开始了对心理学领域的广泛讨论。1960年，北京师范大学迎来了首批心理学专业的学生。1961年，心理学得到了党的正名。

在这场风暴之后,朱智贤如同一位孤独的守望者,见证了心理学的重生。他的坚持与勇气,照亮了心理学前行的道路。而这场"心理学大批判"运动,也成为中国学术史上一段不可磨灭的记忆。

第五节 经典传世

1961年的早春,如同一位羞涩的少女,轻轻掀开了季节的帷幔,中央宣传部的一隅,正孕育着一场文化与智慧的盛宴。那是一场关于文科教材编写的盛会,周扬副部长,犹如一位智慧的舵手,亲自主持着这场知识的航行。会场内,群贤毕至,少长咸集,他们的目光中闪烁着对未来的无限憧憬。

当周扬的目光穿透人群落在朱智贤的身上时,一场关于儿童心理学的辉煌篇章,便悄然拉开了序幕。周扬点名朱智贤,赋予了他以辩证唯物主义与历史唯物主义的视角,铸就《儿童心理学》这一宏伟著作的重任。同时,曹日昌与潘菽两位学界泰斗,亦被赋予了主编《普通心理学》与《教育心理学》的使命。他们共同谱写心理学的华美乐章。

朱智贤,这位年逾五旬的学者,眼中没有丝毫的疲惫,只有对学术无尽的热爱与追求。朱智贤,这位胸怀壮志的学者,毅然接下了这份沉甸甸的责任。他深知,这不仅仅是一本书,更是他对国家、对儿童、对心理学的深情告白。随着春末夏初的更替,经济的阴霾逐渐散去,一缕曙光穿透了云层,映照在了朱智贤那坚定的脸庞上。岁月悠悠,他的心中,却燃烧着一团永不熄灭的火焰,誓要让智慧之光,照亮每一个孩童的心灵角落。

在朱智贤那书海环绕的书房中,他如同一位孤独的旅者,沉浸在了《儿童心理学》

朱智贤在书房

的创作之中。他坐在一张古朴的藤椅上,周围是堆积如山的书籍。他的笔下,流淌着对儿童心灵的深刻洞察与无尽热爱。秋风起时,上册的篇章已经跃然纸上,而下册的篇章,仍在藤椅的吱呀声中缓缓铺展。然而,朱智贤的身体,却在无尽的劳累中,如同一片落叶,轻轻倒下。学校迅速将他送往了幽静的小汤山疗养院,但当他归来时,眼中却闪烁着更加坚定的光芒。他再次投身于下册的撰写之中,无畏艰辛,无惧困难。

1962年的金秋，如同一位丰收的使者，为人间带来了喜悦与希望。《儿童心理学》在人民教育出版社出版，三十几万字，上下两册，咖啡色的封面沉稳而雅致，如同一位智者，静静地诉说着儿童心理的奥秘。朱智贤轻抚着样书，心中波澜起伏。岁月沉淀下来的，是他对儿童心理世界的深刻探索与剖析，字字珠玑，熠熠生辉。在朱智贤的笔下，《儿童心理学》如同一幅壮丽的画卷，勾勒出了儿童心理发展的四大脉络：先天禀赋与后天滋养的和谐共生，内心动力与外界环境的相互交融，教育引领与成长

1962年朱智贤夫妇与子女合影

轨迹的共舞翩跹，年龄烙印与个性差异的交响乐章。这本书，首次以马克思主义的光芒，照亮了儿童心灵的幽径。它倡导"本土化研究"的理念，如同春雨般滋润着学界与教育界的沃土，屡获殊荣，国内外皆瞩目其辉煌。

第六节　农村调查

党的八届十中全会后，一场席卷全国的社会主义教育运动悄然拉开序幕，城市与乡村都笼罩在"五反"与"四清"的浪潮之中。这是一场关乎国家命运、民族未来的伟大斗争，也是一次深刻的社会变革。

教育部积极响应党中央的号召，向全国高等师范院校发出号召，要求他们深入基层，了解中小学现状，为教育事业的蓬勃发展贡献力量。北京师范大学这所著名学府，自然不甘人后。

遵化县(今遵化市)实验小学在教育改革方面的卓越成就，吸引了北京师范大学教育系师生的目光。他们渴望深入了解这里的课堂教学、课外活动以及社会大课堂的实践探索，以总结经验，上升为理论，为全国的教育改革提供借鉴。

当消息传来，北京师范大学教育系心理学专业的师生们纷纷报名，渴望在这场教育调查的浪潮中留下自己的足迹。朱智贤这位早已享誉学界的专家，竟也主动请缨，要求加入调查组。

1966年的春天，万物复苏，生机盎然。调查组一行，带着对教育的热爱与执着，踏上了前往遵化的征途。经过四个多小时的颠簸，他们终于抵达了遵化县城。县城虽小，却洋溢着浓厚的文化氛围。朱智贤与调查组的师生一起来到遵化县实验小学。

1966年4月朱智贤教授在遵化搞教育调查

在遵化的日子里,朱智贤与同行师生同吃同住,共同听课、评课,参加座谈会。实验小学的食堂里,高粱米饭是主食。朱智贤从不挑剔,总是与大家一样用餐。在遵化县实验小学里,朱智贤不仅深入了解了乡村教育的现状,还与师生们建立了深厚的友谊。他们一起探讨教育的真谛,一起为乡村教育的未来出谋划策。

在实验小学的评课座谈会上,空气里弥漫着一种微妙的氛围。教师们既兴奋又紧张,他们心中的偶像——朱智贤教授,竟然亲临现场,参与评课与座谈,这无疑是对他们莫大的肯定与激励。然而,当想到自己的教学可能存在的种种不足,他们的心中又不免忐忑不安。但朱教授的发言,却如同一股清泉,瞬间浇灭了他们心中的焦虑之火。

朱智贤不仅是一位教育家,更是一位心灵的导师。他鼓励教师们大胆创新,勇于尝试新的教学方法,用理论指导实践,积极探索符合中国国情的教育之路。他的每一次发言,都像是点亮了一盏明灯,照亮了实验小学教师们前行的道路,也让他们对教育事业充满了信心和希望。

在遵化搞调查的日子里,朱智贤始终保持着对国家大事的密切关注。他每天早晚都会收听中央人民广播电台的新闻节目,认真阅读研究生带回来的报纸。他深知,作为一名教育家和心理学家,他不仅要关注学生的成长,更要关注国家的发展。

然而,1966年的春天,却是一个不平凡的季节。随着政治风云的变幻,一场前所未有的政治风暴正在悄然酝酿。朱智贤敏锐地察觉到了这一点。他听着广播里传来的种种消息,看着报纸上刊登的种种报道,心中不禁涌起了一股深深的忧虑。他深知,这场风暴将会对教育事业产生巨大的冲击,甚至可能会波及心理学界。

果然,随着形势的发展,教育调查组的后期工作也发生了巨大的变化。他们不再专注于教育调查和研究,而是被卷入了一场声势浩大的大批判运动中,批判《燕山夜话》,批判所谓的"三家村"。这些曾经著名的作品和人物,如今却成了批判的对象。

终于,在5月底的一天,教育调查组奉命返回北京师范大学,等待他们的将是一场史无前例的"大革命"风暴。朱智贤站在北京师范大学的校门前,望着那片熟悉的天空和校园,心中充满了复杂的情感。他深知,这场风暴将会对他个人和整个教育界产生深远的影响。但他也坚信,只要心中有光,就有希望;只要心中有爱,就有力量。他将以更加坚定的步伐,继续走在教育学和心理学的道路上,为培养更多优秀的人才而努力奋斗。

第七节 风暴来袭

1966年,神州大地迎来了一场前所未有的风暴,"文化大革命"的烽火瞬间点燃。7月底的北京大学,夜色如墨,却难掩东操场上火光冲天。中央"文革小组"悄然降临,连续两夜,万人集会,风起云涌。陈伯达、康生、江青三人言辞如剑,直指苍穹,誓要扫清前路障碍。张承先领衔的北京大学工作组,一夜之间,烟消云散。

次日,风暴席卷北京师范大学,孙友余组长的职务被当场剥夺,工作组亦随之解散。8月初始,一切似乎尘埃落定,但暗流仍在涌动。北京大学、北京师范大学,两所学府,被历史的洪流紧紧包围。

8月盛夏,一篇《炮打司令部——我的一张大字报》横空出世,激荡人心。自8月末至11月深秋,毛主席八次接见红卫兵及师生,人潮涌动,逾千万之众,盛况空前。中共中央、国务院一纸令下,号召四方学子,免费赴京,共襄盛举。一时之间,青春的热血与梦想在北京城上空交织成绚烂的篇章。红卫兵与学校师生的壮阔串联,掀起了一场历史洪流的巅峰。

在"捍卫真理"的狂热号角下,中央"文革小组"引领的红卫兵浪潮,如猛虎下山,席卷文化教育殿堂与党政要地,乃至社会的每一个角落。他们以"破四旧、立四新"之名,对所谓的"封、修、资"展开无情清扫,大字报飞扬,批判之声震耳欲聋,如风暴般涤荡着每一寸土地,众多无辜者被无辜地冠以"黑帮"之名。

在那动荡的年代,"异见者""思想先锋"与"学术灯塔",皆成了风暴中心的目标,遭受着无情的批判与家宅的洗劫,尊严被践踏,身体受创,心灵蒙尘。这股"涤荡万物、颠覆乾坤"的狂风骤雨,席卷了北京师范大学那片曾宁静致远的圣地。鲜红标语与密集传单,如潮水般淹没了校园的每个角落,取代了往昔朗朗的求知之音。"革命无罪、造反有理"的呐喊,借由扩音器的震颤,回响不绝。

佩戴红袖章的红卫士,以不可一世之姿,穿梭其间,校领导与学者皆退避三舍,或陷囹圄,或受审判。昔日的书香之地——教室、实验室、图书馆,皆笼罩在一片阴霾之下。在那动荡的年代,知识之光被阴霾围困。教学楼与科研殿堂,昔日辉煌,今朝废墟。辛勤耕耘的精英们,如落叶飘零,散落四方。

更令人心碎的是,那些承载着岁月风霜的老教授,不堪屈辱,以决绝之姿,化作天际一抹悲凉的流星。相比之下,朱智贤虽历风雨,却因出身贫寒,早入党的怀抱,幸免重击,却也难掩时代伤痕。

朱智贤漫步于记忆之林,细数1958年后的心理学变迁,那是一段复苏与初绽的序曲。昔年，心理学大风暴席卷学界，激起层层愤懑波澜，乱象丛生，党与民众的目光纷纷聚焦。转折于1959年，开启了心灵的百家盛宴，昔日受责的心理学大家，在宽容与鼓励中，重新点亮了探索人性奥秘的明灯。在那段蓬勃的岁月里，思想的火花在心理学的殿堂里绽放，人们勇于发表自己的意见，为这门学科的茁壮成长铺设了温床。在教育的光辉篇章里，普通教育质量的提升，赢得了同行的瞩目与赞誉。其间，心理学教科书的编纂如同一股清泉，润泽着知识的田野。

在那个动荡的年代，《心理学报》编委名单如秋叶般飘落，被造反派以战斗之名，圈定在了批判的风口浪尖。7月的某一天，潘菽、曹日昌等心理学界泰斗，不顾年迈与风霜，依约踏入中国科学院心理学研究所的大门，他们的身影在晨光中显得格外坚毅。会场内，北京师范大学教育系的师生与心理所全员静默以待，一场风暴即将席卷这群智慧的灯塔。空气中弥漫着紧张与不安，但学者的尊严，在风雨中更加熠熠生辉。批斗会拉开序幕，造反派引领众人，先以毛主席语录为引，旋律起，《大海航行靠舵手》响彻会场，语录歌声此起彼伏。老专家们，依旧傲然挺立，不屈不挠。

朱智贤使用沉默作为最有力的武器，他以无言的姿态，轻蔑地回应着一切。高帽在手，一路无言，却胜过千言万语。在那个动荡的年代，他紧握着一叠心理学书籍，坚定地穿越喧嚣，直至家门，以此作为对狂潮的无声抵抗。随着"文化大革命"的肆虐，"四人帮"的阴霾笼罩了知识的天空，心理学被冠以资产阶级"伪科学"之名，老一辈学者饱受摧残，研究与教学黯然退场，人才四散。而朱智贤，亦难逃劳动改造的命运，但他的心中却始终燃烧着对真理不灭的渴望。

第八章

学术之巅

第一节 学术新春

1978年的初春,阳光如同细碎的黄金,轻轻洒落在古老而又焕发生机的中华大地上。这一年宛如一幅缓缓展开的画卷,不仅是中国历史上的转折点,更是心理学在中国这片广袤土地上重新绽放光芒的序章。

那是一个春风沉醉的2月,党中央在全国科学大会上犹如一位伟大的指挥家,挥动着无形的指挥棒,奏响了新时代的序曲。邓小平同志,这位饱经风霜却依旧坚毅如钢的伟人,站在历史的舞台上,用他那浑厚有力的声音,向全党和全国人民发出了"尊重科学、尊重知识、尊重人才"的嘹亮号召。这声号召,如同一股温暖的春风,吹散了笼罩在心理学界多年的严寒与阴霾,让心理学在沉睡中苏醒,迎来了新生的曙光。

在这样一个春意融融的时刻,朱智贤,这位年逾古稀却仍精神矍铄的心理学泰斗,站在新时代的门槛上,心中激荡着无限的感慨与憧憬。他仿佛看到了心理学在中国这片古老大地上重新焕发的生机与活力,看到了自己年轻时那份对心理学的热爱与执着,在新的时代浪潮中继续翻涌。

不久,《光明日报》上的一篇题为《实践是检验真理的唯一标准》的文章,犹如一声惊雷,在学术界引起了轩然大波。朱智贤读着这篇文章,仿佛看到了心理学春天的第一缕曙光,这照亮了他前行的道路。他感到自己仿佛又回到了那个充满激情与梦想的青葱岁月,准备在新的历史舞台上,再次书写属于自己的辉煌篇章。

1978年的春天,北京师范大学的校园里,樱花盛开,生机勃勃。校党委经过深思熟虑,决定任命彭飞为心理学教研室主任,朱智贤和

1978年朱智贤夫妇在北师大校园内

彭聃龄为副主任。这一任命，不仅是对他们学术成就的肯定，更是对心理学未来发展的深切期许。在这样一个充满希望的季节里，朱智贤教授开始筹划第二届全国心理学年会。他深知，这次年会不仅是一次学术交流的盛会，更是心理学在中国重新崛起的重要标志。

于是，他倾注了全部的心血和智慧，精心筹备年会的每一个细节。从邀请嘉宾到安排议程，从会场布置到后勤保障，他都亲力亲为，以确保年会的顺利召开。终于，在那个阳光明媚的冬日，保定这座古城仿佛也焕发了青春，来自全国各地的心理学工作者欢聚一堂，共同庆祝这个难忘的时刻。

1978年12月，原北师大心理学进修班参加第二届全国心理学年会同学留影

1981年9月，北师大校委会任命朱智贤担任心理系副主任

朱智贤在年会上作了题为《儿童心理学研究中的若干基本问题》的学术报告。他的报告深入浅出、见解独到，仿佛一盏明灯，照亮了心理学研究的新方向。他的演讲激情澎湃、感染力极强，赢得了与会代表的热烈掌声和高度评价。这一刻，朱智贤教授仿佛看到了心理学在中国这片土地上，正以前所未有的速度蓬勃发展。

1981年9月，北京师范大学校委会任命朱智贤担任心理系副主任。

1982年1月，教育部批复，朱智贤、陶大镛、钟敬文、顾明远等24人，组成学位评定委员会。同

第八章 学术之巅

年3月，国务院批准，北京师范大学朱智贤、陶大镛、何兹全、陆宗达、钟敬文、白寿彝等20位教授，有权授予博士学位。

1983年10月，北京师范大学成立儿童心理学研究室，朱智贤任主任。

朱智贤深知，心理学的春天并非一蹴而就，需要一代又一代人的不懈努力和奋斗。于是，他将自己的心血倾注在了培养年轻一代心理学人才上。在他的悉心指导下，林崇德等青年学者犹如一颗颗新星，在中国心理学界冉冉升起。

1984年的春天，林崇德以一篇题为《小学儿童在运算中思维品质的发展与培养》的优秀论文，成功通过了学位论文答辩，获得了教育学博士学位。这是中国培养的第一位教育学博士，也是朱智贤辛勤耕耘的硕果。这一刻，朱智贤的脸上露出了欣慰的笑容，他仿佛看到了心理学在中国这片土地上，正孕育着更加美好的未来。

与此同时，朱智贤还积极参与到了学位评定委员会的工作中。他深知，学位评定委员会是保障学术质量、推动学科发展的重要机构。于是，他与其他委员一起，为学位评定工作的规范化、制度化付出了大量的心血和汗水。在他的努力下，北京师范大学心理学系的学位评定工作逐渐走上了正轨，为培养更多优秀的心理学人才奠定了坚实的基础。

在朱智贤的领导下，北京师范大学的心理学系逐步发展成为中国心理学界的标杆。国内外众多学者纷纷前来访问交流，共同研究心理学的未来趋势。1987年春，苏联社会科学院心理研究所的巴拉班希科夫和科里佐娃两位研究员访问了北京师范大学。他们向朱智贤赠送了苏联心理学会的会徽及"别赫捷列夫奖章"，以表彰其在心理学领域的卓越思想和对心理学发展的重大贡献。这份荣誉不仅代表了对朱智贤教授个人的赞誉，也是对中国心理学界成就的国际认可和尊重。

然而，在朱智贤的心中，始终有一个难以释怀的遗憾，那就是他的师长、同事、著名的教育家董渭川先生。在1957年的"反右"运动中，董渭川先生因为坦率地发表了自己的看法而被打成了右派分子。后来，他又被送去劳动教养，只保留了教授和全国政协委员的头衔。最终，他在1968年的秋天因病去世，终年67岁。每当想起董渭川先生，朱智贤都会感到心痛不已。他深知，董渭川先生是一个心直口快、敢于直言的人。然而，正是这样的性格让他在历次运动中都成为被批判的对象。

1979年的春天，北京师范大学按照上级指示开始改正错划右派的工作。朱智贤得知这一消息后，心中涌起了一股难以言表的喜悦。他终于看到了董渭川先生平反昭雪的希望。不久之后，他又得知自己的弟弟朱信贤也摘掉了右派的帽子，恢复了原职。这些消息让他感到无比的欣慰和激动，仿佛看到了正义与光明在逐渐照亮这片曾经被阴霾笼罩的土地。

当朱智贤想起董渭川先生已经去世多年的消息时，他的心中又涌起了一股难以名状的悲伤。他知道，自己再也无法见到这位敬爱的师长了。于是，他决定在董渭川先生的追悼会上表达自己对师长的哀思和敬意。追悼会的那天早上，朱智贤和几百名师生一起来到了八宝山革命公墓礼堂。他深情地望着董渭川先生的遗像，心中涌动着无限的感慨和怀念。在追悼会上，他发表了深情的讲话，表达了自己对师长的敬仰和怀念之情。他的讲话真挚感人，让在场的每一个人都为之动容。

追悼会结束后，朱智贤的心情久久不能平静。他想到自己年轻时受教于董渭川先生，后来又多次交往，一直到成为北京师范大学的同事。几十年来，董渭川先生对他的教诲和关怀历历在目。然而，如今却只能隔着时空的鸿沟，遥寄哀思了。朱智贤知道，生活还在继续，心理学的发展也在继续。他不能让自己沉浸在悲伤中无法自拔。于是，他化悲痛为力量，更加努力地投入心理学的研究和教学工作中去。他深知，这是对董渭川先生最好的纪念和告慰。

在历史的长河中，当时代的车轮缓缓驶入一个崭新的纪元时，朱智贤仿佛看到了心理学在中国这片土地上，正以更加蓬勃的姿态发展。他深知，自己只是心理学发展长河中的一滴水，但正是这一滴滴水汇聚成了浩瀚的海洋。他坚信，在不久的将来，心理学一定会在中国这片古老而又年轻的土地上，绽放出更加璀璨的光芒。

心理学，在岁月的长河中悄然迎来了它的绚烂春日。教学与研究，如同荒漠中偶遇的清泉，涌动起前所未有的活力。社会的深切呼唤，化作一股汹涌澎湃的浪潮，急切地期盼着一部能引领心理学界新风尚的鸿篇巨制。

1979年的春风，温柔地拂过了教育的田野。教育部的一道命令，为《儿童心理学》的重生开辟了康庄大道。原作者亲力亲为，精心雕琢。为了这份厚重的使命，朱智贤在北京师范大学的一方天地里，点燃了一场关于心灵的智慧火花。他携手两位青年才俊，跋山涉水，足迹遍布华夏大地。他们邀请四方学者，共聚一堂，倾听来自五湖四海的声音，只为让这部心理学著作更加贴近时代的律动。次年，这部蕴含着深邃智慧与无限希望的瑰宝，在人民教育出版社的舞台上重新闪耀。

第二节 党旗引领

生活中，每个人心中都藏着被时间铭记的"闪光日子"，如同生命长河中的灯塔，永不熄灭。

1979年深秋，心理学家朱智贤迎来了他生命中的一抹亮色。那日，秋风萧瑟，他踏入北京师范大学古朴的校园，参加了一场意义非凡的支部大会。那一刻，阳光透过树叶缝隙，斑驳地洒在他的肩头，仿佛连自然都在为这一刻加冕，铭记下这位智者职业生涯的又一高峰。在庄重的会议上，全体共产党员一致决议，欢迎朱智贤成为预备党员。刹那间，无数敬仰的目光汇聚于朱智贤一身。掌声雷动间，他缓缓起身，步伐

第八章 学术之巅

坚定迈向那面耀眼的党旗。在党旗下,他举起右手,许下为共产主义事业奉献一切的誓言。随后,作为新成员,朱智贤发表感言,心潮澎湃,言辞间难掩激动。他以心为笔,倾诉着肺腑之言,回应着每一份关切。窗外,寒风凛冽,枯柳摇曳,叶已落尽,唯余枝条在北风中翩翩起舞。然而,朱智贤的心中却春意盎然,暖流涌动,仿佛置身于繁花似锦的春日。入党,是他毕生的信仰与追求。无论顺境逆境,几十年如一日,他始终坚守初心,矢志不渝。那份执着与热爱,如同深秋里的一抹暖阳,熠熠生辉。

这位跨越时代洪流的老者,步履蹒跚却心怀壮志,矢志不渝地追寻着政治与学术的巅峰。他以笔为舟,泛游于教育学与心理学的瀚海,数十年如一日,耕耘不辍。其心血之作《儿童心理学》,犹如破晓之光,照亮了新中国儿童心理学研究的道路,享誉海内外,备受尊崇。然而,这位智者并未止步,依旧怀揣着无尽的热情,向着更加辉煌的彼岸,继续扬帆远航。

朱智贤,一位矢志不渝的马克思主义信徒,其政治征途宛若长河,蜿蜒曲折。自香港达德学院初萌入党之志,至北京师范大学教育系党总支的庄严誓词,31载春秋悠悠而过。早在异国东瀛,于帝国大学的教学殿堂,他与《资本论》日文版邂逅,那一刻,思想的枷锁被击碎,视野如晨曦初照般豁然开朗。而后的"七七事变",更点燃了他心中不灭的革命火焰。他从东瀛归来,心系华夏,辗转至广西桂林,最终在江苏教育学院的讲台上驻足。在那里,《资本论》的墨香再次萦绕,与《联共(布)党史》的篇章交织成梦。

由于挚友的援手,朱智贤踏上了教育的征途,足迹遍及四川教育学院与广州中山大学。解放战火的年代,校园内民主抗暴的浪潮汹涌澎湃,反饥饿、反迫害的呼声不绝于耳。朱智贤化身为革命的灯塔,笔耕不辍,激励学子以《矛盾论》《实践论》《新民主主义论》为刃,剖析时局。他与进步青年共话辩证之道,探访受难师生家属,传递温暖。然而,这一切终触怒反动势力,他被迫踏上流亡之路,香港成了他新的避风港。

1949年金秋,朱智贤于天安门观礼台上,亲历了历史的辉煌时刻,他心潮澎湃。早在香港达德学院,他已心向党,口头许下入党誓言。后来,他进入北京师范大学,30余载春秋,以笔为剑,书写着对党的深情与忠诚。

他无数次怀揣着入党的热忱,用行动编织着对党的忠诚篇章。然而,30载春秋里,风雨如晦,他竟数次被时代的洪流所冲击,甚至因心理学研究而被冠以"白旗"之名,饱受批判。在那动荡的"文化大革命"十年里,他更是被无情地打上反动学术权威的烙印,再次深陷批判的漩涡。但这一切,都无法撼动他心中那份对党的坚定信仰。反击"右倾翻案风"之时,朱智贤选择了沉默,他以年迈体衰为由,未曾撰写一字发言稿,未曾吐露半句言语,内心却如磐石般坚毅。

拒绝卷入那些无谓的批判漩涡,他宛如一股清流。1976年清明,春风拂面却难掩心中哀愁,朱智贤携全家,踏过荆棘,毅然前往天安门,静默哀悼那逝去的伟人周总理。他们定格在天安门前的全家福,不仅是对过往的铭记,更是对未来的期许,愿后人铭记周总理的不朽功勋。同年深秋,风卷残云,"四人帮"终被历史的车轮碾碎,举国欢庆。

朱智贤胸中激情如火,燃不尽对教育的热忱。忽闻国务院批准中科院心理所重建,喜讯如春风拂面,暖人心田。他毅然踏上征途,携中青年教师遍访华夏,倾听同行心声,亲手雕琢教材,以待北京师范大学教育系新生之至。此后,朱智贤不顾年迈,以加倍之姿耕耘,笔耕不辍,数载光阴,硕果盈枝。同时,他身兼数职,中国教育学会副会长、中国心理学会常务理事等头衔加身,更任《心理学报》编委,光芒四射。

1980年朱智贤教授在书房读书

社会活动如繁星点点,而他,却甘愿做那深夜里的灯火,默默照亮心理学的殿堂。朱智贤,虽已步入古稀之年,却以笔为剑,誓要编纂《儿童心理学史》与《思惟发展心理学》。他的奋斗,如同不息的火焰,在岁月的长河中,闪耀着青春的光芒。

在1981年建党节前夕,新华社的记者安仲皇与徐光耀对朱智贤进行了专访,并撰写了一篇名为《光荣的归宿——追求》的专题报道,该报道在1981年6月9日的《人民日报》上发表。文章末尾转述了朱智贤的一段话:"入党只是我重新迈步的一个起点。我现在所要追求的是以垂暮之年为党的事业再立垂暮之功。"

入党申请书

亲爱的师大党组织:

我于1956年正式向师大党组织提出入党申请,现在已经二十多年了,中间经过几次波折,迄未解决。在粉碎"四人帮"以后的今天,在祖国向四个现代化进军的大好形势下,我虽然是年过七旬的老人,各种条件都很差,但在经过思想斗争之后,仍然大胆地向组织再度提出这个问题,希望得到组织的关怀和教育,通过自觉的改造,使我多年追求的愿望能逐步实现。

1956年提出入党申请后,组织极为关怀。但到1957年上半年,我突然因翻车时大腿骨折断,卧床达一年之久,此事遂被搁置。1958年初,我扶拐勉可行动,积极参加"双反交心运动"和教研室领导工作,组织上对自己多所鼓励,自己也努力争取解决组织问题。但到1958年夏,师大突然发动"心理学大批判",我因为是心理学教研室负责人之一,成为批判重点,从此,插上了"白旗",被宣布为资产阶级知识分子,组织问题再度被搁置。60年代,特别在广州会议之后,为被批判的人平了反,我又向党组织提出解决组织问题的请求。1966年,我响应组织的号召,和教研室的同志一起下放到河北省遵化县城关小学和农村蹲点锻炼,程今吾同志、张刚同志都对我的问题多加关怀、鼓励。1966年5月,我校在遵化的同志举行了学习毛著积极分子会,会上,我作了学习心得体会的报告,我系领导顾明远同志特地从北京到遵化参加了这次会,并鼓励我继续努力。可是到了1966年6月,忽然通知我们回校参加"文化大革命"。不久,在"四人帮"干扰破坏下,我们搞心理学的老一辈同行都被当做"反动学术权威",在心理研究所进行了联合批斗。从此,我也成了"臭老九",入党问题已经绝望。现在,事隔二十余年,在大好形势下,我再度向组织提出这个问题。明知自己距离一个党员的标准还很远,但我希望组织上再度给我以审查,帮助我解决组织问题,使我在有生之年,能够更好地为党工作。

致以革命敬礼!

朱智贤(教育系心理教研室)
1979年1月7日[①]

第三节 海外交流

在北京师范大学的怀抱中,心理学专业自1981年从教育系的羽翼下振翅独立,便以其璀璨夺目的光芒,照亮了中国教育界的广袤天地。这不仅是一段学术的觉醒,更是心灵探索的启航。在这片充满智慧与梦想的土壤上,一个关于传承与创新的传奇悄然铺展,而这一切的序幕,是由一位名叫朱智贤的智者亲手拉开的。

在那春风和煦的年代,当北京师范大学决定孕育一个全新的生命——儿童心理研究所时,这份重任自然而然地赋予了朱智贤。尽管岁月已在他的额上刻下了深深的痕迹,但那份对心理学的热爱与对未知世界的渴望,却如同永不熄灭的火焰,在他的心中熊熊燃烧。无数个日夜,他如同一位辛勤的园丁,用汗水浇灌着这片希望的田野。终于,儿童心理研究所如同破土而出的幼苗茁壮成长,成为中国心理学界的一座巍峨丰碑。

与此同时,一本名为《心理发展与教育》的杂志,如同晨曦中的第一缕阳光,照

---

① 黄永言.朱智贤传[M].北京:人民教育出版社,2000:274-275.

亮了儿童心理学与教育心理学的广阔天地。它不仅是学术交流的殿堂，更是心灵沟通的桥梁，连接着国内外的心理学界，传递着最新的研究成果，分享着宝贵的实践经验。朱智贤，这位智者，亲自担任了这本杂志的领航者，与吴凤岗、林崇德等学界精英并肩作战，为这份杂志注入了灵魂与活力。创刊号的问世，如同一颗石子投入平静的湖面，激起了层层思想的涟漪，也标志着中国儿童心理学研究的新纪元。

朱智贤，这位不知疲倦的探索者，如同一位航海家，在学术的海洋中乘风破浪。他既是研究者，又是教育者，更是梦想的播种者。在他的引领下，一批批年轻的心灵得以在心理学的海洋中遨游，汲取着知识的甘露。为了拓宽视野，他多次远渡重洋，每一次归来，都仿佛带着新的智慧与灵感，为中国心理学界的发展注入了源源不断的动力。

1980年朱智贤接待来访的外国专家

1989年朱智贤（右二）和龚浩然（左一）接待苏联心理学家

第八章 学术之巅

1979年,朱智贤以笔为舟,以梦为帆,连续发表了一系列文章。他不仅介绍了苏联及西方儿童心理学研究的最新动态,还深刻剖析了我国30年来儿童心理学研究的成就与局限,为我国心理学界的发展指明了方向。

1981年春风和煦之时,美国儿童发展研究会的盛邀如同跨越大洋的鸽哨,悠扬而至。我国儿童发展心理学的精英五人团队,在朱智贤的带领下,即将启程参加在波士顿召开的"儿童发展会议"。会后,参观访问了九所大学(耶鲁大学、哈佛大学、匹兹堡大学、密执安大学、明尼苏达大学、丹佛大学、堪萨斯大学、伯克利加州大学、斯坦福大学)的心理学系或儿童发展研究中心,以及一些婴儿学校(托儿所)、幼儿园、中小学、医院等。1981年3月25日出发,4月底结束,历时一月有余[①]。

在蔚蓝的天空下,朱智贤踏上了前往美国的征途,他的目的地是那些闪耀着智慧光芒的殿堂——堪萨斯大学、伯克利加州大学、斯坦福大学的心理学系。这是一次心灵的远航,同事与家人的祝福如春风拂面,却也夹杂着对这位古稀之年学者的担忧。然而,朱智贤却如春日之花,精神矍铄,干劲满满。他怀揣着对心理学的热爱,开启了为期一个月的讲学之旅。他深知,这不仅是一次交流学习的良机,更是向世界展示中国儿童心理学风采的舞台。于是,他夜以继日,与同行精心规划行程,同时笔耕不辍,筹备着在耶鲁大学心理学系的演讲——《关于中国儿童心理学教学和研究工作》。他用智慧与热情,搭建起了中美心理学交流的桥梁,为中国心理学研究赢得了世界的尊重与赞誉。

1981年朱智贤(右四)访问美国

会议期间,为中国儿童发展心理学工作者举行过两次活动:一次是组织了自由交谈,由弗拉维尔主持。除我们五人外,凡是我们将要访问的几个大学的儿童发展研究工作者及其他一些人都来了。另一次是4月5日上午8时至10时20分举行的"中华人

---

① 朱智贤.儿童心理学史论丛[M].北京:北京师范大学出版社,1982:219-227.

1981年朱智贤(左二)访问美国

民共和国儿童发展研究座谈会",由密执安大学教授斯蒂文森和康乃尔大学副教授李莉主持。除我们几个人外,到会的人比较多(有六七十人)。座谈会开始时,由我们分别介绍了中国心理学和儿童发展心理学的情况。然后由到会者提问,进行讨论。座谈会进行得很热烈①。

　　1981年春季,父亲朱智贤去美国讲学。一天下午,我们夫妇带儿子回家去看望母亲,在汽车上,儿子活泼可爱的模样引起人们的注意。下车时,我们被两位女同志叫住,得知二位是北京科学电影制片厂的工作人员,该厂目前准备拍一部儿童启蒙教育的影片,正在挑选小演员,她们看中了我们的儿子,我们互相留了电话,她们让我们等候拍摄通知。我们回到家把这一消息告诉母亲时,她惊喜地说:"这个片子已请你们爸爸做科学顾问了,真是太巧了。"

　　就在这一年的6月5日,我们随着科影厂的工作人员带刚满一岁的儿子在北京大学图书馆前拍下了令人难忘的学走路的镜头。在影片《智力启蒙》拍竣之后,我们被请到北京科影厂参加首映式,当看到银幕上打出影片的科学顾问"朱智贤"时,我们真是心潮难平。父亲一生从事儿童心理学教育的研究,想不到晚年还为一部儿童教育的影片做了顾问,而且他的孙子也有幸被选为小演员参加拍摄,真是巧合。现在,这部影片的录像带已经成为我们家的宝贵资料,永远保留。

(朱大海　薛　赤)

---

① 朱智贤.儿童心理学史论丛[M].北京:北京师范大学出版社,1982:219-227.

第八章　学术之巅

1983 年朱智贤一家三代欢聚一堂

1985 年盛夏，朱智贤率领中国教育学会精英，跨越大洋，访问东瀛，只为探寻职业技术教育的真谛。彼时，他正忙于筹建儿童心理研究所，这是一片亟待开垦的学术沃土。北京师范大学心理学系自1981 年独立以来，硕果累累，而他却在这片辉煌中默默耕耘，以非凡的魄力与远见，为中国教育的未来，书写下浓墨重彩的一笔。

在日本那片樱花纷飞的国度，曾有一场教育的风暴悄然酝酿。彼时，旧制度如枷锁，束缚了人才成长的翅膀，无法满足工业社会的迫切需求。有识之士振臂高呼，要求革新教育，培育科技精英与技术巧匠，强化理性之光与职业之道。日本政府闻风而动，大刀阔斧调整教育体制，终使科技之花遍地绽放、经济之翼翱翔天际。此等经验，给予我们深深的启迪。

1985 年朱智贤任中国教育学会访日团团长访问日本

中国教育学会代表团，五人同行。十日之旅，他们穿梭于东京的繁华、大阪的热烈、京都的古韵、神户的静谧、奈良的悠远。教育之旅，从两所教育大学的深邃，到职业学校的活力，再到中小学的纯真、幼儿园的欢笑，每一站都留下他们的足迹。与日本文部省的深度对话，更是让他们收获满满，满载资料而归。在日本，高中职业教育的画卷正缓缓展开，它宛如一位匠心独运的画师，精心勾勒着适应时代变迁的蓝图。教学体制如流水般灵活，高中间互访听课，专修学校的职业课堂亦向高中生敞开怀抱，学分互认，知识的河流在校园里自由流淌。广纳贤才之路，犹如春日里绽放的花朵，吸引着产业界的精英与民间智者。他们带着丰富的生产经验和卓越见识，为这片教育的沃土注入勃勃生机。代表团踏访各校，每到一处，皆沐浴在热情的海洋里。

自 20 世纪 70 年代中期至 80 年代，日本三次慷慨解囊，为中小学教师加薪，使之薪资傲视同龄公务员。而家庭教育，亦如春日细雨，与校园教育交织成网，各校家长委员会便是那编织梦想的巧手。在那片充满书香的校园里，朱智贤一行人发现，家长委员会并非空有其名，而是学校教育的坚实后盾。他们不仅是家校共育的智囊团，更是连接家庭与学校的彩虹桥。欢迎会上，校长与家长委员会主任并肩而立。后者更以家长之名，向远道而来的客人献上诚挚的欢迎词，字里行间洋溢着温情与敬意。

代表团穿梭于校园与家庭间，编织着信息的桥梁，将学校的期望轻轻铺展至每位家长的心田。他们还惊奇地发现，日本的社会教育犹如繁星点点，光彩夺目。它拓宽了学生的眼界，为学校教育织上了斑斓的补丁，更在校外筑起了乐园。仅东京一城，便拥有 122 处运动乐园，283 座图书馆，国立与市立的，交织成一张文化的网。日本的青少年，如饥似渴地汲取着知识的甘露，他们的眼界，宽广无垠。

这一次，朱智贤不再是那个求知的学子，而是一位满载智慧与经验的学者。在日本的日子里，他深入考察，感慨万千。五十年的时光流转，从扶桑求学到再渡东瀛，朱智贤的每一步都走得坚定而从容。

第九章

桃李之园

第一节 博导生涯

在历史的长河中,那段被尘埃覆盖的"文革"岁月终于翻篇,1978 年的春风,带着前所未有的温柔与希望,轻轻拂过华夏大地,为这片古老的土地带来了研究生教育的曙光。仿佛大自然的一次深呼吸,万物复苏,教育的春天悄然来临。

次年,中共中央的智慧如同破晓的曙光,穿透了长夜的阴霾,照亮了一条前所未有的道路——构建学位制度的宏伟构想。时光荏苒,转瞬至 1980 年,五届全国人大常委会第十三次会议上,《中华人民共和国学位条例》顺利通过,更在次年元旦伴随着新年的钟声正式宣告了中国学位制度的诞生,开启了教育的新纪元。

在这片被知识灌溉的沃土上,博士学位的桂冠,如同一座灯塔,引领着那些在高等学府与科研机构深海中遨游的勇士。他们或是博学的学子,或是拥有同等学力的探索者,以无畏的精神,跨越知识的峻岭,征服学术的险峰。他们用行动证明,在这片知识的海洋里,他们已根深叶茂,理论之树常青,专业之根深植;在科研的征途上,他们独领风骚,创造出科学与技术的耀眼光芒。

北京师范大学这所师范名校,如同一座知识的灯塔,傲然屹立于首批招收博士研究生的高校之林。朱智贤教授,这位被国务院批准的我国第一批博士研究生导师,以他深厚的学术功底和敏锐的洞察力,选择了林崇德作为他"文化大革命"后的第一位博士研究生。林崇德,这位时年 37 岁的学者,与 70 岁的朱智贤教授,将共同书写一段关于教育与梦想的传奇。

林崇德,这位出生于浙江省宁波市象山县石浦镇的学者,自幼便与大海结下了不解之缘。作为大海的儿子,他继承了大海的宽广与深邃;作为农村的孩子,他传承了农民的厚道与勤奋;作为教师的门生,他则在人类灵魂工程师的塑造下,逐渐成长为了一名杰出的教育家。

高中升学考试的志愿表上,林崇德全部填写了"师范"。最终,他以优异的成绩,如愿以偿地踏入了北京师范大学教育系心理学的殿堂,开启了他教育生涯的序幕。

北京师范大学教育系,汇聚了国内顶尖的学者与教授。其中,心理学专业更是群英荟萃,尤其是朱智贤教授,他不仅是学术界的泰斗,更是学生们心中的灯塔。1963年至1964年间,当系里要求大家报学年论文时,朱教授在众多候选人中选择了林崇德,并亲自担任他的毕业论文指导教师。这一决定,不仅让林崇德倍感荣幸,更让他深刻体会到了朱教授对他的期望与信任。

林崇德撰文深情回忆了与朱老的初相识:

> 朱智贤是我后来的导师,也是我事业的引路人。朱智贤教授(以下称朱老)是整个心理学乃至教育系最受尊重的教授之一。他之所以受人尊重,不外乎有两个原因:一是学术造诣高;二是教育水平高。我上大二的时候,他的《儿童心理学》刚由人民教育出版社出版。当时我们用的心理学教材基本上是从国外、主要是苏联翻译过来的。1962年中宣部组织名教授编写高校部分教材。其中,由人民教育出版社出版的《普通心理学》(上册)由中科院曹日昌教授主编;而由中科院心理所所长潘菽教授主编的《教育心理学》仅仅印制了内部讨论稿。唯有《儿童心理学》(上、下册)不仅正式出版了,而且是由朱老一人独立撰写。在系里《儿童心理学》人手一册,我们对自己学校教授的著作不仅感到亲切,而且心中油然升起对朱老的深深敬意。正当我们在大二盼望朱老来上课时,他却因大腿骨折住进北京医院。一位讲师用朱老的教材先代了一个学期课。心理专业的同学怀着关心和崇敬的心情前往北京医院探望敬爱的朱教授。由于人多,我们三人一批,轮流进入病房,见到朱老时一个一个报名,当我报出名字时,朱老紧紧盯住我,突然发问道:"你就是林崇德?"我点头答应着。后来获悉,朱老早先听说我的情况,但在北京医院是师生第一次面对面。大二下学期,终于盼来了朱老来上课。第一天,他身穿呢子大衣出现在教室门口,很有大学者的派头。只见他不慌不忙地脱去大衣,助教吴老师赶忙上前接过大衣,然后,他昂首挺胸,稳步走向讲台,开始讲课。听了朱老半年的课,深受启发,一是他的理论思维强,能自觉自然地坚持辩证唯物主义的哲学观点;二是内容丰富、科学性强、逻辑性强;三是讲演中适当带些风趣,显示了大学问家的风度。
>
> 我在北师大读五年本科,朱老是唯一批评过我的人,而且还批评了三次,每次都十分严厉。其中一次是因为作业中出现错别字。朱老向我严肃地指出:"大学生写错别字还行吗?我在上中师时都出书了!文如其人,字如其容。一篇文章可以看出一个人的德行,一手好字可以展示一个人的颜容。俗话说,见字如见人嘛!"从中我体会到,表扬是一种爱护,批评也是一种爱护。尽管

第九章 桃李之园

朱老曾这么严厉地批评过我,但在关键时刻又十分爱护我。大四的学年论文是为大五的毕业论文作准备的,提名要求朱老当导师的同学很多,但他仅选我和史莉芳两人。1964年暑假前,我向他提交了名为"小学生社会概念发展特点的研究"的学年论文。他最终的批语是:"此文接近《心理学报》发表的水平。再作适当修改,作为毕业论文。届时我将推荐到《心理学报》发表。"①

在朱智贤教授的悉心指导下,林崇德开始了新的学术征程。他如饥似渴地汲取着知识的养分,不断拓宽自己的学术视野。他的研究成果也频频在学术期刊上发表,引起了学术界的广泛关注,林崇德逐渐成长为了一名优秀的心理学家。他的研究成果不仅在国内产生了深远的影响,还引起了国际学术界的关注。他多次受邀参加国际学术会议,与各国的心理学家交流切磋,共同探讨心理学的奥秘。

1978年朱智贤教授与林崇德的合影

硕士论文答辩顺利通过后,教育部发文同意林崇德留校,正式成为朱智贤教授的助手。那一刻,林崇德的心中充满了感激与激动,他深知,这一切都离不开朱老师的悉心栽培与无私奉献。1981年,林崇德考取了朱智贤的在职博士研究生。在林崇德的培养过程中,朱智贤教授倾注了大量的心血,他不仅制定了详细的培养计划,还亲自指导林崇德进行科研实践,注重培养他的综合能力。

1984年,林崇德通过论文答辩,被授予教育学博士学位。在北京师范大学召开的颁发博士学位证书大会上,他手捧证书,心中涌动着无限的感慨与激动。他知道,这不仅仅是一份荣誉,更是一份责任与使命。

---

① 林崇德,辛自强,吴安春,等.林崇德口述历史[M].北京:北京师范大学出版社,2010:60-61.

1981年朱智贤教授正在给学生讲课

如今,林崇德教授已经成为一位享誉国内外的教育家和心理学家。他的研究成果不仅在国内产生了深远的影响,还为世界教育学的发展贡献了中国智慧与中国方案。而朱智贤教授的名字,也永远镌刻在了心理学发展的史册上。他们的故事,如同一曲动人的乐章,激励着后来者在知识的海洋中扬帆远航。

1991年,国家教委北京博士生培养工作专家组来北京师范大学调查博士培养情况,发表了总结性意见。现将《师大周报》(1991年6月7日)刊登的《当好师范院校的排头兵》(国家教委北京专家组来校调查博士生培养情况综述)摘录一二。

朱智贤、严士健教授是国务院批准的我国第一批博士生导师,也是这两个博士点的第一代学术带头人。他们为实现党和国家提出的高级专门人才的培养逐步立足于国内的战略目标,为博士点培养新一代学科带头人付出了全部的心血,作出了重大的贡献,他们都认识到学科梯队的建设是博士点兴衰成败的关键,只有合理结构的学科梯队,才能更好地承担和完成教学和科研的双重任务,解决学科建设中的各种问题。所以他们对博士点学科梯队的建设都非常的关心和重视,在遴选博士生导师时,特别是在选拔优秀的中青年骨干教师时,都能打破论资排辈、搞平衡的不良习惯,因而这两个博士点优秀中青年教授脱颖而出。他们能把那些学术水平高、科研成果显著、具有公心和献身精神,并能团结人的优秀中青年教师选拔到学术带头人的岗位上来。儿心所的林崇德教授、数学系的陈木法教授就是分别由朱智贤、严士健教授选拔上来的并能起到承上启下的第二代中年学术带头人[①]。

---

① 黄永言.朱智贤传[M].北京:人民教育出版社,2000:324-325.

第九章　桃李之园

第二节　弟子入门

　　穿越历史的长河，每个时代都留下了其特有的标志和辉煌成就。20世纪中后期，中国的心理学界百花齐放。在那个时期，中国科学院心理研究所、北京大学、北京师范大学、南京师范大学、浙江大学等顶尖学术机构，培养出了一批又一批心理学领域的领军人物。他们如同高耸的山峰，屹立在教育心理学、基础心理学、儿童心理学、心理学史等多个心理学分支领域，以他们的智慧和努力，为学术界留下了永恒的印记。

　　这些大师们，不仅以深厚的学术造诣赢得了世界的瞩目，更以高尚的师德和无私的奉献精神，成为后辈们仰望的灯塔。他们渴望将自己的学术成果与人生智慧如同接力棒一般传递给下一代，让心理学的火种能够生生不息，照亮更多求知者的心灵。然而，命运似乎总爱捉弄人，许多大师在潜心治学的同时，却未能找到那个能够接过自己衣钵的传人，导致他们离世后，学术之路显得愈发孤寂，令人扼腕叹息。

　　然而，在这片略显荒凉的学术土地上，却有一位智者以非凡的远见和卓越的领导力，成功地培养了一批批优秀的接班人，他就是被誉为"心理学界常青树"的朱智贤教授。他的一生，仿佛就是为了传承与创新。朱智贤深知，选好接班人，不仅是对自己学术成果的延续，更是对国家、对民族未来的责任。于是，他开始在自己的学术生涯中倾注更多的心血，去寻找、去培养那个能够接过自己手中教鞭的人。

　　林崇德，便是朱智贤教授精心挑选并培养的接班人之一。如今，他已是北京师范大学教学指导委员会主任、中国心理学会副会长，享受着国务院政府特殊津贴，是心理学界的一颗璀璨新星。林崇德回忆起与朱智贤教授的初次相遇，仿佛就在昨天。

　　那是1978年的秋天，他归队回母校重操心理学旧业，而朱智贤教授则像一位慈祥的长者，用他那充满智慧与慈爱的目光，注视着自己。他决心在朱智贤教授的指导下，深入中小学教育第一线，从教改实验开始，探索中国自己的教育科学体系。在朱智贤教授的鼓励下，林崇德勇敢地踏上了教改实验的征途。

　　在朱智贤教授的精心指导下，林崇德所主导的教育实验规模不断扩大，从北京的一个角落开始，逐步扩展到全市，最终覆盖了全国的中小学。实验班级的数量也从最初的100个增加到500个、1000个，最终扩展至全国26个省、市、自治区的3000多所学校。这些实验班的教学质量普遍得到了显著提高，学生学习负担得到减轻，全面发展和特色教育的趋势日益明显。这一成果使得超过20万名中小学生受益，而这一切成就的背后，是林崇德教授无数次的辛勤努力和付出[①]。

他的故事，如同一部跌宕起伏的史诗，激励着每一个热爱教育的人不断前行。他的精神，如同一盏明灯，照亮了无数后来者的道路。如今，林崇德已成为心理学界的领军人物之一。他用自己的行动和成果，证明了朱智贤教授的眼光和选择是正确的。而他，也一直在努力着，将这份学术的火种继续传递下去，让更多的年轻人能够加入这个伟大的事业中来。

朱智贤，作为中国现代心理学的奠基人之一，不仅在心理学领域有着卓越的贡献，同时也在教育领域，尤其是在指导学生方面，展现出了独特而深刻的教育思想。

第一，注重儿童心理特点研究。朱智贤在其教育实践中，始终强调对儿童心理特点进行研究。他认为，教育应基于对儿童心理发展的深刻理解，这样才能更有效地指导学生的学习和成长。因此，他提倡教师不仅要掌握心理学的理论知识，还要善于观察和分析学生的心理状态，以便根据学生的心理需求调整教学策略。

第二，倡导实践与理论相结合。朱智贤非常注重将理论知识与实践相结合。他鼓励学生通过实践活动来检验和巩固所学知识，同时也在实践中发现新的问题，进一步推动理论学习。这种教学方法不仅提高了学生的学习兴趣和积极性，还培养了他们的实践能力和创新能力。

第三，鼓励创作与发表。朱智贤深知创作对于培养学生思维能力和创新精神的重要性。因此，他鼓励学生积极参与文学创作、科学研究等实践活动，并推荐他们发表优秀作品。这种鼓励机制不仅激发了学生的创作热情，还让他们在实践中体会到了成功的喜悦，从而更加坚定了追求知识的决心。

第四，以身作则，树立榜样。朱智贤在教育学生时总是以身作则，用自己的言行来影响和激励学生。他严谨的治学态度、勤奋的工作精神以及无私的奉献精神，都为学生树立了良好的榜样。学生们在朱智贤的熏陶下，逐渐形成了勤奋好学、勇于探索的优良品质。

第五，关注个体差异，因材施教。朱智贤认为，每个学生都是独一无二的个体，他们有着不同的兴趣爱好、学习方式和能力水平。因此，他提倡教师要关注学生的个体差异，因材施教，为学生提供个性化的教学指导。这种教学方法不仅有助于提高学生的学习效果，还能培养他们的自信心和自尊心。

第六，强调批判性思维的培养。朱智贤非常重视培养学生的批判性思维。他鼓励学生不仅要接受知识，还要敢于质疑和反思，形成自己的独立见解。这种思维方式不仅有助于学生在学术研究中取得突破，还能让他们在未来的工作和生活中更加自信和独立。

---

① 肖杨. 中国基础教育的播火者:记北京师范大学发展心理研究所所长林崇德教授[J]. 中小学管理，1996(12):36-39.

第九章 桃李之园

总之，朱智贤在指导学生方面展现出了独特而深刻的教育思想。他注重儿童心理特点研究、倡导实践与理论相结合、鼓励创作与发表、关注个体差异因材施教以及强调批判性思维的培养等做法，都为我们提供了宝贵的借鉴和启示。

第三节 薪火相承

进入 20 世纪 80 年代，一位名叫朱智贤的智者，犹如一座巍峨的山峰，静静地矗立于学术的苍穹之下。他的眼眸里，闪烁着对知识的无尽渴望。他的心中，激荡着对学术的无限热忱。他深知，要建立具有中国特色的儿童心理学绝非易事，这是一条漫长而艰辛的道路，需要一代又一代人的共同努力。而他，愿做那盏明灯，照亮前行的道路。

在他的学术领域中，研究生们不仅是知识的继承者，更是他生命传承的象征。他对他们充满爱护，视如己出，既严格又细致地培养他们。对他而言，生命的真谛在于不懈的追求和超越。在过去的十几年里，他仿佛步入了一个宽广而深远的领域，无论是在个人生活还是在科研工作中，他都感受到了重生和提升的快乐。为了这份快乐，他更加重视学术团队的构建，因为他明白，只有培养出一批政治立场坚定、专业能力出色的人才，才能推动具有中国特色的心理学事业繁荣发展。

在他的引领下，研究生们学会了用科学的眼光去审视问题，用理性的思维去分析问题，用辩证的方法去解决问题。在他的影响下，研究生们纷纷走出校园，深入教育实践，用双脚丈量着知识的田野，用双手触摸着教育的脉搏。在他的推动下，儿童心理学研究所和数学系等博士点涌现出了一批批优秀的中青年教授，他们崭露头角，逐渐成为各自领域的佼佼者。朱智贤不仅是研究生们可敬的导师，更是他们做人的楷模。他的言传身教，如同春雨般滋润着研究生们的心田。他用自己的行动诠释着什么是师德、什么是责任、什么是担当。

全国普通心理学、儿童心理学讲习班北师大师生合影（前排左九为朱智贤，后排右八为林崇德）

朱智贤教授以其深邃的洞察力和无私的奉献精神，亲手培育出一代又一代的学术精英。他精心选拔，慧眼识珠，将那些既有深厚学术功底，又具备开拓精神的青年学者，纳入自己的麾下，悉心培养。

朱智贤深知，一个人的力量是有限的，要想让儿童心理学这门学科真正发扬光大，必须培养一支强大的学术梯队。于是，在林崇德的协助下，他又先后培养了五位博士生：董奇、程跃、庞丽娟、陈英和、申继亮。这五位青年学者，如同五颗耀眼的明珠，在朱智贤的精心雕琢下，逐渐绽放出耀眼的光芒。

1989年朱智贤教授和他培养的博士
林崇德（右）、董奇（左）

岁月如梭，转眼间，朱智贤已步入晚年。然而，他对于学术的热爱与执着却从未减退。他深知，自己虽然年事已高，但学术之路永无止境。于是，他将更多的精力投入到了学术梯队的建设与青年学者的培养中。在朱智贤教授的引领下，北京师范大学的儿童心理学研究团队逐渐壮大，形成了一支老中青相结合的学术梯队。他们不仅在学术研究中取得了丰硕的成果，更在人才培养上作出了卓越的贡献。他们用自己的智慧与汗水，书写着中国儿童心理学研究的辉煌篇章。

而林崇德也没有辜负朱智贤的期望。在朱教授的悉心培养下，他不仅成为了一名优秀的博士生导师，更在学术研究中取得了突破性的成果。1989年，林崇德被正式批准为博士生导师。同年，他被北京师范大学党委任命为该校儿童心理研究所所长。从此，他接过了朱智贤的接力棒，继续引领着中国儿童心理学的研究方向。林崇德，也在这一年迎来了自己学术生涯的又一个高峰。他不仅在儿童心理学研究领域取得了新的突破，更在学术梯队的建设中发挥了更加重要的作用。他深知，自己不仅是一名学者，更是一名导师，一名引领者。他要用自己的智慧与经验，为更多的青年学者铺设一条通往学术巅峰的道路。

在研究生培养方面，我是从做朱老的助手——当副导师开始的。我从朱老身上学会了如何指导研究生，这个经历大有裨益。我曾经跟我的学生说："朱老怎么指导我，我就怎样去指导你们。"后来我当了硕士研究生导师、博士研究生导师，独立指导硕士生和博士生。1985年，我协助朱老指导了一位博士研究生，他就是董奇；1987年，我开始独立招收硕士研究生，他就是方晓义；1990年，我独立招收博士研究生，他是金盛华。

1982年暑假，我协助朱老招收硕士生，这一届一共招了5位研究生，有董奇、张晓东、陈英和、朱建军和赵红,其中后两位是夫妻。从此,我就以副导师身份开始了"导师"的生涯①。

朱智贤教授不仅是一位杰出的学者,更是一位伟大的导师。他言传身教,悉心培养了一批又一批的学术精英。在他的课堂上,学生们总能感受到知识的力量与魅力。林崇德教授在《我的心理学观·跋》中说:

> 在书稿交付出版社之际,我得声明:在自己的学术生涯中,我一靠老师,二靠学生。我忘不了恩师朱智贤教授的提携并引入心理科学的殿堂;我忘不了弟子们的尊师辅佐。我的教育理念是:培养出超越自己、值得自己崇拜的学生。我尊重自己指导过的六十多位博士生和八位博士后,是这些贤棣知己,在我完成《我的心理学观》封笔著作的过程中,他们主动而无私地提供的大量的研究资料,为我的观点做了一个又一个的佐证。这是赠绿叶衬红花,还是送红花托绿叶?我和我的弟子们,谁是红花、谁是绿叶,在深厚的师生情中,已经分不清了②。

岁月悠悠,学术之路漫长而艰辛。然而,有了朱智贤教授的引领,有了董奇、林崇德等青年学者的不懈努力,中国儿童心理学的研究之路必将越走越宽广,越走越光明。

第四节 师生情深

在教育这片广袤而深厚的沃土上,朱智贤教授以其深厚的学术造诣、严谨的治学态度以及对学生无微不至的关怀,铸就了一段段师生情深的佳话。他不仅是一位在心理学领域享有盛誉的学者,更是一位深受学生爱戴与敬仰的师长。

朱智贤教授深知,教育的本质是点燃火焰,而非灌输知识。因此,他始终秉持"以学生为中心"的教育理念,致力于构建一个开放、包容、充满探索精神的学习环境。在他的课堂上,学生不再是被动接受知识的容器,而是成为主动探索、积极思考的求知者。他通过深入浅出的讲解、生动有趣的案例,将复杂的心理学理论变得易于理解,让学生在轻松愉快的氛围中掌握知识,启迪智慧。朱智贤教授总是以饱满的热情和严谨的态度,将复杂的理论讲解得生动有趣,激发学生的学习兴趣与探索未知的欲望。他善于倾听,鼓励学生表达自己的见解,即便是稚嫩或是不成熟的观点,也能在他的眼中找到被尊重与珍视的光芒。这种开放包容的教学风格,让学生们在轻松愉

---

① 林崇德,辛自强,吴安春,等.林崇德口述历史[M].北京:北京师范大学出版社,2010:133.
② 林崇德.我的心理学观:聚焦思维结构的智力理论[M].北京:商务印书馆,2008:52.

快的氛围中成长,感受到了学习的乐趣与价值。

除了课堂上的精彩讲授,朱智贤教授在课外也投入了大量的时间和精力,与学生建立了深厚的情感纽带。他时常邀请学生到家中做客,与他们分享自己的学术经历、人生感悟,鼓励学生勇敢追求自己的梦想。在朱教授的悉心指导下,许多学生不仅在学业上取得了优异成绩,更在人格塑造、价值追求等方面得到了极大的提升。课外时间,朱智贤更是学生们心灵的灯塔。他深知,教育的本质是点亮人心,因此,他常常牺牲个人休息时间,为学生答疑解惑,解决他们生活中的难题。无论对于学业上的瓶颈,还是对于青春期的困惑,朱智贤总能以一位智者和朋友的身份,给予最恰当的指引与安慰。他的办公室,常常灯火通明至深夜,那里不仅是知识的殿堂,更是心灵交流的温馨港湾。

朱智贤教授对学生的关爱不仅仅体现在学业上,更深入到生活的方方面面。每当有学生遇到困难或挫折,他总是第一时间伸出援手,用温暖的话语和坚定的支持帮助学生重拾信心,勇敢前行。他的这份深情厚谊,让学生感受到了家的温暖,也让"师生如父子"的传统美德在新时代焕发出了新的光彩。

更为难能可贵的是,朱智贤教授从不以成绩论英雄,他看重的是学生的全面发展与个性成长。在他的引导下,学生们学会了如何面对失败,如何在挑战中寻找机遇,更重要的是,学会了如何成为一个有温度、有责任感的社会成员。这份深厚的师生情谊,超越了时间与空间的限制,成为学生们人生旅途中宝贵的财富。

朱智贤教授在1988年迎来了他的80岁生日。自1928年于师范学校毕业后,他便投身教育领域,至今已有60年的教学生涯。朱智贤始终如一地致力于推动和完善我国儿童心理学的发展,他的努力为我国心理学研究奠定了科学而系统的理论基础。他培养了众多心理学专业人才,对中国心理学的发展作出了不可磨灭的贡献。朱智贤的成就已被收录于国内外多部权威辞典,并被英国和美国的世界名人中心认定为"世界名人"。

尽管朱智贤教授本人不赞成庆祝生日等习俗,但学校认为这是尊重和推崇教师的重要表现,因此决定举办庆祝活动。北京师范大学与中国教育学会联合决定为朱智贤教授举办庆祝活动,以纪念他从事教育工作60周年及80岁生日。北京师范大学发展心理研究所被委托负责筹备工作。林崇德教授作为朱智贤教授的得意门生,担任总策划,并负责向朱教授汇报并获取其同意的方案。董奇、程跃、陈英和、庞丽娟、申继亮等朱教授的博士生们也积极参与,他们为能够筹办导师的80岁生日庆典而感到无比荣幸。每位博士生都承担了具体的任务,以确保活动的顺利进行。

10月20日的北京师范大学校园,在秋日阳光的照耀下,晴空万里。校园内悬挂着一条醒目的横幅,上面写着"庆贺著名心理学家朱智贤教授从教60周年"。主教学楼前,车辆和人群络绎不绝,场面十分热闹。参与此次庆祝活动的嘉宾包括国家教育委员会党组书记、副主任何东昌,全国人大教科文卫委员会副主任张承先,中国教育学会副会长张健,全国妇联书记处书记范嫌,北京师范大学校长王梓坤,中国心理学会理事长荆其诚等。此外,杭州大学校长陈立教授也通过贺电和贺信表达了他的祝贺。

除了领导和专家外,参与庆祝的还有朱智贤教授的同行、同辈、好友以及他的学生。参与者中,有的已是花甲之年,有的是远道而来的研究生,有的正在教育系学前专业就读,还有朱教授的家人。超过二百位宾客齐聚一堂,共同庆祝这一盛事。

朱教授现场朗诵了自己创作的诗歌《八十感怀》。每背诵完一句,都赢得了在场听众的热烈掌声。

在庆祝活动中,朱智贤教授的博士研究生——林崇德、董奇、程跃、庞丽娟、陈英和与申继亮等人,承担起了接待和会务工作。这些学生充满活力,才华横溢,在心理学界开始显露头角。与会者普遍认为,朱教授在培养中国儿童心理学领域的新一代学者方面已经取得了显著成果,他的学术传承将发扬光大。

朱智贤教授的一生,是致力于教育事业的一生,也是与学生共同成长、共同进步的一生。他用自己的实际行动诠释了"学高为师,身正为范"的深刻内涵,成为了广大教育工作者学习的楷模。在朱教授的感召下,越来越多的教育工作者投身于教育事业,用自己的智慧和汗水书写着教育的辉煌篇章。

朱智贤教授以其卓越的学术成就、高尚的师德风范以及深厚的师生情谊,为教育事业树立了一座不朽的丰碑。他的精神将永远激励着后来者不断前行,为培养更多优秀人才、推动社会进步贡献自己的力量。众多弟子在各自的领域发光发热,但每当回想起朱智贤教授的教诲与关怀,心中总涌动着一股暖流。他们深知,正是有了这样一位良师益友的陪伴与启迪,自己的人生之路才更加坚实而宽广。朱智贤教授与学生们之间的这段师生情深,不仅是对教育本质的深刻诠释,更是人间真情的美好见证,激励着后来者继续前行,在知识的探索与人格的塑造中,书写属于自己的辉煌篇章。

八十感怀

忽忽八十岁,往事如云烟,
寒酸教读业,碌碌六十年。
甘为孺子牛,树人教为先,
历尽沧桑变,心甘志且坚。

如今重教育,举国皆欢颜,
为师诚清苦,当从远处看。
我今已老骥,仍愿奋蹄前,
寄语后来者,黾勉创新篇。

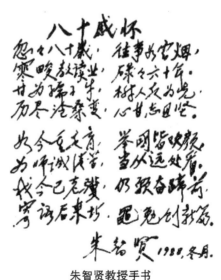

朱智贤教授手书

1988 年 10 月 20 日朱智贤教授从教 60 周年与 80 寿辰大会嘉宾合影

1988 年朱智贤教授在 80 寿辰庆祝会上讲话

1988 年 10 月 20 日朱智贤教授从教 60 周年与 80 寿辰大会合影

第五节　教泽流芳

在历史的长河中，总有一些人以其卓越的才华和高尚的品德，为后世树立了不朽的典范。朱智贤教授便是这样一位在教育领域留下深刻印记的杰出人物。他的教泽如春风化雨，滋养了一代又一代学子的心田，其精神与思想永远照亮着教育的天空。

在心理与教育学的浩瀚星空中，朱智贤教授无疑是一颗光彩夺目的星辰，其以深厚的学术造诣、卓越的教育贡献和高尚的人格魅力，照亮了无数学子与研究者的心灵之路。其教泽之广、影响之深，至今仍在该领域内流芳百世，激励着后来者不断前行。

朱智贤教授毕生致力于心理学与教育学的深入研究与实践，尤其在儿童心理学、发展心理学以及教育心理学等领域取得了举世瞩目的成就。他不仅构建了系统的理论框架，更为实际教育应用提供了坚实的科学依据。其著作等身，每一部作品都凝聚着他对学问的执着追求和对教育的无限热爱，成为学术界公认的权威之作。

第九章 桃李之园

中国教育学会儿童、教育心理研究会成立大会留影,前排左九为朱智贤理事长

在教育实践中,朱智贤教授始终秉持"以人为本"的教育理念,强调教育的目的在于促进人的全面发展。他积极倡导因材施教、注重个体差异的教学方法,鼓励教师根据学生的不同特点制定个性化的教学计划,从而最大限度地激发学生的学习潜能。这一理念不仅在当时具有前瞻性,至今仍对现代教育改革具有重要的指导意义。

朱智贤教授的一生充满了不懈的追求和进取。他的精神之光始终向上,体现了"活到老、学到老、工作到老"的理念,他的一生是对"生命不息,奋斗不止"的真实写照。以下仅列举朱老十年间的学术成果和荣誉。

1982年,朱智贤教授与林巧稚、叶恭绍等人合作主编了《家庭育儿百科全书》。

1984年,朱智贤教授与林崇德合作完成心理学专著《思惟发展心理学》,该书于1986年出版,并在1990年获得了国家教育委员会颁发的首届教育科学成果一等奖。

1986年,朱智贤教授主导编纂了我国首部大型综合性心理学工具书《心理学大词典》,该书于1989年出版,并在1990年被评为第四届中国图书奖一等奖;1991年,在北京市第二届哲学社会科学优秀成果评选中荣获特等奖。

1986年,朱智贤教授被评为北京市高教系统教书育人先进工作者。

1987年,朱智贤教授与林崇德合作撰写了《儿童心理学史》,该书于次年由北京师范大学出版社出版。

《心理学大词典》获特等奖证书

北京师范大学先进教职工登记表

姓名	朱智贤	性别	男	年龄	78	政治面目	中共党员
职务	所长	职称	教授	所在单位	儿童心理研究所		

先进事迹：朱智贤教授不顾年老体弱，兢兢业业地为党的事业工作着。他怀着高度的事业心和责任感承担起两项重点科研项目，一是主持国家重点科研项目《中国儿童心理发展特点与教育》的工作，一是受国家教委委托，主编《心理学大辞典》。为了做好这两项工作，朱智贤教授做了大量的工作。同时，朱智贤教授还担任《心理发展与教育》的主编，承担国家教委制定的……教材的撰写和修改任务，带着一批博士和硕士研究生，他……

在教学和科研工作中，朱智贤教授……

单位意见：全所一致通过，要求评上校、市二级……（盖章）

学校意见：（盖章） 年 月 日

先进事迹

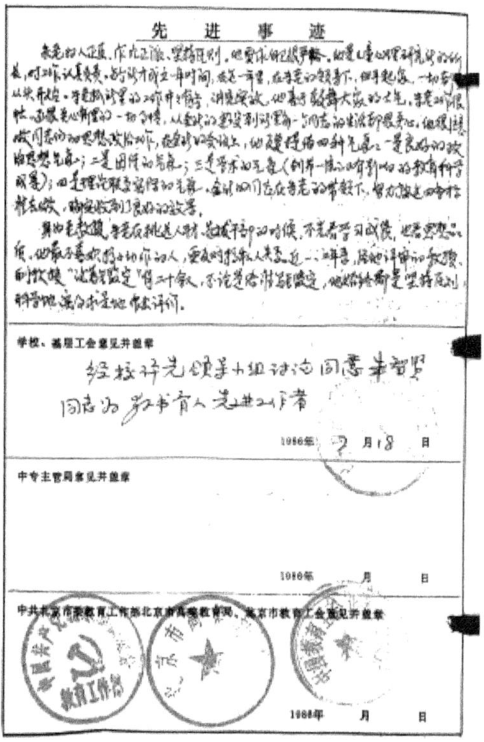

先进事迹

学校、基层工会意见并盖章

经校评先领导小组讨论同意朱智贤同志为教书育人先进工作者

1988年 2月18日

中专主管局意见并盖章

1988年 月 日

中共北京市委教育工作部、北京市高等教育局、北京市教育工会意见并盖章

1988年 月 日

朱智贤教授北师大先进教职工登记表

第九章　桃李之园

1988年，朱智贤教授的著作《儿童心理学》获得全国高等学校优秀教材奖，1989年获得了全国首届优秀教育理论著作荣誉奖。

1989年，朱智贤教授被评为全国优秀教师并获得优秀教师奖章。

1989年，《朱智贤心理学文选》出版，该书于1991年获得"光明杯"社会科学优秀图书荣誉奖。

1990年，朱智贤教授主编《中国儿童青少年心理发展与教育》，该书由中国卓越出版公司出版，并被誉为"心理学研究中国化"的典范。

1991年，朱智贤教授获国务院政府特殊津贴。

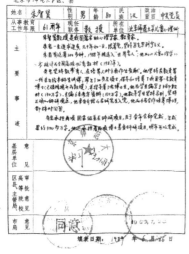

朱智贤教授的"北京市优秀教师、优秀教育工作者登记表"

朱智贤教授获得"全国优秀教师"

朱智贤教授获"全国优秀教师"证书和奖章

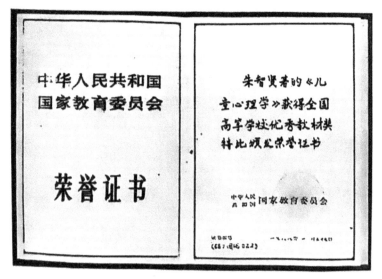

朱智贤教授"全国高等学校优秀教材奖"获奖证书

朱智贤教授"全国首届优秀教育理论著作荣誉奖"获奖证明

第九章　桃李之园

朱智贤教授获"政府特殊津贴"证书

朱智贤教授一生致力于教育事业，他秉持着"学高为师，身正为范"的教育理念，以身作则，为学生树立了崇高的道德榜样。他不仅在教学上精益求精，不断探索创新的教学方法，更在师德修养上严格要求自己，用实际行动诠释了"教育者，非为已往，非为现在，而专为将来"的深刻内涵。

1986年朱智贤教授在北京师范大学校园

杨敏全力支持朱智贤教授工作

在1990年的暑期，北京师范大学迎来了四十多名新入校的博士生、硕士生和本科生，他们中的大多数将加入教师行列中。为了帮助这些新加入的青年教师更好地理解自己的角色、职责和奋斗目标，学校党委决定对他们进行岗前培训。

在培训计划中，有一个环节是邀请资深教授进行经验分享。那么，应该邀请哪位资深教授呢？校党委成员一致推荐："请朱智贤教授来分享。"朱智贤教授以其高尚的品德和卓越的学术成就，在1989年以81岁高龄荣获全国优秀教师称号，并被授予人民教师奖章。同年，他的著作《儿童心理学》也获得了全国首届优秀教育理论著作荣誉奖。无论是在教学还是科研领域，朱智贤教授都享有极高的声誉和广泛的影响力，由他来向年轻教师传授经验无疑是最佳选择。

然而，考虑到朱智贤教授年事已高，加之天气酷热，可能难以亲临培训现场发表演讲。面对这一情况，校党委最终决定采用录音讲话的方式，即安排人员前往朱智贤教授家中录制他的讲话，然后在培训期间播放给新教师们听。

北京师范大学针对新入职教师的岗前培训，获得了国家教委直属高校工作司的高度关注。该司在10月14日的国家教委《直属高校信息》第四期中，对北京师范大学的做法进行了推介和传播，并附上了编辑的评论：近年来，一些直属高校组织新补充的青年教师进行了职前培训，通过这一活动使新补充的青年教师进一步明确了自己所处的地位、责任和努力方向。这是一项很有意

1990年8月，朱智贤教授在家中向北师大新入职的年轻教师发表录音讲话

义的工作，效果是很好的。现将北京师范大学1990年暑期补充的新教师的职前培训情况及著名心理学家、北京师范大学朱智教授对新教师的录音讲话介绍给各校，供参考①。

因此，朱智贤教授对新教师的录音讲话在全国各直属高校中广为流传，使得成千上万的青年教师从中受益。

朱智贤教授在1990年新入校工作人员职前培训学习会上的录音讲话

同志们：

你们好！

首先我作为一名老教师，向新留校工作的教师同志们表示热烈的欢迎和衷心的祝贺。

我作为师范大学的一名老教师是十分愿意见到你们的，与你们谈谈心。你们留校工作给我校师资队伍补充了新鲜血液，增加了生力军，这也是我们这些老教师的共同愿望。但由于我年纪大了，今年已经82岁，身体有病，行动不便，因此只能在病榻旁，和你们谈几句心里话。

作为一个老教育工作者，我已经在教师的岗位上工作了60年。1949年初，受周恩来总理邀请，我回到解放了的北京，并到北京师范大学工作，到

---

① 黄永言.朱智贤传[M].北京：人民教育出版社，2000：334.

第九章 桃李之园

现在也已经40年了。回顾自己走过的道路，虽然也有坎坷和曲折，但我始终竭尽自己的全力去做的一件事情就是以一个教师高尚的师德去教育影响自己的学生，坚持教书育人的方向，为国家培养德才兼备的专门人才。古人说过：师者，所以传道、授业、解惑也。这也是强调教师既要教书又要育人的意思。而有些年轻教师只重视和强调知识教育，忽视或者不能有意识地同时进行育人的工作，这在培养人才上是很有害的。

我是怎么做教书育人工作的呢？我愿向你们这些青年教师谈自己的体会，作为你们在教学工作中的参考。

大家都知道，我们教师的任务是为国家培养合格的人才。所谓合格的人才，就是不但要有丰富的知识，而且要有良好的品德，也就是要德才兼备。因此，多少年来，我在工作过程中，通过讲课，通过课外指导，通过与学生的日常接触，总是时时关心他们、帮助他们，希望他们成为一个全面发展的人，以求尽到一个教师应有的职责。为此，我自己特别注意以下三点。

（一）严格要求学生，也严格要求自己。这样才能保质保量地完成国家交给自己的任务。

（二）经常关心学生，注意工作方法，时时关心学生的学习情况和思想动态。少批评，多鼓励，多帮助，做学生的知心人。

（三）要以身作则。政治上不断要求进步，跟上改革步伐；业务上要求不断更新，不能吃老本。为此，我对自己提出十六个字要求：加强修养，努力学习，勤奋工作，锻炼身体。

以上我讲的这些都是老生常谈。总的希望新留校工作的青年都能最快地适应形势对你们的要求，早日成为一名合格的大学教师，为"四化"建设培养出合格的接班人。你们留校后，学校党委举办这样的职前培训学习是一件大好事，祝你们以此为起点，迈出新的步伐。

我的讲话完了，谢谢各位[①]。

在他的引领下，无数学生得以在知识的海洋中遨游，更在品德的锤炼中茁壮成长。朱智贤教授不仅传授知识，更注重培养学生的独立思考能力和创新精神，鼓励他们勇于探索未知，追求真理。他的课堂总是充满活力与激情，学生们在轻松愉快的氛围中收获了知识的果实，更在心灵的深处种下了追求卓越的种子。

此外，朱智贤教授还非常重视学术研究与教育实践的紧密结合。他亲自参与教育实验项目，将理论成果转化为实际操作指南，为教育工作者提供了宝贵的实践经验。同时，他还积极培养后辈人才，通过举办讲座、指导研究生等方式，将自己的学术精

---

① 黄永言. 朱智贤传[M]. 北京：人民教育出版社，2000：334-336.

神和教育理念薪火相传，为心理学与教育学领域培养了一大批杰出人才。

1990年12月28日，朱智贤教授生前最后一次参加学术活动

朱智贤教授的教育成就斐然，他的学生遍布各行各业，成为社会的栋梁之才。他的学生有的成为优秀的教育家，继续传承和发扬朱智贤教授的教育思想；有的成为社会活动的领袖，为国家的繁荣富强贡献了自己的智慧与力量。这一切的成就，都离不开朱智贤教授无私的奉献与辛勤的耕耘。

1991年3月5日凌晨1时30分，朱智贤教授因心脏病突发与世长辞，享年83岁。朱智贤教授的一生，是追求真理、献身学术的一生，更是教书育人、泽被后世的一生。他的教泽如同春风化雨，滋润着每一颗渴望知识的心灵；他的精神如同灯塔明灯，指引着无数后来者在学术道路上勇攀高峰。在当今这个快速变化的时代，我们更应铭记朱智贤教授的卓越贡献，继续发扬光大他的学术精神与教育理念，为心理学与教育学的繁荣发展贡献自己的力量。

如今，虽然朱智贤教授已经离我们而去，但他的教泽依然流芳百世，激励着后来者不断前行。我们怀念他，不仅因为他的卓越成就，更因为他的高尚品德和无私奉献精神。他用自己的生命诠释了教育的真谛，为我们树立了永远的学习榜样。

我们向朱智贤教授致以崇高的敬意和深切的怀念。愿他的精神永载史册，愿他的教泽永远照耀着教育的道路，引领着后来者不断攀登新的高峰。

第十章

学术之碑

第一节 学术风华

朱智贤教授,中国儿童心理学的奠基人之一,以其深邃的学术思想和严谨的治学精神,在我国心理学科的发展史上留下了浓墨重彩的一笔。在 20 世纪初,儿童心理学作为一门新兴的学科在我国开始崭露头角。尽管在新中国成立之前,儿童心理学的研究者们在科研和教学领域已经取得了一定的成就,但这些研究成果往往是分散的,缺乏一个统一的体系。新中国的成立不仅为儿童心理学的发展提供了新的机会,也为这一学科的系统化和理论化发展奠定了基础。

朱智贤教授,早在青年时期便投身于儿童心理学的研究与教学,其学术生涯跨越了动荡的旧时代和崭新的新中国。在国民党统治时期,由于坚持马克思主义立场和参与革命活动,朱教授遭受了不公的对待,研究工作一度中断。新中国成立后,朱智贤教授深感振奋,认为新国家的成立为建立科学、系统的儿童心理学提供了坚实的社会基础。在北京师范大学任职的四十年里,朱教授不仅在培养心理学领域的专业人才方面做出了显著成就,而且在儿童心理学的理论研究和实验探索方面也取得了重大进展。朱教授发表的一系列专著和学术论文,对学术界产生了深远的影响。

一、高瞻远瞩的学术立场

朱智贤教授始终坚持辩证唯物主义的学术立场。他博学多才,勤奋钻研,尤其在马克思主义理论方面造诣深厚。朱教授认为,在儿童心理学研究中,必须以辩证唯物主义和历史唯物主义为指导。在 20 世纪 60 年代的论文中,朱教授深入探讨了马克思列宁主义与儿童心理学的联系,从辩证唯物主义的视角分析了儿童心理发展中的重大理论问题,这些观点也成为他著作《儿童心理学》的核心内容。

朱教授强调,思惟及其发展的研究必须遵循辩证唯物主义理论。在《思惟发展心理学》一书中,他尝试从思惟发展的条件、动力、量变与质变、年龄特征等四个维度,探讨辩证唯物主义关于思惟发展的基本理论,并在此基础上构建了思惟发展心理学的完整体系。这部著作凝聚了朱教授多年的研究成果,对我国思惟发展心理学专业工作者和教育工作者的培养具有深远的意义。

在学术研究中,朱智贤教授坚持辩证法的观点,以实事求是的态度审视儿童心理学史上的各种发展观。他既批判了否定事物发展的停滞、凝固的观点,也客观地指出某些学派的研究方法、资料乃至理论探索的价值。

在借鉴国外资料方面,朱智贤教授始终贯彻"洋为中用"的原则。他积极组织翻译西方和苏联的心理学论著,介绍其研究成果,以促进我国心理学的发展。在吸收这些成果时,朱教授始终坚持在辩证唯物论的指导下,去粗取精,去伪存真,结合我国实际情况,吸取其合理成分,构建服务于我国社会主义建设的理论体系。

二、严谨包容的治学风骨

朱智贤教授在学术研究中追求广博与精深的结合,不断深入研读马列主义经典作品,广泛涉猎国内外心理学著作,并通过亲身参与实验研究,深化了对科学哲学领域的理解。在儿童心理发展和思维发展的基本理论方面,朱教授提出了许多创新的观点。他强调,任何论点都必须有确凿的证据支持,儿童心理发展和教育研究的每个课题都应通过实验研究和科学统计方法来验证,研究报告需经过严格评审,以确保其理论的实践性和科学性。

朱教授对学术研究的基础建设也给予了高度重视。他不仅担任《中国大百科全书·心理学卷·发展心理学分卷》的主编和撰写工作,还亲自领导编纂了中国首部《心理学大词典》,统一了心理学的基本概念,拓展了心理学工作者的知识视野,并促进了国内外心理学者的交流。

朱智贤教授坚持正直的学术作风,倡导学术民主,支持多元化的学术讨论。他的儿童心理学基本理论、研究方法和成果在国内外产生了一定的影响,对儿童心理学教育者和科研人员提供了宝贵的启示。朱教授不将自己的观点强加于人,而是依靠理论的科学性和实践性来赢得认可。他坚信学术上的多元讨论与正确的思维方式是相辅相成的,并坚持心理学研究应以辩证唯物主义为指导。在儿童心理学科的建设中,朱教授擅长在求同存异的基础上,广泛团结国内儿童心理学工作者,互相尊重和学习,以集思广益。

三、育英筑梦的梯队建设

在朱智贤教授丰富的职业生涯中,他不仅在学术研究上有所建树,还担任了多项重要的社会职务,包括中国教育学会副会长、中国心理学会常务理事、北京心理学会副理事长、中国科学院心理学研究所学术委员、北京师范大学学术委员会(文科)副主任、北京师范大学学位委员会委员兼教育分会主任、《中国大百科全书·心理学卷·发展心理分卷》主编、《心理学报》编委、北京市家庭教育研究会顾问、北京市幼儿教育研究会顾问等。这些职务不仅体现了朱教授在心理学界的广泛影响力,也彰显了他在推动中国心理学特别是儿童心理学发展方面所做出的卓越贡献。

朱智贤教授凭借其学术声望、严谨的学术追求和正直的人格魅力,吸引了众多中青年学者投身于中国心理学领域,特别是儿童心理学的研究。他具有为中国儿童心理学发展培养人才的远见。围绕国家重点项目"中国儿童心理发展特点与教育",朱教授组织并指导了众多国内中青年儿童心理学者共同攻关。在此过程中,他始终坚持"协作与独立思考并重,发挥个人专长"的原则。在大课题框架确定的情况下,朱教授充分尊重每位成员在选题、方案设计和研究方法上的意见,既确保了国家科研项目的顺利实施,又保护了个人研究兴趣和积极性。

在协作组遇到研究难题或提出疑问时,朱教授总是亲自或通过助手耐心指导,帮助解决问题,激励团队成员继续努力,完成研究任务。这种既重视团队合作又尊重个体差异的工作方式,既促进了国家科研项目的顺利进行,又激发了研究人员的创造力和热情。朱教授的这种领导风格,为儿童心理学的梯队建设树立了典范,为中国心理学事业的发展培养了一批优秀的人才。

在朱智贤教授数十年的教育、科研及研究生培养生涯中,他成功培育了众多心理学领域的教师和科研人员。这些毕业生中,许多人已经成为我国心理学界的博士、硕士、教授和副教授,有的还担任了教学或科研领导职务。他们在各自的领域内为心理学的发展贡献着自己的力量,推动着这一学科的繁荣。

朱智贤教授对中国教育和心理科学,尤其是儿童心理科学的进步做出了显著的贡献。他坚持辩证唯物主义的学术观点,倡导中国心理学的自主发展道路,以耐心细致的教学态度,不知疲倦地培养人才,为中国儿童心理科学的振兴树立了光辉的榜样。正如朱老的希望:一个老一辈的心理学工作者用自己的甘苦体验,寄望于青年心理学工作者们,能在正确的方向指导下,群策群力,使我国心理学、儿童心理学更快地建成为有中国特色的、有国际先进水平的现代科学[①]。

[①] 朱智贤.朱智贤心理学文选[M].北京:人民教育出版社,1989:4.

朱智贤教授因其杰出的学术成就和高尚的道德品质而备受尊敬。他的贡献被记录在国内多个权威参考书籍中，并获得了国际认可。朱教授是一位学术成就显赫的学者，他通过持续的探索和勤奋研究，取得了一系列突破性的学术成果。他发表的200多篇学术论文极大地推动了心理学科的进步，使他在国内外学术界享有极高的声誉，被视为学术界的领导者和楷模。

第二节 心理贡献

在评价朱智贤教授在心理学领域的学术成就时，其弟子林崇德教授无疑拥有更深入的见解和更为直接的体验。作为朱智贤教授的直接学术传人，林崇德教授不仅亲身参与了朱教授的多项研究工作，而且深受其学术思想和研究方法的影响。因此，他对朱智贤教授的学术贡献有着深刻的理解和独到的见解。林崇德教授的直接经历和专业背景赋予了他在评价朱智贤教授心理学成就方面的权威性和专业性，其观点和分析具有高度的可信度和学术价值。

林崇德教授在其著作《论朱智贤心理学思想》中指出，众多心理学界专家认为朱智贤教授的心理学观点形成了一个独特的学术视角，并提出应基于此观点发展出一个独立的学术派别。尽管林教授在查阅字典时未能找到对"学派"一词的精确定义，但通过与朱智贤教授合著《儿童心理学史》的经历，以及对国际学术流派发展的观察，他形成了对学派的理解：学派是指在某一学科领域内，因理论和立场的差异而形成的不同团体。

1982年10月，杭州大学前校长陈立教授在收到朱智贤教授的《儿童发展心理学问题》后，回复了一封充满热情的信件。信中陈教授提到：1949年后，我国心理学界能就一方面的问题，成一家之言者，实所少见。老兄苦心深思，用力之勤，卓著硕果，可谓独树一帜[①]。回想起陈教授对朱老"独树一帜"的评价，林崇德教授将朱老心理学领域的成就总结成独树一帜的儿童心理学、心理学的思想和观点。主要表现在以下四个方面：

一、用辩证唯物主义的观点探讨了儿童心理发展中关于先天与后天的关系，内因与外因的关系，教育与发展的关系，年龄特征与个别特点的关系等一系列重大理论问题

（一）先天与后天的关系

人的心理发展是由先天遗传决定的，还是由后天环境、教育决定的？这

---

① 朱智贤.朱智贤全集：第一卷 中小学教育与心理[M].北京：北京师范大学出版社，2002：1.

在心理学界争论已久,在教育界及人们心目中也有不同的看法。本世纪20年代,这个问题曾引起国际心理学界展开了一场激烈的论战。由于这场论战在不分胜负的情况下不了了之,于是此后大部分心理学家就按遗传和环境"二因素"作用观点来解剖心理发展的问题。这个平静状态大约保持了25年,然而这个争论又由于詹森(A.Jensen)在1969年发表关于种族的智力差异观察,强调遗传决定而重新挑起,使已经保持了四分之一世纪休战状态的遗传—环境的争论,再一次成为发展心理学家考虑的主要课题。朱老从50年代末开始,一直坚持先天来自后天、后天决定先天的辩证唯物主义观点。首先,他承认先天因素在心理发展中的作用,不论是遗传素质还是生理成熟,它们都是儿童与青少年心理发展的生物前提,提供了这种发展的可能性;而环境和教育则将这种可能性变成现实性,决定着儿童心理发展的方向和内容。朱老不仅提出这个理论观点,而且还坚持开展这方面的实验研究。我对双生子的智力、性格的心理学研究,正是朱老指导的结果,我的研究材料,完全证实了朱老的理论观点。

(二)内因与外因的关系

环境和教育不是像行为主义所说的那样机械地决定儿童心理的发展,而是通过儿童心理发展的内部矛盾而起作用。朱老认为,这个内部矛盾是儿童在实践活动中,通过主客体的交互作用而形成的新需要与原有水平的矛盾。这个矛盾是儿童与青少年心理发展的动力。有关内部矛盾的具体提法,国内外心理学界众说纷纭,国内就有十几种之多。但目前国内大多数心理学家都同意朱老的提法。这是因为在他提出的内部矛盾中揭示了这个问题的实质。他初步解决了"需要"理论、个性意识倾向理论、心理结构(原有水平)理论等一系列的理论问题,同时也涉及儿童与青少年学习积极性、能力发展、品德发展等一系列的实际问题。在发展理论研究上,皮亚杰(J.Piaget)曾列举了心理学史上的各种代表性的观点:一是只讲外因不讲发展的,如英国的罗素(B.Russell);二是只讲内因不讲发展的,如维也纳学派彪勒(K.Bühler&C.Bühler);三是只讲内因、外因作用而不讲发展的,如格式塔学派;四是既讲外因又讲发展的,如联想心理学派;五是既讲内因又讲发展的,如美国桑代克(E.L.Thorndike)的尝试错误学说。皮亚杰则认为他既讲内因、外因作用又讲发展。当然,皮亚杰无疑是一大进步。在这个问题上,朱老不仅是内外因交互作用的发展观,而且提出了心理发展中内因与外因的具体内容,在这个意义上说,应该说是进步,是开拓。

(三)教育与发展的关系

儿童与青少年心理如何发展,向哪儿发展?朱老认为,这不是由外因机械决定的,也不是由内因孤立决定的,而是由适合于内因的一定外因决定的,也就是说,儿童与青少年的心理发展主要是由适合于他们心理内因的那些教育条件来决定的。从学习到心理发展,儿童与青少年心理要经过一系列的量变和质变的过程。他还提出了一个表达方式:

在教育与发展的关系中,如何发挥教育的主导作用?这涉及到教育要求的准度问题。朱老提出,只有那种高于儿童与青少年的原有水平,经过他们主观努力后又能达到的要求,才是最适合的要求。如果苏联维列鲁"文化历史发展"学派提出的"最近发展区"是阐述心理发展的潜力的话,那么朱老的观点则指明了挖掘这种潜力的途径。

(四)年龄特征与个别特征的关系

朱老还指出,儿童与青少年心理发展的质的变化,就表现出年龄特征来。心理发展的年龄特征,不仅有稳定性,而且也有可变性。在同一年龄阶段中,既有本质的、一般的、典型的特点,又有人与人之间的差异性,即个别特点。

当然,对上述四个问题的分析和阐述,在中外发展心理学史上有过不少,但像上述那样统一地、系统地、辩证地提出,这还是第一次,因此,正如有人所指出的:"它为建立中国科学的儿童心理学奠定了基础。"(《中国现代教育家传》第 3 卷,第 316 页)

二、强调用系统的观点研究心理学

朱老经常说,认知心理学强调儿童认知发展的研究,精神分析学派强调儿童情绪发展的研究,行为主义强调儿童行为发展的研究,我们则要强调儿童心理整体发展的研究。

早在 60 年代初,在他发表的《有关儿童心理年龄特征的几个问题》(《人民日报》1962 年 3 月 13 日)一文中,首次提出系统地、整体地、全面地研究儿童心理的发展。他反对柏曼(Berman)单纯地以生理发展作为年龄特征的划分标准,反对施太伦(W. Stern)以种系演化作为年龄特征的划分标准,反对皮亚杰以智力或思惟发展作为年龄特征的划分标准。提出在划分儿童心理发展阶段时,主要应该考虑两个方面,一是内部矛盾或特殊矛盾;二是既要看到全面(整体),又要看到重点。这个全面或整体的范围是什么?他认为应包括两个主要部分和四个有关方面。两个主要部分是:认识过程(智力活动)和个性品质;四个有关方面是:心理发展的社会条件和教育条件,生理的发展,动作和活动的发展,言语的发展。朱老的观点在当时为我国心理学界广泛引用,不少心理学家在此基础上写了论文,加以发挥和阐述。

"十年内乱"之后,朱老主张心理学家要学好辩证唯物主义的"普遍联系"和"不断发展"的观点及系统科学的理论(包括所谓的"三论"——系统论、控制论、信息论和"新三论"——耗散结构论、协同论、突变论)。在他的一篇题为"心理学的方法论问题"的论文(《北京师范大学学报》,1987年第1期)中,反复阐明整体研究的重要性。其主要观点有:

第一,要将心理作为一个开放的自组织系统来研究。他指出,人以及人的心理都是一个开放的系统,是在主体和客体相互作用下的自动控制系统。为此,在心理学,特别在研究心理发展时,要研究心理与环境(自然的、社会的,尤其是后者)的关系;要研究心理内在的结构,即各子系统的特点,要研究心理与行为的关系;要研究心理活动的组织形式。

第二,系统地分析各种心理发展的研究类型。在对儿童与青少年心理进行具体研究之前,常常由于研究的时间、被试、研究人员以及研究装备等条件的不同,而有不同的研究类型,因此,在研究中应该系统地分析纵向研究与横断研究,个案研究与成组研究,常规研究与现代科学技术相结合的现代化研究,等等。

第三,系统处理结果。心理既有质的规定性,又有量的规定性。心理的质与量是统一的。因此,对心理发展的研究结果,既要进行定性分析,又要进行定量分析,把二者有机结合起来。

朱老自己主要是研究儿童思惟的,但他却十分重视非智力因素在儿童思惟中的地位和作用。他曾指出,对于儿童思惟说来,非智力因素起三个明显的作用,一是动力作用;二是定型(习惯)作用;三是补偿作用。在他指导下,他的不少研究生选择了这个课题的研究,将智力和非智力因素作系统的处理。朱老所主持的国家重点研究项目"中国儿童心理发展特点与教育"就是一项综合性儿童心理发展的系统工程,系统而全面地研究了中国儿童与青少年心理发展的正常值。

三、提出坚持在教育实践中研究具有中国特色的儿童心理学与教育心理学

朱老曾多次富有感情地说:"当我们翻开美国儿童心理学与教育心理学,除了引用瑞士心理学家皮亚杰的理论之外,几乎全部是美国自己的研究材料;当我们打开苏联的儿童心理学与教育心理学,书中有一种强烈的俄罗斯民族自豪感,使我们觉得是在'挑战',似乎唯有他们的研究材料才是最科学的;然而当我们看一下自己的儿童心理学与教育心理学,简直令人惭愧。我们有的研究报告,从设计到结果,几乎全是模仿外国的。如此下去,哪天才能建立起我们自己的儿童心理学与教育心理学。中国的儿童与青少年及其在教育中的种种心理现象有自己的特点,这些特点,表现在教育实践中,需要我们

深入下去研究。"

他指出，坚持在实践中，特别是在教育实践中研究儿童心理学与教育心理学，这是我国心理学前进道路上的主要方向。他反对脱离实际地为研究而研究的风气，主张研究我国儿童从出生到成熟心理发展特点及其规律。他说：中国儿童与青少年，与外国的儿童与青少年有共同的心理特点，即存在着普遍性；又具有其不同的特点，即有其特殊性，这是更重要的。只有我们拿出中国儿童与青少年心理发展的特点来，才能在国际心理学界有发言权。因此，他致力于领导着"中国儿童心理发展特点与教育"的课题，迎着重重困难，一项一项地突破，填补了许多空白。他主张将儿童心理学与教育心理学的基础理论与应用结合起来研究，也就是说，他不仅提倡在教育实践中研究儿童心理学与教育心理学，而且主张在教育实践中培养儿童与青少年的智力和个性。他积极建议搞实验教育与教学。我在他的支持下，自1978年开始，开展了"中、小学生能力发展与培养"的研究，从一个实验班开始，最后发展到全国24个省、市、自治区的1000多个实验点，并被列为国家教委"七五"规划期间的重点科研项目。这样就使心理学的基础理论的研究和应用研究在教育实践中获得了统一。

近年来，"量表"已成为心理学测量的有效工具和手段。朱老反对将智力测验绝对化，但又主张在研究中应有适合中国国情的各种量表，在他的指导与支持下，我们近几年一直以思惟品质作为测定个体思惟水平的基础，并着手围绕思惟品质制定语言（听、说、读、写）能力与数学（运算、空间、逻辑思惟）能力的量表，朱老指示我们，要深入实际，搞出中小学教师信服的量表来，一旦被大家公认了，就叫它为"北京师范大学智力量表"。

四、主张组织各方面的人才，融合多学科的知识，来共同研究心理学

朱老赞赏皮亚杰的"国际发生认识论研究中心"认为皮亚杰的杰出贡献给予人们一个启示：今天在科学技术突飞猛进的时代，如果要使儿童心理学与教育心理学有所突破，有所前进，光靠心理学家本身工作是不够的，应该组织交叉学科的人才来共同研究心理学。但他指出，在目前的条件下，集合各类专家来研究心理学是有一定困难的，可是有两个方面是可以做到的，一是组织与心理学有关的多学科专家来研究，例如组织与儿童心理学有关的专家，共同探讨儿童身心发展的问题，在他担任中国儿童发展中心(CDCC)的专家委员时，他积极主张儿童心理学家和其他专家共同探索儿童身心健康监测等课题。二是心理学专业招收研究生时，适当招收学习其他学科（数学、医学、语言、生物、电子计算机和教育等）对心理学感兴趣的本科生。他指出，心理学的研究队伍应该是一个相当复杂的科学家组织，应该是具备文理知识、

既懂理论又会动手的研究集体,把心理学作为一门边缘科学来研究,这是实现我国心理学现代化的一项重要的战略措施。

另一方面,朱老也认为,融合多学科交叉研究心理学,并不排斥一个单位或一个学派有一个统一的学术思想,否则,很难开展步调一致的研究,更不能形成独立的心理学派[①]。

林崇德教授进一步强调了三个关键点,以助于我们更深入地理解和评价朱智贤教授的学术成就。

第一,朱智贤教授的学术立场突出地体现了辩证唯物主义的指导思想,他提倡将理论与实践相结合的研究方法,并实施"洋为中用、古为今用"的政策。朱教授的心理学思想是长期遵循这些核心原则的结果。

第二,朱教授在学术界建立了一套具有特色的、系统化的理论体系。这一体系是在批判唯心主义和形而上学心理学派的基础上发展起来的,同时融合了西方和苏联心理学的精髓。通过广泛的学术吸收和在儿童心理学、教育心理学等领域的实验研究,朱教授的理论体系得到了进一步的提炼。这些理论和观点不仅包括心理学的研究对象、任务、基本理论(或规律)、研究方法等关键理论和实践问题,而且在朱教授及其团队的众多著作中得到了充分的展开,构建了一个完整的理论体系。这些理论和观点不仅在理论上有所体现,而且在实验研究和应用研究中取得了一系列成果,对国内外教育界产生了深远的影响。

第三,朱智贤教授的这些独特的心理学思想、观点和体系为我国心理学派的建立提供了坚实的基础。

面对国际上众多的心理学派,中国的心理学家不应仅仅满足于引用、学习和借鉴,而应有志向、有能力去建立我们自己的学派。这样的学派越多,对我们国家心理学事业的繁荣发展就越有利。

林崇德教授的这些观点清晰地勾勒出朱智贤教授在心理学领域的学术贡献,强调了其理论体系对于中国心理学发展的重要性,并鼓励中国心理学家在国际学术界中建立自己的学派,以促进我国心理学事业的进一步繁荣。

---

① 林崇德.论朱智贤心理学思想[M]//北京师范大学发展心理研究所.朱智贤教授纪念文集.北京:北京师范大学出版社,1992:48-52.

第三节 教育睿思

一、朱智贤的家庭教育思想

家庭教育的重要性不言而喻,它不仅是孩子成长的第一课堂,更是塑造孩子性格、价值观和行为习惯的关键因素。朱智贤教授认为,家庭教育具有独特的重要性。他在《怎样做父母》中论述家庭教育时提到,首先,一个孩子出生以后,有很长的一段时间是在家中度过的。家庭是社会的细胞,是最基本的生活单位。就在孩子进入幼儿园、小学、中学以后,也还和家庭保持着密切的联系,继续接受家庭教育。其次,良好的家庭教育对于孩子的发展,对后来的教育,都具有奠定基础的作用。基础打得好,儿童最初几年身心各方面都有良好的发展,就会有助于以后的更进一步的发展。反之,如果这时发展不好,甚至有了缺陷,以后再修补、改正,就困难多了[①]。朱智贤教授明确指出家庭教育在孩子成长中的核心地位,认为家庭是孩子发展的关键环境,对孩子的终身发展具有基础性的影响。

(一)朱智贤的家庭教育目的观

朱智贤教授强调,儿童的培养和教育不仅关乎个体,更是关乎国家未来的重大议题。儿童的健康和全面发展直接关系到国家的前途。因此,作为孩子教育的第一责任人,父母必须意识到自己肩负的"神圣职责"。朱教授认为,养育孩子不仅是父母的天性,更是为国家培养未来栋梁的重要任务。父母不能仅仅生育而不教养,也不能将孩子视为私有财产随意对待,而应有意识地实施良好的教育,以促使孩子早日成才,为国家的现代化建设贡献力量。朱智贤教授指出,儿童是祖国的未来,是我们社会主义事业的接班人……在他们中间,是否能涌现一大批符合四化需要的人才,都与我们现在对他们的培养教育有密切的关系[②]。因此,父母应承担起这一神圣责任,认识到我们的后代应当是有益于四化建设的人才。为了更好地做到这一点,就应当从小抓起[③]。朱智贤教授还强调,父母应尽早开始教育孩子,他说为了新的一代,为了国家的前途,所有生了孩子的父母们,应当从孩子出生的那一天起,就要认真地负起教育的责任来[④]。

---

① 朱智贤.怎样做父母[M]//林崇德.林智贤教育文集.南京:江苏教育出版社,2011:451-470.
② 朱智贤.怎样做父母[M]//林崇德.林智贤教育文集.南京:江苏教育出版社,2011:451-470.
③ 朱智贤.怎样做父母[M]//林崇德.林智贤教育文集.南京:江苏教育出版社,2011:451-470.
④ 朱智贤.怎样做父母[M]//林崇德.林智贤教育文集.南京:江苏教育出版社,2011:451-470.

(二) 朱智贤的家庭教育内容观

朱智贤教授提出,父母应设定明确的教育目标,有意识地将孩子培养成为德、智、体全面发展的人才。

在德育方面,他强调"培养品德高尚的孩子"[①],这需要从宏观和微观两个层面进行。宏观层面上,父母应对孩子进行政治思想教育,确保孩子能够坚持正确的政治方向,成为对国家有用的人才;微观层面上,父母应注重孩子的道德品质教育,培养孩子的团结互助、诚实守信等良好品质[②]。

在智育方面,他主张"培养知识丰富、智力发展的孩子"[③]。在知识更新迅速的现代社会,父母应培养孩子的学习兴趣,让孩子从小对科学文化产生浓厚兴趣,并掌握自然、社会、文化的基础知识。朱智贤教授还指出,除了知识的积累,发展孩子的智力更为关键,他比喻说:知识如同金子,而智力则是点石成金的手指[④]。智力包括观察力、记忆力、抽象思维能力和创造力等,其中抽象思维能力是核心,创造力是智力的最高表现。他建议父母在孩子学习知识的过程中,全面促进孩子智力的发展。

在体育方面,他主张"培养身心健康的孩子"[⑤]。因为对于每一个人说来,健康的身体是为实现祖国四化而进行学习、劳动、工作的物质基础和主要条件。没有健康的身体,什么事业成就都将成为一句空话,或至少会感到力不从心,壮志难酬[⑥]。父母应关注孩子的身体健康,制定合理的家庭生活作息制度,保证孩子的营养,鼓励孩子参与体育锻炼,并培养孩子的卫生习惯,预防疾病。朱智贤教授还强调,孩子的心理健康同样重要,父母不应忽视孩子的心理问题,要及时发现并引导,以培养孩子的身心健康。

(三) 朱智贤的家庭教育发展观

朱智贤教授阐述了发展观在家庭教育中的重要性,这包括两个方面:一是个体从出生到成熟再到衰老的生理和心理发展过程;二是现实生活环境变化对个体生理和心理变化的影响。儿童在成长过程中,无论是身体还是心理,都处于一个极具可塑性的阶段,这也是教育的最佳时期。因此,朱智贤教授强调,家长应从发展的角度来看待孩子,摒弃成见和偏见,采用合适的教育方法,实现"教子有方"。

---

① 朱智贤.怎样做父母[M]//林崇德.林智贤教育文集.南京:江苏教育出版社,2011:451-470.
② 买艳霞.朱智贤家庭教育思想简论[J].连云港师范高等专科学校学报,2011,28(2):59-61.
③ 朱智贤.怎样做父母[M]//林崇德.林智贤教育文集.南京:江苏教育出版社,2011:451-470.
④ 朱智贤.怎样做父母[M]//林崇德.林智贤教育文集.南京:江苏教育出版社,2011:451-470.
⑤ 朱智贤.怎样做父母[M]//林崇德.林智贤教育文集.南京:江苏教育出版社,2011:451-470.
⑥ 朱智贤.怎样做父母[M]//林崇德.林智贤教育文集.南京:江苏教育出版社,2011:451-470.

朱智贤教授进一步指出，父母在教育孩子时，必须了解孩子成长的先天和后天条件。先天条件指的是遗传。朱智贤教授强调遗传物质的正常和健全是儿童身心发展的基础。他提醒父母进行孕检，以避免生育出不健康的孩子。后天条件则是指环境。朱智贤教授认为，虽然遗传提供了成长的生物学前提，但环境对孩子的影响同样重大，尤其是社会环境。他强调，教育在一定程度上也是一种社会环境，对儿童的成长和发展具有积极的促进作用。因此，父母需要不断学习，了解儿童教育学、儿童心理学和儿童卫生保健等知识，以提供良好的教育影响。

朱智贤教授主张，父母应根据儿童的心理特点和规律进行教育。他认为教育是儿童发展的外因，必须通过儿童内部因素起作用。要教育孩子，首先要了解孩子的发展水平和兴趣，然后给予适当的刺激、鼓励、帮助和指导，引导儿童不断进步。如果不考虑儿童的特点和内因，教育将难以顺利进行。因此，父母需要充分认识到这一点，以便对孩子进行适宜的教育，包括全面的早期教育[①]。

(四) 朱智贤的家庭教育方法观

朱智贤教授倡导了一系列科学的家庭教育原则和方法。

1. 遵循正面教育和积极引导的原则

教育孩子，首先要坚持正面教育和积极引导的原则，这是一条根本性的原则[②]。我国教育的根本目标是培养符合社会主义现代化要求的全面发展人才，即在德、智、体等方面都有所成就的个体。他强调，在教育孩子时，我们既不能采取放任自流的态度，也不能使用压迫或体罚等极端手段。相反，我们应当结合社会主义现代化的需求和孩子的个性特点，具体问题具体分析，始终贯彻正面教育和积极引导的原则。

为实现这一原则，父母需从以下三个方面着手：首先，要向孩子阐明道理，让孩子从内心接受教育内容，从而产生积极的效果。对于年幼的孩子，应使用具体的例子，避免抽象的讲解，并利用榜样的力量来影响孩子，同时父母自己也应成为榜样。其次，在孩子犯错时，应坚持说服教育而非高压或体罚。父母应探究孩子错误的原因，有针对性地解决问题，帮助孩子从思想上认识并改正错误。最后，父母应耐心且持续地教育孩子，认识到孩子的成长是一个长期过程。为了孩子，我向同行们呼吁不要随便说他们笨，不要打击他们。先进的教师总是千方百计地鼓励他们、帮助他们，使他们由落后生变为一般生，甚至成为优等生[③]。

朱智贤教授认为，在子女教育中，表扬和批评是两种关键的教育手段，它们帮助

---

① 买艳霞.朱智贤家庭教育思想简论[J].连云港师范高等专科学校学报,2011,28(2):59-61.
② 朱智贤.怎样做父母[M]//林崇德.林智贤教育文集.南京:江苏教育出版社,2011:451-470.
③ 朱智贤.儿童教育心理学讲话[M].北京:北京师范大学出版社,1981:14-25.

孩子理解自己行为的后果和评价，明确行为的对错。因此，明确的奖惩制度和及时的表扬和批评，能在孩子心理上起到"及时强化"的效果。表扬和批评的适用性是相对的，需要根据孩子的具体情况来决定。它们是教育工具，使用时应考虑其效果。家长在对子女表扬与批评时要注意适当，不要滥用表扬与批评，过于频繁的表扬与批评会造成相反的效果[1]。在实施表扬和批评时，应保持客观，实事求是，既不夸大也不缩小事实，以便孩子能够接受并转化为行动。否则，过度的表扬可能会导致孩子变得自负，不愿听取反面意见；而批评如果过于轻微，则可能变成一种纵容；如果批评过于严厉，孩子可能无法接受，产生抵触和悲观情绪。

常言道"上梁不正下梁歪"，这强调了父母作为榜样的重要性。由于父母与孩子在情感上的亲近和权威性，他们的行为很容易被孩子所模仿。因此，父母不仅是孩子的首任教师，也是孩子的第一个榜样，他们的言行对子女的影响是早期且长期的。父母需要成为子女的楷模，为孩子们提供模仿的典范。父母在注意身教的同时，也要根据子女的特点，进行循循善诱的言教，使言教与身教相结合，引导子女在德、智、体诸方面健康发展[2]。良好的教育，对儿童的成长与发展有着积极的促进作用。朱智贤说：做父母的要想教育好孩子，也要学习、学习、再学习[3]。

2. 遵循热爱和严格要求的原则

父母是孩子的第一个老师[4]。父母对孩子的爱是天性，而孩子同样渴望得到父母的关爱。众多研究指出，缺乏父母的爱，对孩子的成长可能产生负面影响。这一原则同样适用于托儿所、幼儿园和学校环境，教育工作者和教师必须首先具备对孩子的爱，这是他们有效教育孩子的前提。

然而，对孩子的爱不应演变为溺爱。溺爱是指无原则、过度的宠爱。在物质层面，为孩子提供满足营养需求的食物、适宜的衣物和用品是必要的，但若超出合理范围，过分追求物质享受则不妥。同样，对于孩子的合理要求，适度满足是恰当的，但若对不合理的要求也无条件迁就，则可能带来负面影响。

随着计划生育政策的实施，独生子女家庭日益增多。这些家庭中，父母往往倾向于溺爱孩子。上海的一项调查显示，独生子女在行为品德上存在诸多问题，这导致一些人错误地认为独生子女天生就具有不良行为。实际上，这背后反映的是教育问题。独生子女的父母需要在爱孩子的同时，更注重正确引导和教育他们。

---

[1] 朱智贤.怎样做父母[M]//林崇德.林智贤教育文集.南京：江苏教育出版社，2011：451-470.
[2] 朱智贤.怎样做父母[M]//林崇德.林智贤教育文集.南京：江苏教育出版社，2011：451-470.
[3] 宫异娟.献给年轻的父母：访著名儿童心理学家朱智贤教授[M]//朱智贤.朱智贤心理学文选.北京：人民教育出版社，1989：511.
[4] 朱智贤.儿童发展心理学问题[M].北京：北京师范大学出版社，1982：308-335.

在教育子女时,父母应将爱与严格要求相结合。教育孩子要从零岁开始①。年幼的孩子,他们的是非观念尚不明确,自我控制能力也较弱,因此更需要父母和成人的严格管教。父母应采取适当的方法,必须养成孩子良好的行为习惯,如卫生习惯、文明礼貌、良好品德、学习习惯等,一定要采取适当的方法,严格要求他们逐步做到,并养成习惯②。对于不良行为,父母应坚决帮助他们改正。有些父母不按时按质按量地喂养孩子,孩子一哭就可以吃东西,孩子不愿吃了,好心的妈妈也要像填鸭似的硬往嘴里塞。有些父母只要孩子一哭一闹腾,就赶快抱起来,当然是可以的。抱起来看看有什么问题或毛病没有,也是完全正当的。但如果一听孩子哭就心疼就抱,久而久之孩子便把哭当做一种要挟的手段了③。

对孩子的严格要求不应是一次性的,而应持续一贯。父母在教育孩子时,不应受个人情绪的影响:在情绪低落时对孩子发泄不满,在心情好时又放松要求。这种情绪化、时紧时松的教育方式,对孩子的成长是有害的。

3. 遵循丰富生活内容的原则

心理活动是大脑的功能,同时也是对外部世界的反映。虽然遗传为心理发展提供了潜在的可能性,但生活环境和教育在心理发展中扮演着决定性的角色。孩子的心理特征以及道德、智力和体育各方面的发展,都源自于他们的生活内容。因此,在教育孩子时,必须确保他们的生活丰富多彩。

从新生儿时期起,就应该在教育中安排丰富的生活内容,如环境布置、玩具选择和儿童与成人的互动,都应追求新颖、活泼和生动,以促进孩子心理的发展。如果家长能够在教育中合理利用这些丰富的生活内容,将对孩子的知识和智力发展产生积极影响。相反,如果家长忽视这些丰富多彩的现实,将孩子局限在家庭或狭小的空间内,单调和枯燥的生活不仅不利于孩子的智力和知识增长,也不利于他们情感、意志和个性的发展。

安排和利用丰富的生活内容,目的在于使孩子从小接受生活中健康优美、合理正确的多种多样的养料,使其有利于德、智、体的全面发展④。生活环境复杂,既有积极的影响,也存在不良因素。孩子越小,其可塑性越大,容易受到先入为主的影响。因此,家长在教育孩子时,不仅要注重孩子生活内容的多样性,还要帮助他们选择积极的影响,并教会他们从小抵制环境中的不良因素,这一点至关重要。

---

① 朱智贤.儿童发展心理学问题[M].北京:北京师范大学出版社,1982:308-335.
② 朱智贤.怎样做父母[M]//林崇德.林智贤教育文集.南京:江苏教育出版社,2011:451-470.
③ 朱智贤.儿童发展心理学问题[M].北京:北京师范大学出版社,1982:308-335.
④ 朱智贤.怎样做父母[M]//林崇德.林智贤教育文集.南京:江苏教育出版社,2011:451-470.

4. 遵循循序渐进的原则

在对子女进行教育时，采用恰当的方法至关重要。正确的方法能够带来更好的教育效果，实现事半功倍，这被称为"教子有方"。反之，如果方法不当，即使充满热情，也可能效果甚微，甚至事倍功半，导致家长感到焦虑。

因此，深入细致，耐心说服，是父母对子女教养的基本态度和基本方法①。耐心使家长能够深入了解孩子，把握他们的思想动态，从而有针对性地进行教育；耐心也使得家长能够采用说服的方式，正面引导孩子，通过理性来说服他们，提高他们的思想认识；耐心还能促进家长与孩子之间建立民主的氛围，让孩子既尊重家长又不失畏惧，敢于表达真实想法，避免撒谎和欺骗行为，有利于家长对孩子提出更严格的要求。

针对不同情况采取不同的教育方法，是家长在教育孩子时应考虑的另一个重要方面。没有一种教育方法适用于所有孩子。每个孩子都有其独特的特点，即使是同一个孩子，在不同情境下也会表现出不同的特点。例如，孩子的年龄、性别、是否为独生子女等因素都会影响他们的特点；学习成绩、学习过程中的顺利与否、健康状况、心情变化等也会产生不同的影响；环境变化，如进入幼儿园、学校，气候变化，甚至是搬家、做客、游览等，都可能引起孩子心理状态的变化，使孩子形成不同的心理特点。因此，家长在教育孩子时，要对症下药，做到一把钥匙开一把锁，使教养方法多样化②。

逐步提高要求，循序渐进，是家长在教育孩子时应注意的。儿童的身心发展是一个逐步过程，在知识的积累上，他们总是从简单的数数开始，逐步学习整数运算、算术、代数。他们总是从识字到理解词义，从看图说话到看图写话，从阅读到写作。在品德发展上，道德认识、道德感和道德行为也是一个逐步提高的过程。一口吃成一个胖子，到头来欲速则不达③。这种"成人化"教育或所谓的"天才教育"并不是良好的教育方法。家长在教育孩子时，应提出略高于孩子当前水平的要求，但这些要求应是孩子经过努力能够达到的。然后，家长可以逐步提高要求，让孩子在满足这些要求的过程中，将合理的要求转化为行动的动力，从而逐步形成和发展健康的品德、良好的知识和智力。

在教育孩子时，父母应采用发展的眼光，这包含两层含义：一是指个体的发展，即一个人从出生到成熟到衰老的过程中生理和心理的发生发展；二是指人生活在现实环境中，现实生活环境的变化，必然会影响一个人的生理和心理的变化与发展④。因

---

① 朱智贤.怎样做父母[M]//林崇德.林智贤教育文集.南京：江苏教育出版社,2011:451-470.
② 朱智贤.怎样做父母[M]//林崇德.林智贤教育文集.南京：江苏教育出版社,2011:451-470.
③ 朱智贤.怎样做父母[M]//林崇德.林智贤教育文集.南京：江苏教育出版社,2011:451-470.
④ 朱智贤.怎样做父母[M]//林崇德.林智贤教育文集.南京：江苏教育出版社,2011:451-470.

此，人是处于持续发展中的，用一成不变的眼光看待人，尤其是儿童，是不恰当的。家长在教育孩子时，应始终从发展的角度出发，避免持有成见和偏见。更重要的是，家长应加强德、智、体等方面的合理教育，以促进孩子身心的快速、健康发展。

5. 遵循统一口径、协同合作的原则

在家庭环境中，对子女的教育可能涉及多位"教育者"，包括父母、祖父母以及其他亲戚。在教育孩子的过程中，为了促进儿童在道德、智力和体育等方面的全面发展，家庭成员在教育上应保持一致的口径，引导儿童心理朝着同一方向发展。然而，在同一个家庭中，不同的成人可能在思想观念、性格特点和教育方式上存在差异，对孩子的情感态度也不尽相同。特别是祖父母对孙辈的宠爱往往更为突出，这可能导致家庭中教育要求、内容、方式和方法的不一致。

教育口径不一致会带来诸多问题。年幼的孩子难以辨别是非，面对不同的教育要求，他们往往不知所措，无法得到一贯正确的教育指导。此外，教育要求不一致，也会给孩子的不合理愿望、欲望、需要和坏习惯制造"防空洞"，使之有"机"可乘[①]。因此，家庭中，尤其是成员较多的大家庭，对于孩子的教养内容、范围、要求和方式方法，家庭成员应经常沟通协商，达成一致的教育方针，这是必须重视的原则。

在儿童和青少年的教育过程中，家庭虽然扮演着重要角色，但并非唯一责任方。家庭是社会的组成部分，儿童和青少年的全面发展需要家庭与社会的各个层面和部门紧密合作。儿童和青少年的教育成效，以及他们在道德、智力和体育等方面的表现，很大程度上取决于家长与社会各方面的协作。随着孩子入学，学习成为主要活动，对儿童的心理发展产生关键影响。在小学阶段，教师的威信往往超过家长，孩子常以"老师说的"为权威。中学阶段，教师的威信继续对教育效果产生直接影响。家长应积极支持教师工作，与教师保持联系，并帮助提升教师威信，避免在孩子面前对教师进行负面评价。

此外，社会上的文娱活动，如电影、电视、戏剧、广播与文艺作品，在教养孩子中无疑是不可缺少的精神食粮[②]。家长应有选择性地让孩子接触这些资源，从中获得教育。对于可能对孩子身心健康产生不利影响的作品，家长应适当引导，帮助孩子正确理解和处理。通过这样的合作和选择，家长和社会可以共同促进儿童和青少年的健康成长。

二、朱智贤的师范教育思想

朱智贤教授的师范教育理念，植根于其接受师范教育和从事师范教育多年丰富的

---

① 朱智贤.怎样做父母[M]//林崇德.林智贤教育文集.南京:江苏教育出版社,2011:451-470.
② 朱智贤.怎样做父母[M]//林崇德.林智贤教育文集.南京:江苏教育出版社,2011:451-470.

师范教育实践经验及对师范教育发展的深刻思考。朱智贤于 1923 年考入江苏省立第八师范学校,1929 年毕业后留在附属小学任教。后保送中央大学,在中央大学教育系完成学业后,便在厦门集美师范学校任教,并担任研究部主任一职。此后,他的教学生涯涵盖了多所高等院校,包括江苏教育学院、四川教育学院、中山大学,以及香港的达德学院。在这一过程中,朱智贤教授基于个人的教育实践和对当时师范教育面临问题的观察,对师范教育的优化进行了深入且系统的研究。

20 世纪 30 年代朱智贤就明确提出:师范教育为一切教育之本。欲求国家教育之优良,若不注意师范教育,是亦缘木求鱼而已[①]。他陆续发表了包括《师范实习指导法》《师范生参观问题》《师范学校教学方法之新趋势》《师范实习制度之评论》《我对目前师范学校的几点感想》以及《师范学校"小学教材及教法"教学之研究》等在内的一系列学术文章。这些著作不仅涉及师范教育的重要性和地位,还涵盖了师范实习制度、教学方法,以及当时师范教育面临的各种挑战。朱智贤教授提出的理论和建议对师范教育的革新与进步提供了重要的理论依据和实践指南。

(一) 明确师范学校使命

朱智贤教授明确指出,师范学校承担着三大任务:首先,培养优秀的教师。他详细列举了优秀教师应具备的六个条件:身体宜强健一也,品格宜高尚二也,具科学技能三也,有勤劳习惯四也,了解并宣扬民族文化五也,爱好儿童与专心教育六也。具此六者则可为优良之教师[②]。只有具备这六项素质,才能成为优秀的教师。其次,传承民族意识。朱智贤教授强调,教育是民族斗争的重要阵地,历史上许多国家的胜利并非仅仅依靠军事力量,而是教育的力量。他警示说,教育能够摧毁民族意识,如日本对韩国的统治和英国对印度的统治,都是通过改变教育内容来实现的。因此,师范院校在培养教师时,必须重视民族意识的灌输和传承。最后,促进社会和国家的变革。朱智贤教授分析认为,在世界动荡和国家竞争的背景下,中国这样的国家如何实现社会进步和国家独立,是一个严峻的问题。教师作为社会的中坚力量和国民的领导者,应在培训期间就充分关注这一点,以便在将来的工作中发挥最大的效能,推动社会进步和国家强盛。

朱智贤教授的这些观点和建议,为师范教育的改革和发展提供了宝贵的理论支持和实践指导。

(二) 培养师范学校师资

提高师范学校教师的素质是教育改革深化、教学质量提升和满足公众教育需求的

---

① 朱智贤.朱智贤全集:第二卷 教育研究与方法[M].北京:北京师范大学出版社,2002:345.
② 朱智贤.朱智贤全集:第二卷 教育研究与方法[M].北京:北京师范大学出版社,2002:345.

核心任务。朱智贤教授基于其在师范教育领域的丰富经验和对当时社会需求的深刻洞察，对提升师范教育师资素质提出了独到见解。他指出，师范院校的教师不仅需要持有正确的政治立场和崇高的道德情操，还必须具备坚实的教育实践技能。他们不仅是知识的传授者，更是师范生未来成为优秀教师的榜样。朱智贤教授认为，只有实现这一点，师范教育的专业训练才能取得成功；否则，仅依靠少数教育理论教师，难以打造出理想的师范院校。

当时教师普遍忽视教育专业训练，甚至有些教师故意选择难度较高的教材以迎合学生的错误心理，朱智贤指出这种做法对学生和国家都是有害的。他建议，未来将成为师范教师的人应增加教育专业训练，特别是对小学教育的深入理解。师范教师应与中学教师有所区别，师范学校的教员不应仅是普通中学教师。他提出以下建议：

（1）在招生时明确，未来师范教师的候选人必须具备师范学校背景，否则需额外学习小学教育课程和实习；

（2）师范学校的科系应根据学生未来职业意向分为两组，一组为中学教师，另一组为师范教师，两组的课程设置应有所区别。在师范学校能够提供新师资之前，他呼吁教育行政部门和师范学校重视国家对师资调整的新教育政策，加强教师培训。

朱智贤特别强调，师范学校教师必须经过严格的教育专业训练，这是教育专业区别于其他专业的关键标志。这种观点与当前我国全面加强师资队伍建设、提高师资队伍整体素质的战略任务相吻合，体现了朱智贤的前瞻性。积极发展师范教育并提升教师素质，对于增强国家的国际竞争力而言，已成为一项至关重要的战略行动。

（三）选拔师范学校学生

朱智贤教授将师范教育界定为一种专业化的职业教育形式，主张选拔那些真正对教育事业抱有热情的初中毕业生。在他看来，这些学生因对教育具有内在兴趣，更有可能成为杰出的教育工作者。然而，现实中，许多师范生选择这一路径并非出于对教育的热爱，而是由于偶然的考试机会或经济困难。即便是高年级师范生，也很少有人涉猎课外教育读物，且多数人在毕业后更倾向于继续深造而非投身基础教育工作。

朱智贤教授深入分析了导致这一现象的多重因素：第一，初中阶段缺乏有效的职业指导；第二，中学教育资源的稀缺导致许多学生在无法进入普通高中的情况下，盲目报考师范学校；第三，师范学校的招生选拔标准不够严格，未能从教育专业需求出发选择合适的学生；第四，师范教育的免费政策存在争议，许多人错误地将师范学校视为贫困学生的专属选择；第五，师范生的考核制度过于偏重知识记忆，而忽视了品德和专业技能的培养；第六，师范生升学渠道受限，现行规定限制了他们的职业发展。

针对这些问题，朱智贤教授提出了一系列改革建议。他认为，在招生过程中，应优先考虑那些对教育有内在兴趣的学生，并在入学后提供严格的专业训练。考核不应仅仅局限于对知识的掌握，而应包括学生管理小学的能力和对社会服务的热情。毕业后，师范生应在服务一年至两年后有机会报考师范院校，以有进一步发展的空间。同时，应重新审视师范教育的免费政策，摒弃"贫困师范生"的旧观念，将师范教育视为一种职业教育，确保社会对师范生和职业学校学生持同等看待的态度。

朱智贤教授多年前提出的这些观点，对当前师范教育的改革仍具有启发性。尽管教师地位有所提升，但教师职业的吸引力仍有待增强。因此，选拔和培养真正对教育有兴趣的学生并进行专业训练显得尤为重要。只有当个人能够根据兴趣选择职业，从事自己热爱的工作时，他们的主动性和潜力才能得到充分发挥，从而实现个人价值。朱智贤教授的这些见解，对于提升师范教育质量和教师职业吸引力，提供了宝贵的参考。朱智贤教授不仅在理论上提出了改革建议，而且在实践中也积极推动师范教育的改革。他通过自己的教学和研究工作，培养了一批又一批优秀的教育工作者。他的教育理念和实践对后来的师范教育改革产生了深远的影响。

(四) 优化师范学校课程

师范教育课程的构建对于塑造未来教师的专业素养至关重要。关于课程设置的争议一直存在。朱智贤教授针对当时在师范教育课程中发现的问题，提出了自己的见解和建议。

朱智贤教授首先批评了师范课程设置中的两大主要缺陷：一是课程内容的冗余和重复，导致资源浪费；二是某些科目过于深奥而实用性不强，而一些实用科目却未得到应有的重视或课时不足。例如，一些高难度的数学课程对于师范生未来的教学工作帮助有限，而社会教育、乡村建设等实用课程却常被忽视。

为了更好地适应新的教育政策，朱智贤教授建议对师范课程进行重组，并提出了六个重组的关键点：

(1) 参照师范学院的模式，将课程分为基础课程和专业课程两大块，其中专业课程进一步分为必修课和选修课，以适应理想的师范训练和新中国的需求。

(2) 实习教学被赋予了课程核心的地位，其时数得到了增加。实习项目从学生第二学年就开始，强调在实际操作中学习和教学，因此，每所师范学校都需要建立完善的实习基地，如附属小学。从第三学年起，学生将分组参与包括管理小学、民办学校、演讲厅和茶园等在内的教育实践活动。

(3) 课程内容经过优化，摒弃了那些非必要的科目和教材，同时增加了实用性强的科目和教材。减少了一些过于深奥的数学和英语选修课程，而增加了社会教育、乡村发展和教育议题探讨等与教育实践密切相关的科目。

(4) 将各科教学法整合到相应的学科中，不再单独设立教学法课程。

(5) 对之前重复的内容进行合理调整。

(6) 课程目标应明确,训练应集中。

朱智贤教授对师范教育课程设置的深刻见解,不仅体现了师范教育的专业特色、强调理论与实践相结合,还主动适应社会需求。这些观点对于当前师范教育课程改革、培养合格师资仍具有重要的参考价值。

(五) 重视师范教育实习

教育实习作为师范教育中不可或缺的一环,对于培养未来教师的职业能力具有重要意义。朱智贤教授高度重视师范生的教育实习,并认为这是连接理论与实践、将知识转化为实践技能的关键步骤。他强调,实习不仅能使师范生为未来的教育工作做好准备,还能提升他们的职业素养和能力。朱智贤教授曾在《中华教育界》发表《师范生实习问题》,并在其文章《培养合格师资的必由之路》中回忆了他在实习期间的宝贵经验:我们毕业那年的办学实习,实际上是独立办学,获益更大。我们自己制定教学计划,自编教材,写教师日记,举行讨论会,总结教学经验,出版教育墙报,所有这些锻炼了教师工作中的各项能力和创造性的品质。无论工作多么忙,我们都感到其乐融融①。这些经历对他的职业生涯产生了深远影响。

在《培养合格师资的必由之路》一文中,朱智贤教授提出了几点关于师范实习制度的改进建议,以期提高实习效果:

(1) 培养师范生的自主创造能力。鉴于师范生毕业后需独立承担教学任务,实习期间应提供更多自主处理教育工作的机会,以便他们能够迅速适应未来的工作要求。

(2) 强调理论与实践的结合。朱智贤教授反对将实习与理论学习割裂开来的做法,主张实现教学与学习的统一,即"教、学、做"三者的结合。

(3) 延长实习时间,并合理分布。过短的实习时间可能导致实习效果不佳,因此,他建议增加实习时长,并优化实习时间的安排。

(4) 扩大实习范围。除了教学,教师还需掌握教学管理、事务处理和学生指导等多方面技能。因此,实习内容应涵盖这些领域,以满足实际教育需求。

(5) 配备优秀的指导教师。指导教师的素质直接影响实习质量,他们应具备丰富的知识和实践经验,以便为师范生提供有效的指导。

(6) 制定合理的实习流程。实习应有明确的步骤,包括参观、见习、试教和校务实习等,避免无序和混乱。

朱智贤教授的这些观点对于当前师范教育实习的改革具有指导意义。尽管我国师范教育实习在内容、时间和形式上已有所改进,但仍面临观念陈旧、实习时间不足和

---

① 朱智贤. 培养合格师资的必由之路[J]. 师范教育,1985(12):16-17.

指导不力等问题。借鉴朱智贤教授的思考，师范院校应致力于更新实习观念，丰富实习内容，增加实习比重，规范实习流程，并加强实习指导和评价，以培养出适应时代需求、受基础教育欢迎的新型教师。

第十一章

哲人之旅

第一节　风范长存

1991年3月5日凌晨1时30分，朱智贤教授因心脏病突发逝世，享年83岁。

消息一经传出，慰问的电报和信函如雪花般从国内外各地纷纷飞至北京。朱智贤教授的逝世是中国教育界和心理学界的巨大损失。他一生投身于教育事业，培育了众多杰出人才，他的离世标志着教育界失去了一位杰出的教育家。朱智贤教授虽然已经离世，但他所追求的学术理想和事业将会被后人继续传承和发扬光大。人们通过多种方式表达对朱智贤教授的深切缅怀。

◎领导和专家的悼念题词摘录

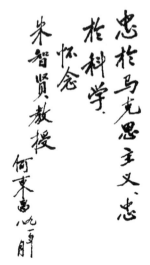
原国家教委副主任兼党组书记何东昌题词

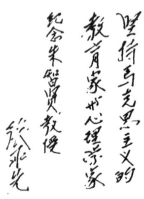
原全国人大常务委员会科教文卫组副主任张承先同志题词

第十一章 哲人之旅

不失其所者久
死而不亡者寿

朱智贤教授为新中国建立心理
学做出的贡献永远为学术界怀念
老子句以志哀思

任继愈 敬题

人为师表
学有专精

朱智贤先生 悼念
一九九一年七月十日 柳斌

原国家教委副主任柳斌同志题词　　原北京图书馆馆长任继愈教授题词

学林泰斗
道夫先路

刘佛年敬题

怀念智贤同志：
我的益友：
友直·友谅·友多闻；
我更敬佩他的
坚定立场：
爱国·爱党·爱人民。

陈立敬铭

华东师大原名誉校长、教育家刘佛年教授题词　　杭州大学原名誉校长、心理学家陈立教授题词

教书育人桃李芬芳
致力心理科学事业
硕果累累

荆其诚
一九九一年七月

道德文章千古重
得失荣辱一毫轻

纪念朱智贤教授

王梓坤敬题
1991.8.

中国心理学会原理事长、国际心理学联合会原执委、　　北师大原校长、学部委员、
心理学家荆其诚教授题词　　数学家王梓坤教授题词

◎朱智贤教授的家人悼念文章摘录

要严谨治学，更要严肃做人

杨敏（杨云美）

我与智贤一路同行了五十多载，如今我一人独行了。在独行的路上，历历往事，涌上心头；缕缕恩情，剪不断，理还乱；深深地陷入了无尽的思念和悲痛之中。

我与智贤于1939年相识在桂林。那时11月我南通女师毕业后，刚从上海绕道越南来到这里的。因大学考期已过，我只好在江苏教育学院当试读生，后经考试合格转为正式生。当时，他给我印象最深的有两件事。一是他教的课很受学生欢迎。用的是辩证唯物主义观点来分析心理学中的问题，如先天与后天的关系；听来颇感新鲜。内容广博，教法精湛，如果把他所讲的一字不落地记下来，就是一篇很好的文章。二是他每晚风雨无阻地去凤北"中苏友协"勤奋地学习俄语，把俄语作为追求真理的一种工具。我觉得这小小的苏教院，有这样一位年轻的进步教授，真是难得。我是江苏海门人，出生在一个中农的家庭，因陪弟弟上学而跨进了学校大门，以后靠自己的坚强意志和努力奋斗，在中学读了师范，大学学教育。这些情况与智贤相似。我们又是苏北同乡，我非常敬佩他，于是接触的机会渐渐多起来，共同语言也就多起来了。他的言行深深地影响了我，教育了我，使我懂得了人生的意义，应该追求什么以及向往什么。当时，因他参加党领导下的各种革命活动，1940年底皖南事变后，被反动院长高阳无理解聘了（和他同时被解聘的，还有秦柳方），现还留有他被解聘后与同学们的合影一张。我与他的关系就在这时基本上定下来了。不久，他离开了桂林。我们常有书信来往，在这灾难深重的年代，这些书信早已全部丢失了。

在以后交往和相处的日子里，我感到他最突出的一点，就是：要严谨治学，更要严肃做人。在这里，我着重说的是他的严肃做人。

如对待爱情问题上。1941年夏，因苏教院停办，我转到新成立的四川璧山国立社会教育学院上学，他也从福建来到了沙坪坝附近的磁器口四川教育学院任教。节假日常相聚，我觉得他什么都好，就是年龄比我大，且结过婚（夫人已于1938年[①]去世），在此问题上踌躇时，他对我说："这可不能勉强，如果你觉得不行、那么我们就此分手，但还是很好的师生关系。"我们终于

[①] 王书丹于1939年去世，1938年应为1939年。

第十一章 哲人之旅

1943年在重庆北温泉结了婚。现发现他还保存着当时我们结婚纪念的诸多友好签名的一块绸布、中间写着智贤、云美结婚纪念、接着即是智贤与我的签名。以后，我们就在志同道合的路上生活着、工作着。他确是我的良师、挚友、爱侣。

在广州中山大学时，1946年和1947年初，中山大学进步学生奋起投入沈崇后援和反饥饿，反迫害等学生运动，智贤用实际行动积极地鼓励和支持他们。师院几位进步同学几次在我家秘密集会，我也配合做些工作，在门口为他们放哨，注意外面情况变化，保证了集会的安全进行。智贤又在广州《南方论坛报》①上发表了《风雨如晦话学潮》的文章，其中写道："……为国家前途，教育前途计，对于这种僵局，吾人不能无言……"。这样更激怒了反动派，智贤又遭到学校当局再次解聘（同时被解聘的还有梅龚彬、钟敬文等五人，当时《大公报》曾刊过中大"五教授解聘"事件的报导）。但他并不后悔，他觉得自己做得对，一个真正的中国人都应该这样做。不久，在地下党组织的帮助下，他、我与孩子先后到了香港。

在香港，党安排他在党领导下的各民主党派合办的达德学院任教授（后兼教务长），我为了照顾孩子，不能与他同往，由共产党员汪季琨（是我大学时的同班同学）介绍我到离住所较近的九龙港龙英文书院任教师。1948年底我的第三个孩子已一周岁多了，我才应聘为达德学院先修班副教授（陶大镛先生也同时应聘）。在这一年半多的时间里，在与共产党员不断接触的过程中，我们不但对党有了进一步的认识，而且从内心深处热爱她。懂得了做人应该做个共产党人。又不断听到解放战争节节胜利的消息，喜悦之情油然而生。1949年2月北京和平解放了（当时称北平），3月中我们被邀请来到了北京。

来到北京后，我们俩都有一个共同的追求：加入中国共产党。因"左"的影响及十年内乱，他于1979年才加入了中国共产党，我到1985年也加入了党组织，都实现了自己数十年来的凤愿，找到了理想的归宿，精神的支柱。

在十年"文革"中，他曾经消沉过，说以后不再搞心理学了，将自己收藏的图书一麻袋一麻袋的当废纸卖了。这时他心里真不是滋味儿，他说："我现在已会英、日、俄三种外语，再学一门法语，以后我就专门搞翻译工作了。"粉碎"四人帮"后，有了正确的路线和方针，他的干劲又上来了。年近古稀，真是豁出老命来干。1987年6月底他因胸腔积液，住进了医院，可他还惦记着7月中参加北戴河的那个会，大夫对他说："你休想了，还是治病养病要紧呀！"1989年因找资料写文章，时间太久，将腰扭伤了，疼痛难忍，坐

---

① 《南方论坛报》应作《每日论坛报》。

也不是，站也不是，但还在加码地工作着。

在他逝世前，仍然在为儿童心理所的工作、心理学的科研与发展等问题操心。如放弃了到广东从化疗养的安排，去年年底参加国家教委和国务院学位委员会来师大检查工作的会议。由于天气寒冷，在会议期间着了凉，但他仍坚持参加会议，并向调查组作了近两个钟头的发展心理学博士点工作的汇报。辞世前一天，还推荐青年教师申请国家教委优秀青年科研基金、霍英东基金等。辞世七、八小时前，为杨鑫辉教授著《中国心理学史研究》问世写了祝贺信。做到了鞠躬尽瘁，死而后已。在他生前，我曾说过我一生毫无成就时，他就对我说："别说这些话了，你为我作出了这么大的牺牲，我感到很内疚"，说时，我感到莫大的慰藉，眼泪差点流了出来。

他一生严谨治学、严肃做人，这是他留给我的最宝贵的精神遗产，它激励我在有生之年更好地发挥余热，为党做些有益的工作[①]。

(1991年6月12日——智贤百日忌辰)

朱智贤教授与夫人杨敏最后一次合影

怀念我们的父亲——朱智贤

朱素华　朱小梅　朱大南　朱大海　朱大京　朱小林

1991年3月19日，我们亲爱的父亲穿着一身整洁的中山装，面部依然是那样慈祥，安详地躺在鲜花丛中。他走完了一条追求进步和光明，一生为繁荣和发展社会主义中国心理科学事业而奋斗的路。但他的音容笑貌，仍栩栩如生地浮现在我们的脑海里。

父亲出生在贫苦的家庭，他生活简朴，对衣着从不讲究，衣服总是破了就补，补了再穿。一件由母亲织的毛衣一直穿了多少年，父亲很少添置新衣服，他去世后，家里竟找不出一件新一点的衣服。对饮食父亲从不过分要求，他喜欢吃面食，只要有饺子、包子吃，他就心满意足。去世前他一直身体不

[①] 北京师范大学发展心理研究所.朱智贤教授纪念文集[M].北京:北京师范大学出版社,1992:31-32.

第十一章 哲人之旅

适,去世当天他胃口好一些,母亲给他做了鸡蛋饺,并买了一些芦柑。他吃了几个饺子,觉得很合口,没想到这是他一生中最后一顿饭。看着他吃剩的那盆饺子和一口没吃的芦柑,我们心里难受极了。

父亲经常教导我们要自立自强。他个性十分好强,晚年疾病缠身,腰痛十分厉害,每次起床要花费个把钟头,但他不愿意麻烦别人,总是自己照顾自己,并坚持工作。他曾说:我只要能动,就要和疾病斗,你不斗它,就会被疾病整垮。

父亲一生追求进步,追随中国共产党。从他年轻时就积极参加党领导的各种进步活动,对国民党蒋介石的反动统治进行抨击和斗争。1949年他和广大革命知识分子一样,欢呼雀跃地迎接新中国的诞生。建国初期,百废待兴,百业待举,在好友林砺儒的相邀下,他来到北京师范大学,专心从事教育工作。1962年他身体复原后不久,接受了党交给他的一项任务,用马克思主义唯物辩证法的观点编写一部高等学校《儿童心理学》教材。父亲干起工作真有些拼命的精神,我们记得很清楚,当时他把我们都动员起来,帮助他抄写书稿。书稿完成后,父亲又病倒了,组织上把父亲送到小汤山疗养院去休养。

父亲在政治上一直积极要求加入中国共产党,由于极"左"路线和十年动乱的影响,直到1979年才实现他的夙愿。他常常对我们说:革命知识分子的归宿是加入中国共产党。他对我们要求很严,要求我们为人要正直,要积极上进。我们没有辜负父亲的教导,先后加入了中国共产党,在各自的工作单位中都成为业务骨干。

父亲学识渊博,勤奋好学。他一生喜欢读书,涉猎的范围从文史哲到自然科学无所不至,在他70多岁高龄时,还准备跟着广播学习法语。同时他还努力学习和了解高科技和新兴学科的知识,他买了很多计算机的书,向学过计算机的子女请教。在科学技术的飞速发展面前,他没有故步自封,以甘当小学生的态度学习和钻研。父亲治学严谨,对学问精益求精,当我们问他一些问题时,他都能给予满意的回答,有时我们写的一些文章,送给父亲看,他不管多忙也给我们审看,连一个标点符号也要斟酌改正。

父亲一向把金钱看得很淡,称之为身外之物。几次提级调工资他都谦让了,他说:调我一个人的工资,就会少调几个人的工资。直到1988年国家有政策要求,工资才调到395元。但他买书却从不吝啬,他除了留下生活必需的费用,其余大部分工资都用来买书。他两次出国,别人都带回来几大件、几小件洋货,而他带回来的只有书。他的房间,书架上、桌上甚至地上都堆满了书。他常教导我们要在事业上孜孜以求,不要在金钱待遇上斤斤计较。他没给我们留下什么遗产,但他留给了我们宝贵的精神和教导。

父亲还积极支持子女学习，不管是谁，只要肯学习，他就从各方面给以支持。在父亲的鼓励下，我们都克服了种种困难，完成了高等学校的学业。当我们在各条战线为祖国工作的时候，都会想起父亲的支持，我们的成长和进步包含着父亲的心血啊！

父亲突然离开了我们，我们感到极大的悲痛，使我们沉浸在对父亲的深切怀念之中。我们要把父亲的怀念之情，化作对事业追求的动力，牢记父亲生前对我们的教导和期望，在建设有中国特色的社会主义事业中贡献自己的力量，以告慰父亲的在天之灵①。

1991年3月19日

朱智贤教授遗体告别仪式在八宝山举行后，全家人在家中与他的遗像合影

◎朱智贤教授的单位悼念文章摘录

树人教为先

北京师范大学发展心理研究所

这是1990年8月的一天，一批即将走上光荣的高等学校教师岗位的研究生，正在一间教室里聚精会神地听着一个讲话。讲台前没有人，只放着一架录音机，缓缓而又深沉有力的声音从录音机里传出："……首先，我作为一名老教师，向新留校工作的教师同志们表示热烈的欢迎和衷心的祝贺。……你们留校工作给我校的师资队伍补充了新鲜血液，增加了生力军。……由于我年纪大了，今年82岁，身体有病，行走不便，只能在病榻上向你们谈几句心里话。……作为一个老教育工作者，在教师岗位上已经工作了62年。……在师范大学工作也有40年，回顾自己走过的道路，有坎坷，也有曲折。但总结

---

① 北京师范大学发展心理研究所.朱智贤教授纪念文集[M].北京:北京师范大学出版社,1992:33-34.

第十一章 哲人之旅

起来,一个教师必须以自己高尚的师德去影响学生,坚持教书育人的方向,给国家培养德才兼备的人才。古人云:师者,所以传道授业解惑也。……强调了教师既要教书又要育人的道理。……我对即将走上教师岗位的同志们提三点希望。一、严格要求学生,也要严格要求自己,保质保量地完成国家交给的任务。二、经常关心学生,注意工作方法,时时关心学生的思想状况和学习情况。少批评,多鼓励,多帮助,做学生的知心人。三、要以身作则,政治上要不断进步,能够跟上改革的步伐。业务上要求不断更新,不能吃老本。我对自己也提出了12个字的要求:加强修养,努力学习,锻炼身体。……以上我讲的是老生常谈,只是希望你们能适应形势的要求,早日成为一名合格的大学教师……"短短十几分钟的讲话,表达了著名心理学家,老教育工作者朱智贤教授对青年教师的一片赤诚之心。人非草木心同热,这些青年同志听完朱老的讲话,深受感动,自发地写了一封慰问信,信中写到:"……您百忙之中,病榻之旁,对我们的谆谆教诲。令我们永生难忘。……我们钦佩您教书育人的高尚师德。……我们年轻,我们好学,我们渴望得到提高,我们渴望不断进步。因此我们请求您及其他前辈们,在今后的工作中能够多多给予我们关心和帮助,帮助我们早日成才,早日成为一名合格的大学教师。……"谁说在两代人中间存在着"代沟"?老一代教师和年轻一代教师为了一个共同的目标,心是息息相通的。

朱智贤教授从1928年就开始了他教书的生涯。他出身贫寒,从小受到劳动人民朴实和正直的思想影响。从单纯的凭良心做人,凭本事吃饭的观念,经过无数次对真理的追求,最终成就了他以马克思主义为行动准则的无产阶级专家学者的大业。

在师范学校学习期间,他从自己的亲身经历中,深深感到穷苦人家的孩子上学是多么的不容易。他联络了几个志同道合的同学,不辞辛苦,热心地为学校附近街道因家庭生活困难的失学儿童办学,并试行了当时流行的"设计教学法"。1928年,他从海州中学师范科(海州师范的前身)毕业,由于他的刻苦努力,毕业成绩优异,被母校留在附属小学,担任四年级的级任兼儿童自治指导主任。两年来的教学实践再加上他的钻研,为他今后研究儿童教育和儿童心理学打下坚实的基础。尔后,他上过中央大学,留学日本发表了不少专著和专论,成为小有名气的教育家。在日本留学期间,他接触了马克思主义的著作,开始接受了这一先进的思想。1937年抗日战争爆发,他放弃了攻读学位的机会,毅然回国投入抗日救国的工作中去。

1938年他到达桂林,就任江苏教育学院的教授,主讲教育学和心理学。抗战期间、桂林是一个进步力量比较集中的地方,许多热血青年和进步人士来到桂林，各种抗日救亡团体也很活跃，如生活教育社、新安旅行团、国民党政治部第三厅（郭沫若任厅长）的演剧九队等。朱智贤开始接受党的影响，积极参加党组织的各种进步活动。他的一个学生共产党员张刚（原北京师范大学教务长）这样回忆到："那时我在三年级学习，朱先生教我们《教育哲学》课，并兼任三年级级主任。听朱先生所讲课的内容，了解到他思想进步，因为他所教的《教育哲学》课，实际上是马克思主义哲学辩证唯物主义和历史唯物主义。当时江苏教育学院有我党的一个地下支部，人员比较少，只有我们四个人。朱先生积极参加我们组织的各种进步活动，如时事讨论会、经济研究会等，他同时还是生活教育社的成员。"朱智贤没有把自己关在做学问的象牙塔中，他的心和时代的脉搏在一起跳动。他学识渊博，讲课生动活泼，学生们都爱听他讲的课。他没有架子，平易近人，总能替别人多着想，学生们爱到他的住所串门，大家在一起谈论时事政治。他还将许多当时很难借到的进步书籍，如吕振羽的《中国政治思想史》《自然辩证法》等书借给学生阅读。在共同追求的理想中建立了亲密的师生情谊。他的一个学生张定璋（原杭州大学教授）曾回忆到："1941年初，朱先生因参加进步活动，遭到反动校方的解聘。我和凌志谦等七八位同学也同时被勒令退学。我们这些被开除的同学处在困难的境况下，常常去朱先生处去聚会，他每次都给我们以鼓励，以力量。皖南事变后，国民党反动派加紧了反共活动，桂林已难再住下。朱先生为我们写了介绍信，并买了火车票，大清早亲自把我们送上火车。火车开动了，看着他离开车站的背影，我们不断地擦着眼泪，当时的情景至今还历历在目。以后的人生行程中，我有过坎坷曲折，但牢牢记住朱先生的教诲，自强自立，正直为人。"像这样帮助被反动当局迫害的进步学生的事情不止一次，如一个学生在璧山因参加进步活动，被校方开除，他不仅收留了这个学生，从生活上照顾这个学生，并且通过关系把这个学生送到四川教育学院继续学业。

1944年他到中山大学任教，继续他传道授业解惑的教书生涯。他应用马克思的辩证唯物主义讲授心理学，在当时用机械唯物主义讲授心理学的沉闷空气中，吹进了一股新鲜的空气，加上他讲课能深入浅出，言之有物，故甚得学生欢迎。抗日战争胜利后，国民党反动派的倒行逆施，激起了他很大的义愤，他多次在报纸上写文章抨击国民党反动派的罪行，积极支持学生的反饥饿、反内战、反迫害的斗争。当他知道国民党警备司令部要逮捕中山大学参加五卅示威游行的进步学生时，他及时透露给学生，并借来盘缠，送学生去香港躲避。后来反动学校当局将他解聘，同时解聘的还有钟敬文、梅龚彬等五位教授，并策划对他们进一步迫害，这就是当时登在《大公报》上轰动

第十一章 哲人之旅

一时的进步五教授被解聘的新闻。在党的关怀下，安排他去香港，在党领导下，各民主党派合办的达德学院任教务长兼教授。1949年2月香港当局无理封闭了达德学院，这时北平解放了，他和其他各方面爱国人士一起来到了北京，参加新中国的恢复和建设工作，开始了他的新生活。

从1951年起直到他去世，他在北京师范大学这著名的高等学府中工作了40个春秋，度过了他大半生的时光，他有过欢乐，也有过苦恼，有过奋斗，也有过挫折，但他始终没有放弃过对真理的追求和学术上的钻研。特别是在党的十一届三中全会后，党的知识分子政策和改革开放建设现代化社会主义强国的方针极大地鼓舞了他。尽管他年逾古稀，仍孜孜不倦地为恢复和发展心理学和社会主义教育事业勤勉地工作着，直到他生命的最后一息，他的生命在后十几年中迸发出更加绮丽的光彩。

朱智贤教授对教学和研究工作是精益求精，他教的课深受学生欢迎，这不仅在于他知识功底深厚，教学经验丰富，更重要的是他对学生对工作的挚诚。他的名言是："教师要先学会做人，然后才能学好教书。"他的讲稿整齐清晰，一丝不苟。教案设计严密周到，每一个例证都经过反复的推敲。因此学生听他的课不仅学到了知识，也学会了如何做人。他对学生有很深的感情，他把学生看成是社会主义革命和建设事业的宝贵财富，竭尽全力把学生教好，他常常事必躬亲。本来他有助教，但他还经常到教室去给学生进行答疑辅导。1962年，他腿骨坏死，住进了北京医院，学生们都为不能听到他的讲课而感到遗憾。没想到下半学期开学时，刚从医院出来的朱智贤教授竟拄着拐杖，来到了教室，学生们高兴极了，听起课来比以往更加聚精会神。

朱智贤教授对青年同志总是满腔热情。如1960年吴凤岗（现中国儿童发展中心副主任）做他的助教。吴凤岗此时刚刚从学校毕业，见到他不免心情有些紧张。朱老就和他拉家常，并对他所患的胃病极其关心，嘱咐他要好好保养。然后才和这位助教谈工作安排，使这位助教感到他是一位可亲可敬的师长。他还要求这位助教每周答疑课之前和他商量，对答疑中的不妥之处给以详尽的说明和指导。当这个助教第一次登上教坛讲课时，他对讲稿仔细审阅，认真修改，连一个错别字也不放过，并让这位助教试教一课，给以具体的帮助。1964年姚文瘠又把心理学批为"九分无用，一分歪曲"的"伪科学"，北京师范大学第一届心理专业的毕业生被改行分配工作。在学生们离校前，朱智贤教授来为大家送行，他语重心长地勉励大家，要相信党，相信心理学是一门有用的学科。在今后做基层工作时，要适当地搞一些心理学的研究工作，积累一些资料，总有一天，我国的心理学还是需要你们的。粉碎"四人帮"以后，在朱智贤教授的帮助下，这批学生大部分成为我国心理学事业上的骨干力量。他对青年同志不仅严格要求,而且还百般爱护。1978年他逐字逐句地审阅林崇德(他的第一个博士生)从教育第一线带回来的研究报告,一丝不苟地为之做了精心的修改和指导,在1979年"文革"后的第一次全国心理学年会上受到了好评。1980年林崇德留校工作,在他第一次登上大学讲台时,朱智贤教授坐在教室的最后一排,仔细听完了两堂课,并做了详细记录,课后进行了认真的讲评,使青年同志尽快地进入角色,掌握心理学教学和科研的本领。

  朱智贤教授在恢复了他的研究工作后,不顾年老体弱,出席各种心理专业会议,一次做学术报告长达六个小时,还广泛地联络心理学界同仁,组织和协调国内心理学的研究和发展工作,并撰写了大量的心理学发展的方向性文章,为心理学在马克思主义指导下得以健康发展打下了基础。他一生的教学研究活动都没有忘掉教书育人,培养德才兼备的接班人。他讲过:"学术梯队的建设是我学术生命的延续。"只有培养出大批政治上可靠,业务上过硬的人才,才能使有中国特色的心理学事业得以发展。他积极地承担了繁重的带硕士生和博士生的教学工作。1981年,他为了更好地开展心理学的教学工作,不顾身体有病和同志们的劝说,走上讲台,为学生讲了一个学期的"思惟发展心理学"课程。他那渊博的学识,生动的讲授和透彻的分析,听课的学生都感到饶有兴趣和难以忘怀。他是国家公布的第一批博士生导师,他先后带了19名硕士生和9名博士生。他不仅在学业上严格要求学生,而且全面地关心学生的成长和进步。他经常告诫学生,在学习、工作和生活中要有信仰,有追求和坚持正确的政治方向。他常从百忙中抽出时间找学生谈话,了解思想情况。对错误的思想,他总是严肃批评。对学生的困难,总是尽力帮助。他还经常教育学生要坚信共产主义,跟着共产党走,他先后介绍了四名学生加入了中国共产党,前几年在学术界出现了"西方热"的现象,诸如弗洛伊德的著作和思想被大量介绍和出版。但朱智贤教授不怕被骂成"正统",仍坚持他一贯的治学主张,认为心理学必须坚持三个方向,一是坚持辩证唯物主义方向,二是提倡理论联系实际的学风,三是贯彻洋为中用,古为今用的方针。他曾意味深长地说:"当我们翻开西方的儿童心理学,几乎全部是他们自己的研究材料。当我们打开苏联的儿童心理学,几乎每本书里都有一种强烈的俄罗斯民族的自豪感。我们要用自己严谨的研究和艰苦的创造,以形成当代中国儿童心理学的模式。"朱智贤教授大半生为这一目的呕心沥血地奋斗着,在他主编的《心理学大词典》中,和他主持的"中国儿童心理发展特点与教育"等国家级科研项目中都体现和贯穿了他的这一学术思想。他还创建了"北京师范大学儿童心理研究所",开展了大量的儿童心理学的研究工作,培养了大批研究人才。一批年富力强,学有专长的研究人员,其中有获得国家教委表彰的"做出突出贡献的中国博士学位获得者"和"做出突出贡献的回国留学人员",他们正在为继续朱智贤教授未竟的事业努力奋斗着,假如朱智贤教授的在天之灵知道他的事业、党和国家的事业后继有人,兴旺发达,他该是多么地欣慰①。

1991 年 3 月 19 日

可敬的导师,做人的楷模
——深切悼念朱智贤教授

北京师范大学研究生院

当听到朱智贤教授突然逝世的消息后,我们全院同志无不感到万分悲痛!

朱智贤教授是国务院批准的我国第一批博士研究生导师。10 多年来,他为实现党和国家提出的高级专门人才的培养逐步立足于国内的战略目标,为培养新一代博士研究生,付出了全部心血,作出了重大贡献。正如朱老 1990 年所说的:"我始终竭尽自己的全力去做一件事情,就是以一个教师的高尚的师德,去教育影响自己的学生,坚持教书育人的方向,为国家培养德才兼备的专门人才。"

朱老的辛勤劳动现在已经开花结果了。不久前,在国家教委、国务院学位委员会、劳动人事部联合召开的表彰大会上,朱老培养的两名博士生受到表彰,其中,林崇德被评为"做出突出贡献的中国博士学位获得者",董奇被评为"做出突出贡献的回国留学人员"。据我们所知,一位导师培养的博士生,同时有两人受到国家的表彰,这在全国 5000 多名博士生导师中并不多见。

最近,国家教委北京博士生培养工作专家调查组负责人对于去年的调查结果发表了总结性意见,其中对我校的朱老为学术带头人的发展心理学博士点的工作给予了很高的评价,认为:这个博士点的培养工作成绩卓著,已毕业的博士生有较高的学术水平,政治素质好,他们的研究成果达到了国际水平,受到了国内外同行的好评。总结时指出:这个博士点有五点经验值得肯定和发扬,即 1. 重视博士点的建设,建立起了学术水平高、团结和谐、治学严谨、朝气蓬勃、并有好的学术梯队的学术集体;2. 学术主攻方向明确,有自己的特色;3. 积极承担国家科研任务,带领学生进入学科前沿;4. 注意选

---

① 北京师范大学发展心理研究所.朱智贤教授纪念文集[M].北京:北京师范大学出版社,1992:44-47.

拔人才坚持"宁缺毋滥"的原则,招生中严格把好质量关;5.强调为人为学的一贯性,做到教书育人。

如今,朱老已经离开了我们,离开了他所热爱的事业,但是我们坚信,朱老亲自培养出来的学生一定会继承他的事业,作为他的学术生命的不断延续①。

沉痛悼念朱智贤教授

北京师范大学出版社

3月5日上午,当我们听到著名心理学家朱智贤教授与世长辞的噩耗时,深感震惊和悲痛,简直不敢相信这一不幸消息是真的。

是啊朱老,我们怎能相信?新春前夕,我们还有同志去请您为对外出书的合同用印!也是新春前夕,我们还有同志为图书的再版问题去与您商量!……您不是还好好的吗?!您那清瘦有神的面庞,饱学深思的气质,忠厚师长的风范,真挚亲切的话语,还时时清晰地萦绕在我们的心头。谁料想,您真的匆匆离我们而去了!

朱老,我们要深深感谢您对我们的关心和支持。记得在我社成立之初,您就对我社的创建和发展提出了带有建设性的宝贵意见,曾满怀喜悦地对我们说:师大成立出版社是件喜事,它是我们的共同事业,我们全校每一个职工都应热情地关怀和支持这项事业,把出版社办好。您建议我们:要使出版社立于不败之地,必须出版两种图书。这两种图书缺一不可。不出学术著作,与我们北京师范大学的名称不相符合,在社会上就没有学术地位。光出学术著作而没有经济效益,出版社就无法生存。您还鼓励我们:出版社刚成立,还没有经验,这没有关系,可以边干边学。您援引老前辈叶圣陶先生的话说,我们出版事业用什么来对人民负责?就是用在白纸上印许多黑字,用这个来向人民负责。有错别字,就要像秋风扫落叶那样,扫掉一批又一批。只要我们工作认真,就一定能提高水平,把工作做好。您的话,是多么的中肯,对我们是多么大的鼓舞啊!

朱老,您是我国著名的教育家、心理学家,科学儿童心理学的奠基人,我国心理学界的泰斗,蜚声国内外。但您并不因为我社的条件差、经验少而不向我社赐赠书稿,相反,您从我社一成立时就表示,我要用有生之年,为我们自己的出版社多组织些书稿,贡献自己的一份力量。您是这样说的,更是这样做的。自我社成立以来,您为我社编著或主编了一系列的优秀图书,

---

① 北京师范大学发展心理研究所.朱智贤教授纪念文集[M].北京:北京师范大学出版社,1992:36.

如《儿童心理学教学参考资料》（六本），《儿童心理学史》《心理学大词典》《幼儿智力画库》《发展心理学研究方法》等等。有的图书还获得了大奖，如《心理学大词典》荣获1990年第四届中国图书奖一等奖，1991年北京市第二届哲学社会科学优秀成果特等奖。《思惟发展心理学》荣获1990年全国首届教育科学优秀成果一等奖，《幼儿智力画库》荣获1990年全国冰心儿童文学奖。您的辛勤劳作，为祖国的教育、心理科学事业的发展作出了巨大的贡献，也为我校和我社赢得了荣誉。另外，您对我们编辑工作的关怀和帮助，也使我们难以忘怀。每当我们的编辑同志找您去请教和商量工作的时候，您总是不厌其烦地给予指导，既有严格的要求，又有热情的鼓励，使我们的同志深受启发和鼓舞。

朱老，我们要特别提出的是，在您年近八旬高龄的时候，您还为我社领衔主编了国家七五规划重点科研项目《心理学大词典》这部大型工具书。为使此书成为观点正确、内容丰富、科学性强，并具有中国特色的优秀图书，您是呕心沥血，绞尽脑汁，费尽了心机。在此书编纂过程中，您不顾年迈体衰、严冬酷暑，甚至经常抱病工作。每次编委会议，您都亲自主持，并在会前制定了明确而切实可行的方案和要求，以提高会议效率和节省会议开支。在您的主持下，集全国心理学界200多位专家、学者的集体智慧和力量，与我社一起，团结一致，齐心协力，终于共同完成了这部大词典的出版任务，比预定五年的出书计划提前了一年。

朱老，您不幸离开了我们。我们全社职工怀着无比沉痛的心情悼念您。我们决心化悲痛为力量，继往开来，决不辜负您生前的殷切期望，努力把出版社的工作做得更好！用我们辛勤劳动来告慰您在天之灵。

朱老，请您安息吧！[①]

第二节　深情缅怀

◎《朱智贤教授纪念文集》出版

在1992年的盛夏，一本特别的纪念文集在北京师范大学发展心理研究所的精心策划下问世了。这本名为《朱智贤教授纪念文集》的书籍，不仅是对朱智贤教授的深切

---

① 北京师范大学发展心理研究所.朱智贤教授纪念文集[M].北京:北京师范大学出版社,1992:37-38.

缅怀，更是对他学术精神的传承与颂扬。封面上，著名书法家启功先生亲笔题签，为这本书增添了一份庄重与敬意。林崇德教授作为主编，带领团队倾注了无数心血。

林崇德教授在该书的后记中写道，在整理《朱智贤教授纪念文集》的日日夜夜，朱老的学生们无数次泪湿眼眶。朱智贤教授的离世，对中国心理学界和教育界来说，无疑是一次巨大的损失。我们失去了一位令人敬仰的导师。我们汇编纪念朱老的文集，不仅为深切哀悼这位杰出的心理学家和教育家，而且还有两个更深层的目的。即：一是使我们更好地学习朱智贤教授的品格和学术思想；二是表示他的精神将永远激励我们加倍努力去完成他未竟的事业①。

文集的编辑和出版，得到了社会各界的广泛支持。北京师范大学出版社为了使这本书更加完美，多次修改设计方案，力求每一页都能精准传达朱老的精神。书籍一经出版，便受到了广泛的赞誉。

《朱智贤教授纪念文集》中收录了众多领导和专家的题词，以及朱智贤教授不同时期的照片27张，还有他的获奖证书和手稿照片10余张，生动地展现了朱老非凡的一生和卓越的成就。

中国教育学会副会长张健为文集撰写了序言，分为三个部分：朱智贤教授的光辉一生，对朱智贤教授的沉痛悼念，对朱智贤教授学术思想的评述。

在纪念文章中，有一篇特别引人注目，那就是《人民日报》高级记者庄永龄所写的《现代教育家、心理家朱智贤》。庄永龄不仅是记者，也是北师大教育系的校友，他以深情的笔触，缅怀朱老的一生，高度评价了朱老的成就。其他的纪念文章则由朱智贤教授的家人、学生和生前好友撰写，他们用真挚的情感，回忆与朱老共度的时光，表达对他的深切怀念。

《朱智贤教授纪念文集》封面

《朱智贤教授纪念文集》不仅是一本书，它是一段历史的见证，是一份情感的寄托，更是一份对未来的承诺。朱智贤教授虽然离开了我们，但他的精神和学术思想将永远活在我们的心中。我们会继续他的事业，为了教育的未来，为了心理学的发展，不懈努力。

---

① 北京师范大学发展心理研究所.朱智贤教授纪念文集[M].北京:北京师范大学出版社,1992:63.

第十一章 哲人之旅

◎ 《儿童心理学》出版

在 1961 年，鉴于教学资源的迫切需求，朱智贤教授编著的《儿童心理学》被全国高等学校文科教材会议确定为高等师范院校及综合性大学的通用教科书。

1979 年，该书的第二版面世，对于儿童心理学研究的正本清源起到了关键作用。

到了 20 世纪 80 年代末期，朱智贤教授考虑到教学需求以及国内外儿童心理学的进展，决定对《儿童心理学》一书进行第二次修订。当时，他正负责领导国家级重点项目"中国儿童心理发展特点与教育"，该项目跨越了"六五"和"七五"计划，汇集了全国两百多位心理学家的研究成果，并积累了大量珍贵的第一手资料，为修订工作奠定了坚实的基础。遗憾的是，朱智贤教授在 1991 年 3 月 5 日凌晨突然去世，留下了未完成的工作。

面对这一不幸，朱智贤教授的遗孀杨敏女士尽管沉浸在悲痛之中，但仍然非常关心《儿童心理学》的修订事宜。她对林崇德教授寄予厚望，并鼓励他继续完成这项工作。

作为朱智贤教授的得意门生，林崇德教授勇敢地承担了这项重任。从 1991 年的暑假开始，他根据朱智贤教授生前的指示，开始了《儿童心理学》的修订工作。到了 1993 年，一部重要的学术著作——《儿童心理学》（1993 年修订版）出版了。在修订过程中，林崇德教授遵循了朱智贤教授原著的结构、观点、体例和风格，并进一步强调了朱智贤教授的学术思想。"1993 年修订版说明"中指出：

其一，辩证唯物主义的观点探讨儿童心理发展中关于先天与后天的关系、内因与外因的关系、教育与发展的关系、年龄特征与个别特点的关系，并且这四个儿童心理发展的基本规律，宛如一条主线，贯穿于全书的始终。

其二，以儿童心理发展的年龄阶段为叙述体系，每一个年龄阶段又从一般特征、神经系统（或生理特征）发展、动作或活动发展、言语发展、心理发展五个方面来展开，构成全书的框架。

其三，尽可能引用中国近年的研究材料。书中的应用实际资料，除保留极少数经典性的老的实例之外，基本上换为了近年来国内外的新的研究资料。为了贯彻朱老生前"儿童心理学研究中国化"的思想，我们尽可能使用我国心理学家自己近年来的研究材料，特别是他领衔的"中国儿童心理发展特点与教育"课题的研究成果[①]。

第三版《儿童心理学》出版，并获得了全国读者的广泛欢迎和积极评价。这不仅是朱智贤教授著作的再次修订，也是对他遗愿的圆满实现。林崇德教授亲自完成的

---

① 朱智贤.儿童心理学[M].修订版.北京:人民教育出版社,1993:1.

这项修订工作，在中国心理学界传为美谈，展现了师生间深厚的情感纽带和学术的延续。

随着时间的推移，该书经历了多次修订，直至最新的第六版。跨越57年，经历6个版本的更迭，尽管每一版都诞生于不同的时代背景下，但都紧跟时代的步伐。《儿童心理学》的演变，见证了新中国儿童心理学的发展历史。

从朱智贤教授始，经林崇德教授，再至朱䇹博士，这部《儿童心理学》历经三代学者之手，跨越半个多世纪的修订与精进，成为学术传承的光辉典范，象征着知识与智慧的火种在世代间得以延续。

《儿童心理学》各版本封面

◎ 《朱智贤全集》出版

在北京图书馆一间安静的阅览室内，朱大南研究员正埋头于一堆泛黄的报刊和书籍之中。作为朱智贤教授的长子，他肩负着一项特殊而艰巨的任务——搜集父亲在1949年前的学术文章。这些文章如同失落的珍珠，散落在历史的长河中，等待着被重新串联起来。

与此同时，在北京师范大学发展心理研究所，一群年轻的学者正围坐在电脑前，他们的手指在键盘上飞快地舞动。他们正在将朱智贤教授的繁体字、竖排的著作转换成简体字、横排的格式，来适应现代出版业的要求。

在繁重的任务面前，团队成员们的内心充满了对朱教授的深深敬意和对学术研究的无限热忱。他们坚信，通过这样的努力，不仅能够向朱教授致敬，更能体现对学术传承的深深尊重。这份工作不仅是对朱教授的缅怀，也是对未来学者的一份献礼。

2002年2月，北京师范大学出版社发行了《朱智贤全集》。该全集共6卷，总计约300万字，收录了朱智贤自30年代起在不同时期发表的论文与著作。全集包含的卷册有《中小学教育与心理》《教育研究与方法》《心理学基本理论问题》《儿童心理学》《思惟发展心理学》以及《儿童心理学史》。在这些卷册中，《思惟发展心理学》与《儿童心理学史》是朱智贤与林崇德共同撰写的作品。

《朱智贤全集》封页

朱智贤全集目录

朱智贤全集（第一卷　中小学教育与心理）

儿童自治概论

绪言

导言

第一章　儿童自治的意义

第二章　儿童自治的价值

第三章　儿童自治的目标

第四章　儿童自治的组织

第五章　儿童自治的活动与指导

第六章　儿童自治事业的改进

余论——儿童自治与改造社会

小学写字教学法

第一章　什么是写字教学的目标

第二章　儿童几岁才可以正式开始写字

第三章　"把手写"可以用吗

第四章　描写呢映写呢临写呢自由写呢

第五章　横写呢直写呢

第六章　写字的大小行草问题

第七章　写字的用笔问题

第八章　写字的本子问题

第九章　写字的格子问题

第十章　写字教材的编造问题

第十一章　字帖的研究

第十二章　座位姿势执笔和运笔

第十三章　笔顺怎样教

第十四章　写字教学的过程

第十五章　写字的练习问题

第十六章　写字的用具和教具

第十七章　写字成绩的批订与考核

第十八章　写字量表的编造及使用问题

小学行政新论

自序

绪论

第一章　小学行政上的一般原则

第二章　招生及开学

第三章　校务组织法

第四章　教师及其问题

第五章　教师及其问题(续)

第六章　学校经济

第七章　建筑设备及保管

第八章　学级编制法

第九章　课程编制法

第十章　训育问题

第十一章　儿童生活指导

第十二章　成绩考查法

第十三章　学校卫生

余论——结束及反省

小学课程研究

导言

第一章　课程的概念

第二章　课程的原理

第三章　课程的编制

余论

小学学生出席与缺席问题

序言

第一章　导言

第二章　出缺席之管理

第三章　出席问题

第四章　缺席问题

第五章　出席簿

小学研究工作实施法

第一章　研究工作的重要与效益

第二章　研究工作的目标与方针

第三章　教育研究的演进及其领域

第四章　研究工作的现状及其改进

第五章　研究的组织与计划

第六章　研究的问题与材料

第七章　研究的方法与步骤

第八章　阅读与讲习

第九章　参观与观察

第十章　集会研究

第十一章　专题研究

第十二章　通讯研究

第十三章　调查研究

第十四章　实验研究

第十五章　结果与应用

第十六章　联合与辅导

第十七章　余论

附录

　一、初等教育辅导研究办法大纲

　二、中小学教职员进修办法

　三、教育研究方法的参考书报

　四、怎样研究小学教育

通俗讲演设施法

序

告读者

第一章　何谓通俗讲演

第二章　通俗讲演概观

第三章　通俗讲演之功用

第四章　通俗讲演之种类

第五章　通俗讲演机关之组织

第六章　通俗讲演员

第七章　通俗讲演之计划

第八章　通俗讲演稿

第九章　通俗讲演法

第十章　通俗讲演之时间

第十一章　通俗讲演之辅助品

第十二章　通俗讲演之场所

第十三章　推广事业

第十四章　应用表格

附录

青年心理

第一章　先从心理学说起

第二章　再谈到青年心理

第三章　青年生理的发展

第四章　青年感觉的发展

第五章　青年情绪的发展

第六章　青年的两性生活

第七章　青年智慧的发展

第八章　青年学习的要则

第九章　青年思想的发展

第十章　青年兴趣的特点

第十一章　青年群性的发展

第十二章　青年的两性差异

第十三章　青年人格的发展

第十四章　青年的变态心理

第十五章　青年的道德生活

第十六章　青年的心理卫生

第十七章　青年的自我教育

心理常识漫话

前言

第一章　何以人为万物之灵

第二章　大器晚成的理论根据

第三章　"人之初性本善"吗

第四章　城里人与乡下人的心理

第五章　男女差异与男女平等

第六章　人格的构成及其类型

第七章　心理可以影响生理吗

第八章　惧怕与人生

第九章　愤怒与人生

第十章　心理变态的几种现象

第十一章　谈谈神经衰弱

第十二章　谈谈歇斯底里

第十三章　论延年益寿之道

第十四章　关于梦

第十五章　谈谈催眠术

第十六章　夫妇之道

第十七章　谈谈胎教

第十八章　婴儿保育须知

第十九章　儿童的长成和学习

第二十章　父母子女之间

第二十一章　青年的自我教育

第二十二章　越过学习的高原

第二十三章　促进学习效能的条件

第二十四章　怎样记忆

第二十五章　谈疲劳

第二十六章　论烟酒茶

参考文献（部分）

朱智贤全集(第二卷 教育研究与方法)

教育研究法

刘序

自序

第一篇 绪论

    第一章 教育研究之本质

    第二章 教育研究之价值

    第三章 教育研究之趋势

第二篇 问题

    第一章 搜集问题的方法

    第二章 选择问题的标准

    第三章 问题的确定与改选

第三篇 方法

    第一章 研究的步骤

    第二章 历史研究法

    第三章 实验法

    附

        一 实验步骤及计划举例

        二 中国教育实验之过去与将来

        三 实验名词英汉对照表

    第四章 调查法

    第五章 个案研究法

第四篇 材料(上)——副料的搜集法

    第一章 材料的搜集

    第二章 参考材料的重要

    第三章 参考书目的编制

    第四章 论文索引的编制

    第五章 参考研究的方法

第五篇 材料(下)——原料的搜集法

    第一章 观察法

    第二章 测量法

    第三章 工作分析法

    第四章 访问法

    第五章 问卷法

第六篇　结果

　　第一章　取得结果的程序

　　第二章　材料的整理(一)——参考材料的整理

　　第三章　材料的整理(二)——品质材料的整理

　　第四章　材料的整理(三)——数量材料的整理

　　第五章　结论的确定

　　第六章　报告的编制

　　(附)教育研究报告批评记分表

附录

　　教育研究专题一束

　　小学实际问题举隅

　　教育研究者的条件

后记

教育专题研究

1　"把手写"可以用吗

2　对低年生讲故事的方法

3　儿童节标语

4　儿童节与儿童年

5　介绍刘著《乡村小学校长与教师》

6　儿童几岁才可以正式开始写字

7　给一个小学教师的信

8　一个教育定义的商榷

9　教学思想演变述要

10　师范学校"小学教材及教法"教学之研究

11　师范生参观问题

12　儿童自治的组织与指导

13　师范实习制度之评论

14　本刊的回顾与展望

15　最近苏联教育之发展

16　师范学校教学方法之新趋势

17　愿民众教育者反省

18　学校开学与始业训练

19　成人班的各科教学指导

20　中国学校教育的新生命

21 儿童字典的研究

22 民众教育实验问题

23 中国民众体育之检讨

24 民众教育视导之研究（上）

25 民众教育视导之研究（下）

26 战时教育之总检讨

27 中学生的心理指导

28 教学之心理的基础

29 师范实习指导法

30 今日之民众教育者

31 县民教馆工作之批评及其前途

32 编辑后记

33 编辑后记

34 中国教育改造的一条新路

35 试用部颁民校课程标准草案的意见

36 改进图书馆行政要点

37 我对于目前师范学校的几点感想

38 编辑民众课本之商榷

39 政富教合一之途径与设施

40 中国教育的新生命

41 民众教育馆业务设施之最低标准

42 中国民众教育理论的现状及其去路

43 幼稚园故事教学法

44 介绍几本研究教育方法的书籍

45 教育专题研究的方法

46 我与教育

教育专题研究篇目索引

参考书报

朱智贤全集（第三卷　心理学基本理论问题）

心理学的对象、特点和它在科学分类中的地位

关于心理学的对象问题——读苏联关于心理学对象问题的两个"讨论总结"以后

关于心理学对象问题的一些看法

心理学研究什么和不研究什么——关于心理学的学科性质问题

关于人的心理的阶级性问题
心理学上三个行为公式之批评——理论心理学发微之一
人性的改造问题——略论心理学研究的主题与方向并对中国先哲人性讨论作尝试的总结
反映论与心理学
心理学的方法论问题
关于人的心理的内部矛盾问题

马克思主义关于儿童心理发展的理论
儿童心理的发展
有关儿童心理年龄特征的几个问题
有关儿童智力发展的几个问题
儿童思惟的发生与发展

思惟心理研究漫谈
关于思惟心理研究的几个基本问题
苏联思惟心理研究评述
解放前我国儿童心理学发展概述
中国儿童教育心理学 30 年
儿童心理学研究中的若干基本问题
有关我国儿童教育心理学工作的几点意见
70 年代西方儿童心理学发展述评
美国儿童发展心理学考察散记
当前儿童心理学的进展
苏联儿童心理学的发展
在苏联心理学座谈会上的发言

皮亚杰儿童思惟心理学评介
皮亚杰的心理学思想
悼念当代杰出的心理学家皮亚杰教授
关于日内瓦的新皮亚杰学派
现代认知心理学评述

儿童左右概念发展的实验研究

儿童掌握让步连接词的年龄特点

小学生字词概念发展的研究

小学生字词概念综合性分类能力的实验研究

七岁儿童某些能力发展的初步调查

谈谈儿童心理规律和提高教学质量问题

怎样做父母

儿童的品德教育要遵循儿童心理发展规律

早期教育要贯彻德智体全面发展的方针

从儿童心理看独生子女的教育问题

手的演化与心理

脑的演化与心理

笑的心理

幽默心理小论——文艺心理杂话之一

我在研究生教育工作中贯彻教书育人方向的体会

博士生要有实践经验，并要特别注重能力的培养——博士导师论坛

朱智贤全集（第四卷　儿童心理学）

1962年版前言

1979年修订版说明

1993年修订版说明

第一章　儿童心理学的对象、任务和方法

第二章　儿童心理学发展简史

第三章　儿童心理发展的基本规律

第四章　乳儿期儿童心理的发展

第五章　婴儿期儿童心理的发展

第六章　学前期儿童心理的发展

第七章　学龄初期儿童心理的发展（上）——学龄初期儿童心理发展概述

第八章　学龄初期儿童心理的发展（中）——学龄初期儿童心理过程的发展

第九章　学龄初期儿童心理的发展（下）——学龄初期儿童个性的发展

第十章　少年期学生心理的发展

第十一章　青年初期学生心理的发展

参考文献

朱智贤全集（第五卷　思惟发展心理学）

前言

第一章　绪论

第二章　思惟发展研究历史评述

第三章　辩证唯物主义是思惟发展研究的指导思想

第四章　思惟发展的研究方法（一）

第五章　思惟发展的研究方法（二）

第六章　活动与思惟的发展

第七章　表象、想像与思惟的发展

第八章　语言与思惟的发展

第九章　入学前儿童思惟的发生与发展

第十章　小学儿童思惟的发展

第十一章　青少年思惟的发展

第十二章　思惟发展的个性差异和群体差异

参考文献

朱智贤全集（第六卷　儿童心理学史）

前言

第一编　近代西方儿童心理学的形成

　第一章　西方儿童心理学产生的历史原因

　第二章　近代儿童心理学的产生

　第三章　西方儿童心理学形成时期几个有影响的心理学家

第二编　西方儿童心理学的分化和发展

　第四章　精神分析学派的儿童心理学思想

　第五章　行为主义儿童心理学

　第六章　格式塔心理学的儿童心理学观

　第七章　格赛尔的儿童心理学思想

　第八章　彪勒和维也纳学派

　第九章　蒙台梭利的儿童心理学观

　第十章　皮亚杰对儿童心理学的贡献

　第十一章　瓦龙对儿童心理学的贡献

第三编　当代西方儿童心理学的新进展

　第十二章　西方儿童心理学理论观点的演变与增新

　第十三章　当前西方儿童心理学的具体研究

第四编　苏联儿童心理学
　　第十四章　第二次世界大战前的苏联儿童心理学
　　第十五章　从第二次世界大战结束到 50 年代末的苏联儿童心理学
　　第十六章　20 世纪 60 年代以来的苏联儿童心理学
第五编　中国儿童心理学
　　第十七章　中国儿童心理学发展概况
参考文献

◎《朱智贤教育文集》出版

　　中国的教育历史源远流长，但现代教育的起源仅追溯至百年前。特别是在 20 世纪 20 至 30 年代，西方教育理论的大量引入和众多实验研究的开展，为中国教育与全球教育发展趋势的接轨以及教育科学的初步建立打下了基础。然而，抗日战争的爆发阻断了中国教育现代化的步伐。中华人民共和国成立后，教育事业迅速发展，教育科学研究也逐渐复苏。尤其是改革开放以来，教育科学迎来了发展的黄金时期。从吸收外来教育理论到构建具有中国特色的社会主义教育理论体系，这是一条既漫长又充满挑战的道路，但也是极其宏伟的事业。中国的教育理论家们历经数代人的不懈努力，持续在探索中前进。

　　任何科学的发展都要靠知识的不断积累和创新，教育科学的发展也不例外。因此，了解前人研究的成果，站在前辈的肩膀上，就使我们的攀登会容易一些、快捷一些[①]。基于此，2011 年，顾明远教授联合江苏教育出版社策划并出版了《20 世纪教育名家书系》。该系列的第一辑包括了《刘佛年教育文集》《朱智贤教育文集》《王承绪教育文集》《王焕勋教育文集》《陈元晖教育文集》《张敷荣教育文集》《滕大春教育文集》和《李秉德教育文集》。这些教育名家在中国教育科学现代化的进程中扮演了桥梁的角色。他们大多在二十世纪三四十年代接受教育，并且许多人有海外留学经历，具有深厚的中西学识。新中国成立后，他们对教育学科的建设作出了显著贡献。但由于"文化大革命"前后"左倾"思想的影响，他们的潜力未能得到充分发挥，部分人甚至遭受迫害。改革开放之后，他们重新活跃在教育领域，积极参与学科建设，成为国内首批博士研究生导师。当前教育理论界的中坚力量，多为他们的弟子。本系列每册的主编均为这些教育名家的直系学生，他们对内容进行了精心挑选。因此，这套书系的出版为我国教育科学的宝库增添财富，这些名家的思想和道德文章对青年教育理论工作者产生深远的教育和启发作用。

---

① 顾明远.总序[M]//林崇德.朱智贤教育文集.南京：江苏教育出版社,2011:1-2.

《朱智贤教育文集》以《朱智贤全集》为基础,从教育理论和实践的角度进行选编。该书涵盖了十个主要的研究领域,每个领域都包含多个子章节,并且记录了朱智贤作为教育家、心理学家以及杰出教师的生平和经历。书中的前七个专题反映了朱智贤在20世纪20至30年代对小学教育实践的总结与反思,其内容易于理解,理念深刻而简明,对当下的小学教育实践仍具有指导和参考价值。

专题一至专题七是二十世纪二三十年代朱老对自己小学教学实践经验的总结和反思,内容通俗易懂,道理深入浅出,时至今日,仍可为小学教育工作的开展提供指导和借鉴。其中,"儿童自治概论"详细介绍了儿童自治的意义、价值、目标以及儿童自治活动的组织与指导;"小学写字教法"是朱老对儿童何时及如何学习写字的深入思考;"小学行政新论"从管理角度审视小学行政的经验总结和工作原则;"小学课程研究"介绍了小学课程的概念、原理和编制;"小学生出席与缺席问题"选取学生的出勤问题,展示了朱老对学生管理的思考;"小学研究工作实施法"展示了朱老从一个研究者的角度去看待和实施小学教育的理念和经验;"心理常识漫话"内容短小精悍,妙趣横生,是朱老对教育中涉及的心理常识的介绍。专题八"教育研究法绪论"和专题九"教育专题研究"则展示了朱老关于教育研究及其方法方面的学术观点,这不仅包括朱老对教育研究的本质、价值和趋势方面的理论思考,还包括他对当时民众教育的现状与趋势的总结和反思。专题十"教育心理学专题研究"则总结介绍了朱老在心理学研究中的学术观点、教育思想以及他运用心理学原理对教育问题的分析,体现了朱老对教育学与心理学观点的融合。[①]

《朱智贤教育文集》由朱智贤教授的弟子林崇德教授统筹策划,担任主编,文集的整理与选编任务则由林崇德教授的学生们即朱丽博士和张梅博士承担。文集的最终定稿由林崇德教授亲自完成。值得注意的是,朱丽博士不仅是林崇德教授的学生,也是朱智贤教授的孙女,她在攻读博士学位期间,特别是在美国加州大学尔湾分校联合培养的两年里,已经显露出继承朱智贤教授学术事业的潜质。这部文集不仅是集体努力的成果,也是学术传承的体现。

《朱智贤教育文集》封面

---

① 林崇德.朱智贤教育文集[M].南京:江苏教育出版社,2011:3-4.

《朱智贤教育文集》目录

前言

现代教育家、心理学家朱智贤

专题一　儿童自治概论

专题二　小学写字教学法

专题三　小学行政新论

专题四　小学课程研究

专题五　小学生出席与缺席问题

专题六　小学研究工作实施法

专题七　心理常识漫话

专题八　教育研究法绪论

专题九　教育专题研究

专题十　教育心理学专题研究

附录　朱智贤先生大事年表

编后记

◎《朱智贤传》出版

2000年，黄永言先生的著作《朱智贤传》由人民教育出版社出版。作者黄永言先生从事教育工作三十余年，是第七届全国人大代表。他还曾担任过海州区人民政府副区长、海州区政协副主席以及民进连云港市委副主委等职务。

《朱智贤传》封面

◎《朱智贤：心理学星空不落的巨星》《朱智贤传述》出版

2013年，由华文出版社出版的《朱智贤：心理学星空不落的巨星》一书，出自李震先生之手。时隔四年，即2017年，李震先生的另一部作品《朱智贤传述》同样由华文出版社出版。李震先生是江苏省政府督学、江苏省生命化语文课程基地的主持人、江苏省生命化语文研究院和百年中国语文人研究院的院长。他是一位享有国务院政府特殊津贴的专家、三级教授，同时也是江苏省中学语文特级教师、江苏省首批中小学名教师、连云港市首批中小学名校长。

《朱智贤：心理学星空不落的巨星》封面　　　　　《朱智贤传述》封面

◎九十华诞纪念活动

1998年12月，北京师范大学为纪念朱智贤教授九十诞辰，北京师范大学举办了庄重的纪念活动，并在此期间成立了朱智贤发展心理学与教育心理学基金会。

在北京师范大学，朱智贤教授九十诞辰之际，发展心理研究所联合相关单位精心组织了一系列纪念活动。活动内容涵盖：一是成立朱智贤发展心理学与教育心理学基金及相关基金会；二是召开朱智贤教授学术思想研讨会；三是举行《朱智贤全集》书稿递交仪式。

1998年12月27日，在北京师范大学英东学术会堂，为纪念已故杰出心理学家、教育家朱智贤教授九十诞辰，举办了朱智贤学术思想研讨会及基金会成立大会。

参与大会的有北京师范大学党委副书记刘木春，副校长郑师渠、谢维和，前校长方福康等校领导；中国教育学会秘书长郭永福教授、中国心理学会会长陈永明教授，人民教育出版社副总编吕达博士，以及来自北京大学、杭州大学、中国科学院心理所、北京师范大学心理系和发展心理研究所的众多资深专家和前辈；朱智贤教授的家属；《光明日报》《中国教育报》《中国青年报》以及中国教育电视台、北京电视台等多家媒体，近二百人出席了会议。

会议由北京师范大学发展心理研究所所长林崇德教授主持。大会伊始，郑师渠、郭永福、吕达、沈模卫等教授及朱老家属代表朱大南先后发表了讲话并致以贺词。

接着，北京师范大学基金管理委员会主任李双利宣布了朱智贤发展心理学与教育心理学基金会的理事会名单和评奖委员会名单。朱智贤发展心理学与教育心理学基金会正式宣告成立。

吉林大学车文博教授和杭州大学龚浩然教授也在会上发言。与会者深切缅怀朱智贤教授光辉的一生，回顾朱老严谨治学、严肃做人的高尚品格，并总结、评价其学术思想及研究成果。

此次纪念大会再次弘扬了北京师范大学尊师重教的优良传统，教育和激励了中国心理与教育工作者继承和发扬朱老重教敬业、开拓创新的科学精神，进一步推动中国发展与教育心理学事业蓬勃发展，再创辉煌。

◎百岁诞辰纪念活动

2008年3月1日至2日，为庆祝朱智贤教授一百周年诞辰，朱智贤心理学奖基金委员会与北京师范大学发展心理研究所联合在北京师范大学举办了"朱智贤教授百年诞辰纪念大会暨全国心理学学科建设研讨会"。

在纪念大会上，与会者深入探讨了朱智贤教授的学术思想，并向心理学研究领域的十位杰出人士颁发了第三届朱智贤心理学奖。全国人大常委会副委员长许嘉璐、国务院学位办副主任郭新立、北京师范大学副校长董奇等领导及心理学界的专家学者出席了开幕式。

林崇德教授代表朱智贤心理学基金会发言，强调了朱教授对心理学人才培养的重视，以及朱智贤心理学奖对传承朱教授学术思想、鼓励心理学研究者的重要作用。他还提到，研讨会为心理学界专家提供了交流平台，期望通过大会激发新的思维火花，推动心理学的和谐发展。

著名心理学家车文博先生在题为《大师方向 当代精神》的发言中，从历史角度分析了朱教授的学术思想及其在理论建设与实践、教育实践方面的贡献。北京大学王登峰教授就朱教授关于心理学"中国化"的议题进行了点评，作为中青年心理学家的代表，表达了对朱教授的深切缅怀。

教育部副部长袁贵仁在书面讲话中，以学子身份回忆了朱教授在北京师范大学的工作和对师生的影响，强调学习朱教授追求真理、开拓创新的学风，以及教书育人的崇高风范。

全国人大常委会副委员长许嘉璐在讲话中分享了对心理学学习与研究的体会，强调建立辩证思维和中国特色心理学体系的重要性，并期望北京师范大学心理学科为国家乃至世界服务。

大会后，心理学科建设研讨会继续进行，深入讨论了心理学发展方向、学位点建设、精品课程建设、实验室建设等议题。来自全国 16 家高校心理学科研教学机构的代表进行了发言，150 余名心理学院系负责人及科研人员参与了讨论，并在多个问题上达成共识。

王登峰教授为朱老百年诞辰而做的对联"鸿儒济世，拓荒华夏沃土奠基九州学术启心智；桃李吐芳，融汇天下英才繁荣中国气派追圣贤"，横批"继往开来"，将新一代心理学工作者的信念诠释得淋漓尽致①。

◎105 周年纪念大会暨第三届崇德学术论坛

2013 年 12 月 21 日，为纪念朱智贤先生诞辰 105 周年，"朱智贤先生 105 周年诞辰纪念大会暨第三届崇德学术论坛"在朱先生的故乡连云港市赣榆县智贤中学盛大开幕。

此次纪念活动由教育部人文社会科学重点研究基地北京师范大学发展心理研究所和朱智贤心理学基金会主办，连云港市教育局承办，赣榆智贤中学协办。朱智贤先生的弟子、教育部基础教育二司副司长申继亮，教育部长江学者特聘教授、北京师范大学心理学院院长刘嘉教授及心理学院分党委书记乔志宏教授，教育部长江学者特聘教授、北京师范大学发展心理研究所所长方晓义教授，中国心理学会前理事长、华南师范大学前副校长莫雷教授，江苏省教育厅基教处马斌处长，连云港市教工委书记、教育局王家全局长，朱老的子女亲属，全国心理学界专家及连云港市中小学校长代表等 800 余人出席了大会。大会由北京师范大学发展心理研究所陈英和教授主持，王家全局长、刘嘉院长、莫雷教授分别致辞，朱智贤先生家属代表朱大南发言。申继亮、莫雷、马斌、王家全共同为朱智贤博物馆和赣榆智贤中学揭牌②。会议期间还举行了朱智贤博物馆开馆仪式及第五届朱智贤心理学奖颁奖仪式。

开幕式上，北京师范大学心理学院院长刘嘉回顾了朱智贤先生在北京师范大学的卓越奋斗历程，对朱智贤先生在心理学研究领域留下的宝贵学术和思想遗产给予了高度评价，并期望后来者能够继承朱先生不懈追求真理、勇于开拓创新的优良学风，为我国心理学和教育学的繁荣发展贡献力量。

本届论坛包括了两大主题：一是朱智贤先生的学术思想及应用。北京师范大学陈英和教授代表林崇德教授作了《传承朱老学术思想，走心理学为社会服务之路》的主题报告，报告指出朱老当年所提出的关于儿童发展的理论在中国当代心理学史上的重要地位及贡献，并分析了其学术思想对当前心理学学科的发展仍具有的特别

---

① 北京师范大学发展心理研究所.朱智贤教授诞辰 100 周年纪念大会暨心理学科建设研讨会召开[J].北京师范大学学报(社会科学版),2008(2):15.
② 江苏省教育厅.江苏教育年鉴:2014[M].南京:江苏教育出版社,2015:245.

意义。北京师范大学金盛华教授、上海师范大学卢家楣教授、陕西师范大学胡卫平教授分别作了心理学的专题讲座。二是学生核心素养的发展与培养。方晓义教授向与会代表介绍了由林崇德教授主持的教育部哲学社会科学研究重大课题委托项目"我国基础教育阶段和高等教育阶段学生核心素养模型研究"的工作进展及取得的阶段性成果，与会专家围绕中国学生核心素养总框架及其指标内涵展开了深入的研讨①。

朱智贤先生诞辰 105 周年纪念大会暨第三届崇德学术论坛开幕式②

与会专家专题研讨③

---

① 北师大心理学部.朱智贤先生诞辰 105 周年纪念大会暨第三届崇德学术论坛在连云港市赣榆县举行[EB/OL].[2023-12-21]. https://psych.bnu.edu.cn/xwzx/xwdt/e37ffbd0587841958b77f17bfe515a8b.htm.

② 北师大心理学部.朱智贤先生诞辰 105 周年纪念大会暨第三届崇德学术论坛在连云港市赣榆县举行[EB/OL].[2023-12-21]. https://psych.bnu.edu.cn/xwzx/xwdt/e37ffbd0587841958b77f17bfe515a8b.htm.

③ 北师大心理学部.朱智贤先生诞辰 105 周年纪念大会暨第三届崇德学术论坛在连云港市赣榆县举行[EB/OL].[2023-12-21]. https://psych.bnu.edu.cn/xwzx/xwdt/e37ffbd0587841958b77f17bfe515a8b.htm.

第十二章

精神之光

第一节 母校荣光

1994年，江苏省海州师范学校即将庆祝其八十年校庆，时任校长宋健明热情地向朱老夫人杨敏女士和林崇德教授发出了邀请，希望他们能够出席这一盛大的庆典。经过一番商议，杨敏女士和林教授感到难以拒绝这份诚挚的邀请。他们认为，朱老生前对母校的培养之情始终铭记在心，如今母校即将迎来八十年的庆典，虽然朱老已不能亲自出席，但他们应该代表他参加这一重要时刻。

杨敏女士的日程排得相当充实，她首先前往上海，然后回到海门探访亲属，之后又去扬州和南京拜访了一些老朋友。1994年10月27日下午，她与惠浴宇省长的夫人顾静同乘一车到达海州，受到了朱智贤教授母校的领导和学生们的热烈欢迎。

林崇德教授的行程安排得非常紧密。他在1994年10月29日的清晨到达连云港市。

10月29日上午，杨敏女士与林崇德教授一同参加了朱老母校的八十年庆典。他们参观了学校新建的宏伟校门。大门宽三十多米，四个门垛是四根不锈钢圆柱，外围镶套着一层层正方形花岗岩，寓"不以规矩不能成方圆"之意。校园的主入口处，校前区依据地势设计成了三个逐渐升高的台地，象征着学校在教育工作中持续迈向新的里程碑。每个台地设有八级台阶，以此纪念学校建立八十周年的历史。攀登完这三个台地后，映入眼帘的是一座超过六米高的"人"字形雕塑，其周围环绕着八根木桩。这些木桩代表着学校以"三个面向"教育方针为指引，秉承"十年树木，百年树人"的教育理念，而数字"八"则是对学校八十年历史的一个象征。底座内有泉水沿着"小溪"潺潺流入西北的三个大水池中，象征着知识源泉哺育人才，源源不断流入四面八方。水池北面的草坪上，有一座假山型雕塑"八十周年校庆纪念碑"，记载着海师八十年的风雨沧桑和八十年的桃李芬芳。"人"字雕塑东北靠近音乐楼处立一不锈钢雕塑，造型为"四拍子指挥图式"，使人感受到"旋律"之美。

随后又参观了图书馆、音乐楼、教学楼、宿舍楼和体育馆，图书馆前有一汉白玉雕塑，取名"求索"，意在启发学生认真地读书求知。通往学生宿舍的路口，立一雕塑，名曰"朝晖"，寓"闻鸡起舞，勤学苦练"之意。

最后还参观了校史馆。在校史馆南侧，有一座名为"至善亭"的亭阁，其金色琉璃瓦在苍翠树木的映衬下显得格外耀眼，与亭前的喷水池相映成趣，营造出一种充满诗意的氛围。该亭亭名由朱智贤先生于1989年亲笔题写。至善亭不仅是一处供人休憩的场所，更是校园文化的象征，承载着学校的历史与精神。校史馆北，有一纪念碑，记载着海师作为革命摇篮的辉煌历史，是进行革命传统教育的好地方。在校史馆，他们看到了朱老年轻时的照片，那些黑白照片记录着一个时代的风貌，也记录着朱老的青春和梦想。他们在校史馆里驻足良久，每一张照片，每一段文字，都让他们感到无比珍贵。

1989年朱智贤先生为母校题写"至善亭"亭名

经过数代海州师范人的努力耕耘，海州师范学校校园已转变为一座绚丽的"大花园"，其绿化覆盖率达到了可绿化区域的80%，拥有85个科、200多种植物，以及超过5000棵树木。校园内所有植物均配有标识牌，既方便观赏也为生物学教学提供了实际的课堂。"多层次绿化"是该校绿化的一个显著特点，包括高大的乔木如槐树、榆树、泡桐、法国梧桐、银杏、水杉等，低矮的灌木、紫藤、葡萄等藤本植物，以及绿篱和草坪，形成了高中低三个层次的绿化，几乎让整个视野都充满了绿色。"四季常青"是该校绿化的另一特色，即使在寒冬，校园内依然有苍松翠柏和冬青黄杨等植物保持生机。

海州师范学校校园内花卉种类繁多，四季飘香，包括多年生的木本花卉和一年生的草本花卉。花房里培育着精致的盆栽花卉，路边则盛开着无数的大众花卉。春天，迎春、海棠、玉兰、紫荆、月季、木香、牡丹、芍药竞相开放；夏天，石榴、广玉兰、百日红、荷花绚烂多彩；秋天，美人蕉、一串红、桂花、菊花迎风绽放；冬天，蜡梅盛开，散发出幽香。这里是一块美丽的土地，自然之美与人工之美共存，古朴之美与现代之美相融。经过几代人的辛勤培育,这片花木繁盛、桃李满园的土地,孕育了众多人才和教育工作者。

杨敏女士和林崇德教授漫步在校园中,对学校的发展感到欣喜。他们在朱老曾经学习和工作的地方拍照留念,捕捉了宝贵的瞬间。

上午九时,庆祝典礼在庄重而热烈的氛围中拉开序幕,近两千名校友共襄盛举,省、市领导也出席了活动。杨敏女士和林崇德教授被安排在前排就座,杨敏女士在庆典上发表了热情洋溢的讲话,她的话语中流露出对朱老的怀念和对母校的感激之情。

1994年杨敏在江苏省海州师范学校参加纪念活动

下午,林崇德教授作了题为《朱智贤教授教育思想》的学术报告,受到了海州师范学校广大校友的热烈欢迎。

第二节　铜像映辉

2000年3月,教育部发布了文件《关于同意连云港教育学院、连云港师范学校、海州师范学校合并建立连云港师范高等专科学校的通知》(教发〔2000〕62号),批准了连云港教育学院、连云港师范学校和海州师范学校的合并计划,同意这三所学校合并,成立连云港师范高等专科学校(简称"连云港师专"),并向江苏省人民政府发出了通知。

朱智贤先生,作为近代著名的心理学家和杰出校友,其精神和成就一直是我们学习的楷模。为了纪念他的卓越贡献,弘扬前辈大师的风范,继承学校"敬业乐群、师表八荒"的校训,激励全校师生传承和发扬其治学精神和爱国情操,2004年,学校决定在校园内设立朱智贤先生的纪念铜像供后辈瞻仰。在筹备过程中,关于铜像原型照片的选择，筹备团队经过讨论，初步决定采用朱智贤先生年轻时的照片作为铜像的蓝本。2004年5月，筹备组将这一计划转告了朱智贤先生的学生林崇德教授等人，征求他们的意见。林崇德教授等人提出，学生们对朱智贤先生晚年的形象更为熟悉和亲切，但晚年朱智贤先生健康状况不佳，照片无法充分展现他的精神风貌。经过进一步讨论，筹备组最终决定选用1950年朱智贤先生在人民教育出版社担任副总编辑时的照片作为铜像原型，并结合他晚年的一些面部特征。南京神鼎雕塑艺术有限公司承担了铜像的制作工作，他们以高度的责任感和专业精神，多次与筹备组及林崇德教授沟通铜像的设计草图。2004年10月11日，铜像揭幕时，朱智贤先生的家人和在场的学生、嘉宾都对铜像的逼真度赞叹不已。

2004年5月朱智贤先生铜像在制作中
（来源：连云港师范高等专科学校档案馆）

第十二章 精神之光

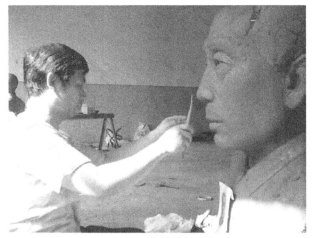

朱智贤铜像的雕刻过程
(来源：连云港师范高等专科学校档案馆)

朱智贤铜像矗立在学校(老校区)中心景区"漱玉飞韵"前
(来源：连云港师范高等专科学校档案馆)

朱智贤评传

朱智贤铜像背面简介：

　　朱智贤先生1908年12月31日生于连云港市赣榆县。1923年15岁时考入江苏省立第八师范（海州师范也即我校的前身），并撰写了第一部著作《小学历史科教学法》，由商务印书馆出版，毕业后留校任教于附属小学。1930年被母校保送到南京中央大学教育系学习；1936年任日本帝国大学文学院教育学研究室研究员。先后任教和供职于东海中学、厦门集美师范、江苏教育学院、四川教育学院、中山大学、香港达德学院、华北人民政府教育部、中央出版总署、人民教育出版社、北京师范大学。1979年加入中国共产党。从15岁到83岁，朱智贤先生共出版论著300余种，培养出200余名有很高学术地位的学生。为我国的教育事业和心理学科的发展做出了卓越的贡献。朱智贤先生1991年3月5日在北京逝世。

连云港师范高等专科学校敬立
2004年10月

　　2004年10月11日上午，连云港师专的校园内花团锦簇，彩旗飘扬，学校迎来了朱智贤铜像揭幕仪式，与会的学者及来宾有：朱老的入室弟子、北京师范大学心理学院林崇德教授，朱老的入室弟子、北京师范大学发展心理研究所申继亮教授，朱老生

为朱智贤先生塑像揭幕（从左至右依次是：朱大京、龚浩然、林崇德、钱进、宋开智、徐同达）
（来源：连云港师范高等专科学校档案馆）

前好友、浙江大学龚浩然教授，朱老四子朱大京先生和孙女朱皕女士，连云港市人大常委会主任宋开智同志，连云港市委常委、宣传部部长吴加庆同志，市委教育工委书记、市教育局局长、连云港师专校友张树扬同志，《朱智贤传》作者、连云港师专校友黄永言先生，朱老同乡企业家、朱老铜像资助人徐同达先生等。参加活动的还有学校师生代表、校友代表及新闻媒体记者等200余人。仪式上，朱老生前好友龚浩然先生和朱老的入室弟子林崇德教授为铜像揭幕，林崇德教授代表朱老的学生发表讲话，深切缅怀朱老光辉的一生。

钱进副校长在朱智贤铜像揭幕典礼上的讲话稿

各位来宾、各位专家：

首先，我代表连云港师专全体师生，对大家的光临表示由衷的欢迎和感谢！

追溯到江苏省立第八师范，连云港师专已有九十年的历史。九十年来，从校园里走出无数仁人志士，朱智贤教授无疑是其中一位杰出的代表。

朱智贤先生出生在赣榆县旧治赣马镇。1923年，先生15岁时，就读距家120多华里的第八师范，长途跋涉，历尽辛苦。入学当年，便以当今初二的年龄撰写并由商务印书馆出版专著《小学历史科教学法》。勤奋和天赋使先生从此踏上教育家的道路。此后68年，先生入学中央大学，辗转施教于海州、厦门、济南、桂林、成都、广州、香港、北京。一生著述300余种，培养学生无数，有成就者达200余人，可谓著作等身，高徒遍布全国各地，成就了学术大师的地位。先生73岁时加入了中国共产党，充分体现了服务祖国、人民的政治愿望。朱智贤先生是中国人的骄傲，也是家乡人的骄傲，更是母校人的骄傲。我们为有这样的学长、前辈无比自豪。

今天，在此为朱智贤先生雕像揭幕，有利于研究和弘扬先生的学术思想和道德文章，更有利于连云港师专教育后来者。连云港师专师生愿继承

林崇德教授在揭幕仪式上讲话

（来源：连云港师范高等专科学校档案馆）

和发扬先生治学精神和人格力量,培养优秀人民教师,继续先生未完的事业!

谢谢大家!

著名心理学家龚浩然、林崇德为朱智贤心理科学研究所揭牌
(来源:连云港师范高等专科学校档案馆)

首届朱智贤心理学奖颁奖现场
(来源:连云港师范高等专科学校档案馆)

第十二章 精神之光

首届朱智贤心理学奖获奖者
（来源：连云港师范高等专科学校档案馆）

活动嘉宾在朱智贤铜像前合影
（来源：连云港师范高等专科学校档案馆）

2004年10月12—13日，著名心理学专家林崇德、申继亮、卢家楣、龚浩然、燕国材在连云港师专领衔召开为期两天的"全国维果茨基研究会第五次年会——维果茨基与朱智贤"，来自全国三百多位教育科研工作者与会，这是连云港师专建校以来规格最高的学术活动。

全国维果茨基研究会第五次年会会场
（来源：连云港师范高等专科学校档案馆）

林崇德教授在年会上作报告
（来源：连云港师范高等专科学校档案馆）

第三节 廿载追忆

2009年9月，连云港师专迁至新校区。为了更好地纪念朱智贤教授，学校将学前教育系与初等教育系所在的教育楼命名为"智贤楼"，同时将朱智贤教授铜像移至"智贤楼"前。

2011年3月5日，恰逢朱智贤教授逝世20周年，连云港师专特邀请北京师范大学领导、朱智贤教授的弟子、心理学界同仁、朱老子女等齐聚学校，开展"纪念朱智贤教授逝世20周年"系列活动。

朱智贤先生铜像搬迁设计图

（来源：连云港师范高等专科学校档案馆）

朱智贤先生铜像矗立在学校(新校区)智贤楼前

上午，在智贤楼前举行"朱智贤先生逝世二十周年纪念活动暨《朱智贤教育文集》发布会、智贤楼启用揭牌仪式"，隆重纪念杰出校友朱智贤先生。市委常委、市委秘书长、市委宣传部部长张光东出席会议并与朱智贤先生弟子代表、中国心理学会理事长、北京师范大学林崇德教授共同为智贤楼揭牌。北京师范大学副校长韩震教授，市委教育工委书记、市教育局局长匡中远，朱智贤先生亲属代表、学生代表及人民教育出版社、江苏教育出版社、北京师范大学学前分社的相关领导出席会议并致辞①。学校师生

---

① 朱萍,王珊,卓明星.朱智贤逝世二十周年纪念活动昨日举行[N].连云港日报,2011-03-06(1).

代表共 2000 多人参加了活动。

连云港师专党委书记滕士涛在致辞中回顾了朱智贤先生辉煌的一生，深切缅怀了这位教育界的前辈和杰出校友，高度评价了他追求进步、追求真理、为人师表的高尚品格和严谨治学、呕心沥血、培育英才的杰出成就，号召全校师生努力前行，为进一步打造国内一流的学前教育和初等教育专业、建设好连云港师专而不懈奋斗。

市委教育工委书记、市教育局局长匡中远在致辞中向长期以来关心和支持连云港师专发展的领导和朋友表示感谢，表示要在先行者开创的道路上继续奋斗，用实际行动开创连云港教育率先发展、科学发展、和谐发展的明天。

北京师范大学副校长韩震在致辞中对市委、市政府和学校隆重举办朱智贤先生的纪念活动表示感谢，介绍了朱先生的学术成就和为人师表的崇高品格，勉励青年学子学习朱先生的高尚品格，完成朱先生未竟的事业。

朱智贤先生亲属代表、学生代表和相关领导在致辞中相继表达了对朱智贤先生深切的缅怀之情和对连云港市教育事业、学校发展的美好祝愿。

活动过程中，朱智贤先生的亲属代表朱大南先生和夫人以及学生代表向朱智贤先生铜像敬献了鲜花，表达了深切的缅怀之情和无限的崇敬之意。

参加仪式的来宾和领导在朱智贤先生铜像前合影留念
（来源：连云港师范高等专科学校档案馆）

2011 年 3 月 5 日上午，首届"智贤论坛"如期举行。北京师范大学副校长韩震教授、华东师范大学李其维教授、人民教育出版社魏运华副总编、天津师范大学白学军教授、华南师范大学张卫教授、清华大学李虹教授、辽宁师范大学张奇教授、中央财经大学辛自强教授等教育界著名专家学者出席会议。

连云港师专校长钱进向与会专家学者汇报了学校"十一五"期间取得的成绩以及"十二五"发展目标和主要措施。学校将抢抓机遇，寻求学校发展的量变与质变，着力打造初等教育、学前教育两个专业，在省内领先、全国知名；培养若干领军人才，在省内有较大影响力；推动学校全面发展，主要办学指标在省内同级同类学校名列前茅，为地方教育作贡献，服务于地方经济社会发展。

在听取了钱进校长的介绍后，与会专家展开了热烈的讨论，在充分肯定学校成绩，特别是初等教育和学前教育专业良好发展势头的同时，对学校"十二五"总体规划积极建言献策，提出了中肯而宝贵的意见，并表达了对学校发展的美好祝愿。

北京师范大学副校长韩震教授在论坛上讲话
（来源：连云港师范高等专科学校档案馆）

2011年3月5日，朱智贤先生的弟子、中国心理学会理事长、北京师范大学资深教授林崇德在连云港师专大同楼举行题为"如何做一名优秀教师"报告会。学校教师和学生代表500多人参加了报告会。

在报告会上，林教授分享了他个人成为教师的职业历程，并向教师群体，尤其是朱智贤先生，表达了深深的敬意和感激。林教授指出，教师在教育过程中所展现的素质对教学成效具有决定性作用，并对学生的全面发展产生直接且深远的影响。他从教师素质的内涵、结构分析以及培养路径等方面，详细论述了教师素质的关键要素和提升途径。

林教授希望在座的师范生都能成为一名优秀的教师，为中国教育事业的发展出一份力，并希望朱智贤先生的精神能够永远地传承下去。

报告会会场
（来源：连云港师范高等专科学校档案馆）

林崇德教授深情寄语师范生
（来源：连云港师范高等专科学校档案馆）

2011年3月5日，杰出校友、教育家朱智贤先生逝世20周年纪念活动、《朱智贤教育文集》的发布会以及智贤楼的揭牌仪式顺利结束后，参与活动的朱智贤先生家属代表、学生代表以及学术界的专家学者们在校长钱进教授和专业教师的陪同下，参观了朱智贤心理研究所。

在朱智贤研究所里，所有参观者都认真倾听介绍，在陈列朱老的照片和著作的展板前久久伫立，仔细品读。朱智贤先生的弟子们回忆起了朱老在世时的生活片段，表达了对恩师栽培的感激和崇敬之情，对学校设立朱智贤心理研究所给予了肯定和高度评价。参加研究所的专家学者们一致认为，今天仍然要秉承朱老严谨的治学态度、诲人不倦的优秀品格，特别是为教育事业终生奋斗的精神。

最后，学者们纷纷在留言册上写下了对朱老的敬意和对连云港师专未来发展前景的美好祝愿。"智慧永存，贤达传世"这句话是学者们对朱老的高度赞扬，是朱老在他们心中崇高地位的具体表现。

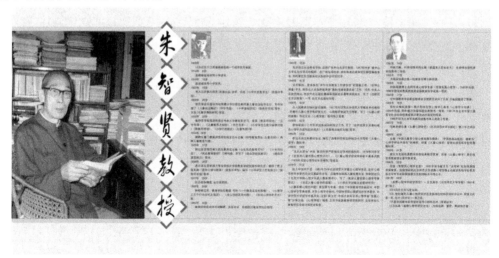
朱智贤先生简介展板

第十二章 精神之光

朱智贤生平事迹展板

朱老弟子林崇德教授展板

北京师范大学副校长韩震教授现场题词

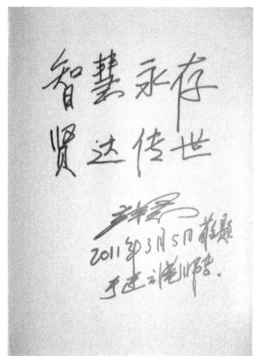
北京师范大学副校长韩震教授题词

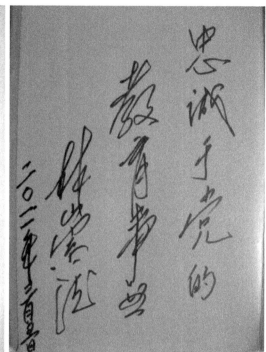
朱老弟子林崇德教授题词

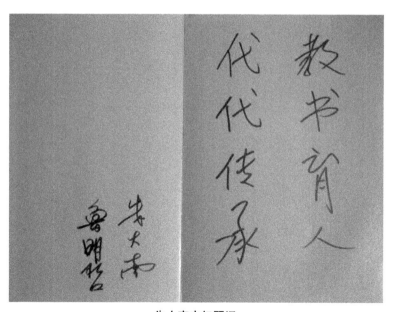
朱大南夫妇题词

第四节　百年颂歌

2018年12月26日上午，连云港师专在智贤楼前举行纪念杰出校友朱智贤教授诞辰110周年暨启动"百年小教 百位名师"活动。朱智贤教授亲属朱大南先生、鲁明哲女士，校长褚金星，连云港市委教育工委书记、连云港市教育局局长陈中，校党委副书记陈留生、副校长孙继才，连云港市教育局副局长臧雷，学校杰出校友、名师代表以及初等教育学院师生代表等出席本次活动。

褚金星在致辞中指出，作为朱智贤教授的母校，连云港师范高等专科学校自1914年创立的江苏省立第八师范开始，一直致力于小学教师的培养工作，迄今已逾百年历史。百年师专，百年小教，连云港师专小学教育的发展历程和学校的办学历史几乎同步，共生共荣。学校将积极响应党中央关于全面深化新时代教师队伍建设重大决策部署要求，弘扬朱智贤先生的治学精神和人格力量，大力推进"传一世师道 铸两代师表"师道育人工程，以师德师风为表，学高业专为里，致力于教化学生德艺双修，知行合一，为新时代基础教育事业发展不懈奋斗。

纪念仪式上，朱大南先生向朱智贤教授塑像敬献鲜花并致辞，他感谢连云港师专举办朱智贤教授诞辰110周年的纪念活动，并深情回顾了朱智贤教授在江苏省立第八师范学校学习、师范毕业后在师范附属小学任小学老师的生平经历。

随后，褚金星与陈中共同为"百年小教 百位名师"活动揭牌。百位名师，既包括连云港师专培养的已经故去的教育界先贤名师，也包括当前众多优秀的一线教育从业

连云港师专校长褚金星在仪式上致辞
（来源：连云港师范高等专科学校档案馆）

者。初等教育学院将以"百年小教 百位名师"活动为契机,通过丰富多样的形式、载体、途径,以先辈品格事迹激励后生,将百年师范精神薪火相传。

在朱智贤教授诞辰110周年纪念仪式暨"百年小教 百位名师"活动启动仪式上的致辞

褚金星

（2018年12月26日上午9：00 朱智贤塑像前）

各位领导、各位嘉宾、同学们：

大家上午好！

今天，我们隆重举行朱智贤教授诞辰110周年纪念仪式暨"百年小教 百位名师"活动启动仪式。我谨代表连云港师范高等专科学校对前来参加朱智贤教授纪念活动的各位领导和嘉宾表示热烈的欢迎和诚挚的感谢！向长期以来关心和支持连云港师专事业发展的各位领导和各位朋友表示由衷的敬意！

自1914年学校前身"省立第八师范"成立始，学校已有百余年办学历史，培养了近10万名致力于苏北乃至全国基础教育事业的人民教师和各领域杰出人才，涌现出一大批教育专家和知名学者，杰出的心理学家、教育家朱智贤先生就是其中的杰出代表。

朱智贤先生1908年12月31日出生于赣榆县旧治赣马镇。1923年，先生15岁时考入我校前身省立第八师范。入学当年，便撰写并由商务印书馆出版专著《小学历史科教学法》，勤奋和天赋使先生从此踏上教学实践及教育研究的道路。此后68年，先生辗转施教于海州、厦门、济南、桂林、成都、广州、香港、北京等地，一生著述300余种，学生中有成就者达200余人，可谓著作等身，桃李遍布，成为一代学术大师。先生一生追求进步，追求真理，品格高尚；为人正直，治学严谨，为人师表；为国家教育事业励精图治，呕心沥血，培育了一代又一代杰出的人才。朱智贤先生是家乡人的骄傲，更是师专人的骄傲。我们为有这样的学长、前辈感到无比自豪。

百年师专，百年小教。连云港师专小学教育的发展历程和学校的办学历史几乎同步，共生共荣。近年来，中共中央、国务院、教育部密集释放大力振兴教师教育、全面提升教师教育质量、示范引领卓越教师培养的强烈信号，就全面深化新时代教师队伍建设提出了新的更高要求。为积极贯彻落实中央要求，弘扬朱智贤先生的治学精神和人格力量，学校大力推进"传一世师道 铸两代师表"师道育人工程，以师德师风为表，学高业专为里，致力于教化学生德艺双修、知行合一。

今天，我们正式启动"百年小教 百位名师"活动。这百位名师，既包括已经故去的教育界先贤，也包括连云港师专培养的众多优秀的一线教育从业

第十二章 精神之光

者。我们将通过丰富多样的形式、载体、途径，以先辈品格事迹激励后生，将百年师范精神薪火相传。追忆先贤，信心如帆。连云港师专全体师生将沿着智贤先生开创的教育之路，勠力前行，继续先生未竟的事业，为新时代基础教育事业发展不懈奋斗。

谢谢大家！

朱大南夫妇向朱智贤先生铜像敬献鲜花
（来源：连云港师范高等专科学校档案馆）

在朱智贤教授诞辰 110 周年纪念仪式暨"百年小教 百位名师"活动启动仪式上的讲话

朱大南

各位领导、各位嘉宾、各位老师、各位同学们：

时值我父亲朱智贤诞辰 110 周年，我们又来到你们美丽的校园参加朱智贤诞辰 110 周年的纪念活动，我十分感谢家乡的师生记挂着我的父亲。

我父亲也是师范生，从小学教师做起，做了一辈子的老师。老师是个神圣的职业，师者，传道授业解惑。父亲践行了立德为先、教书育人的师范，给后人留下了宝贵的财富。

2014 年，习近平总书记同北京师范大学师生代表座谈时提到：做好老师，要有理想信念。做好老师，要有道德情操。做好老师，要有扎实学识。对于这些话语，教师和即将成为教师的人应奉为圭臬。

我没有继承我父亲做一名教师，而是到了图书馆。我对教师一向是崇敬的,至今还记得我上小学时的老师们,是他们把一个个蒙童领上成人之路。

隔行如隔山,我对你们"百年小教 百位名师"活动不甚了解。总之这是一个好事,我祝愿活动圆满。

最后祝愿连云港师专初等教育学院,在新时代社会主义教育事业中不断发展前进。

兴致所至,填《满院春》词一首以贺:

又近连云花果山,依然美丽是校园,哲人华诞共怀贤。

名师出自小教来,方塘一鉴可堪观,天光云影舞翩跹。

在朱智贤教授诞辰110周年纪念仪式暨"百年小教 百位名师"活动启动仪式上的贺信

林崇德

尊敬的褚金星校长:

欣闻连云港师范高等专科学校12月26日召开"传一世师道 铸两代师表"师道育人工程之纪念朱智贤教授诞辰110周年活动,值此之际,请允许我向大会的召开表示祝贺与感谢,并向与会的老师们与同学们致以真挚的问候。因年事已高,更主要是因近期工作的压力,我无法出席你们12月26日的大会,于此表示惭愧,致以歉意。

你们大会主题之一是纪念我的恩师朱智贤教授诞辰110周年。朱智贤教授是我国著名心理学家。1908年12月31日生于江苏连云港,1991年3月5日卒于北京。1930年攻读于南京中央大学教育系。1936年赴日本东京帝国大学留学。曾在中山大学、香港达德学院任教授。1951—1991年在北京师范大学任教授,是北师大心理学、教育学杰出的学术带头人。朱老是一位伟大的马克思主义心理学家(教育部老部长何东昌同志语),他用辩证唯物论,探讨心理发展问题,提出著名的先天与后天关系、外因与内因关系、教育与发展关系、年龄特征与个性差异关系的重大理论。此外,他主张融合多学科知识、聚合多领域人才、采用新方法系统研究心理学,并应用于实际,是学术创新的典范。他出版了新中国第一部《儿童心理学》著作,创立我国第一个发展心理研究所,创办我国第一本发展心理学与教育心理学学术刊物《心理发展与教育》,培养了我国第一位教育学(心理学)博士。杭州大学前校长陈立教授称朱智贤"卓著硕果,可谓独树一帜"。这"独树一帜"就是创新。

近日,北京师范大学党委书记程建平同志和我共同申请了教育部"党的创新理论引领贯穿中国哲学社会科学知识体系"重大专项课题,目前正在立项。其中重要内容之一是以马克思主义为指导思想指导中国心理学的发展,而朱智贤教授和中科院心理所的潘菽教授是这方面的典范,所以我们想就此作一总结。12月底,我们原想通过该项目的启动,纪念朱智贤教授诞辰110周年。也可能这项活动要适当挪后。而你们却走在北师大之前。

再次感谢参与本次大会的各位领导和老师。

预祝大会圆满成功!

此致

敬礼

2018年12月25日

校长褚金星与市委教工委书记、教育局长陈中共同为"百年小教 百位名师"活动揭牌

(来源:连云港师范高等专科学校档案馆)

活动现场,几层楼高的氢气球上醒目的对联"鸿儒济世拓荒华夏沃土奠基九州学术启心智、桃李吐芳融汇天下英才繁荣中国气派追圣贤"寄托了师生的思念。

斯人已逝,卅载春秋,追思涌如潮;

薪火相传,后昆承志,信念坚如炬。

师专二附小潘磊校长向朱大南一行介绍智贤文化教育特色
(来源：连云港师范高等专科学校档案馆)

活动现场嘉宾合影
(来源：连云港师范高等专科学校档案馆)

朱智贤先生大事年表[①]

1908年12月31日，出生于江苏省赣榆县城（现赣马镇）城里村的一个贫民家庭。

1914年，进入赣榆县城初等小学读书。

1918年，进入县城高等小学读书。

1923年，小学毕业。家境贫寒，父亲原本希望他放弃学业去当学徒，在级任老师宋荝庵的劝说下，最终同意他报考。考入江苏省立第八师范学校（在灌云县板浦，现划归海州区）。

1927年，在《小朋友》杂志上发表处女作诗歌，开始撰写《小学历史科教学法》。同年，休学。

1928年，省立第八师范学校与省立第十一中学合并为东海中学，春日复学，成为该校高中部师范科三年级学生。夏季，从东海中学毕业。受到董渭川校长的影响，开始阅读鲁迅和李大钊的作品。开始在《中华教育界》等刊物上发表教育和心理学论文，完成《儿童字典的研究》论文。

1929年，与同学杨汝熊一同留东海中学附属实验小学任教。

1930年，被保送至南京中央大学教育系深造，在多个刊物上发表教育学论文。

1931年，《民众学校设施法》由山东省立民众教育馆出版部出版。

1932年，《通俗讲演设施法》由山东省立民众教育馆出版部出版。《儿童自治概论》由中华书局出版。在南京新中门小学代课时，认识了金陵女子大学学生王书丹，成为恋人。

1933年，《小学课程研究》由商务印书馆出版。

1934年，父亲不幸遇害，回乡奔丧。自中央大学毕业，应王秀南校长之邀，赴厦门集美师范学校担任研究部主任。与王书丹完婚。

1935年，应董渭川先生之邀，赴济南，任山东省立民众教育馆编辑部主任，主编《山东民众教育月刊》和《小学与社会》两种教育刊物。

1936年，赴日本东京帝国大学深造，翻译野上俊夫《青年心理与教育》，编写《小

[①] 根据朱大南先生提供的《朱智贤年表》，参考《朱智贤教授纪念文集》《朱智贤：心理学星空不落的巨星》中的年表，并作相应改动。

学研究工作实施法》。

1937年，抗日战争爆发后，与妻子王书丹回国，在镇江大港乡村教育实验区工作。

1938年，在桂林江苏教育学院任教授，撰写多篇教育学论文。

1939年，爱妻王书丹因病去世。

1941年，被江苏教育学院无理解聘，到四川教育学院任教授。

1943年，与杨云美（后改名杨敏）合作出版《心理常识漫话》。在国立社会教育学院，做行政工作，教心理课程，并与杨云美结婚。

1944年，携妻女离开北温泉乘船到重庆，再去桂林，辗转至广东中山大学任教授。

1946年，在广东参加"反饥饿、反内战、反迫害"斗争，支持和参加学生的进步活动。

1947年，被中山大学无理解聘。在广州处境危险，转到香港达德学院任教授兼教务长，同时兼任生活教育社主办的中业学院院长（董事长为郭沫若）。

1948年，制定香港达德学院教学制度改革方案，发表在《达德青年》上。同年，三代人团聚香港。

1949年，北平解放，回到北京。参加干训班，学习中国革命和马克思主义的基本理论。受命参加"中华全国教育工作者协会"的筹备工作（后停止筹备）。到华北人民政府教育部"教科书编审委员会"工作，担任编审委员会委员。10月，中央人民政府成立，改任中央出版总署编审局副处长兼教育组组长，负责中等教育师范学校、高等师范学校教育学、心理学教学用书与教育参考书的编辑出版工作。撰写《论新民主主义教育》一书，由文光书店出版。

1950年，任人民教育出版社副总编辑。

1951年，到北京师范大学教育系任教授，并兼任儿童心理学教研室主任、心理教研室副主任等职。撰写《儿童心理的发展》等论文在《心理学报》等刊物上发表。

1956年，参加我国十二年科学远景规划的拟定工作。

1961年，参加全国文科教材会议，编写高等师范院校和综合大学用的《儿童心理学》教科书，次年由人民教育出版社出版。

1966年，"文化大革命"开始，被当作资产阶级反动学术权威批判。

1978年，参加全国心理学会第二届年会并作报告《儿童心理学研究中的若干基本问题》。

1979年，加入中国共产党。

1981年，在北京师范大学建立心理学系后，改任心理学系学术委员会主任兼副系主任。应邀参加美国"儿童发展会议"，参观访问9所大学的心理学系或儿童发展中心。撰写《美国儿童发展心理学考察散记》《当前儿童心理学的进展》《儿童发展心理学问题》等文章与专著。担任中国教育学会副会长、中国心理学会常务理事、北京心理学会顾问、中国科学院心理研究所学术委员、北京师范大学校学术委员会（文科）副主任、《中国大百科全书·心理学卷·发展心理分卷》主编、《心理学报》编委、北京市家庭教育研究会顾问、北京市幼儿教育研究会顾问等社会职务。

1982年，与林巧稚、叶恭绍等共同主编《家庭育儿百科全书》。

1984年，为我国培养出第一位教育学博士林崇德。与林崇德共同撰写心理学专著《思惟发展心理学》。

1985年，撰写的论文《博士生要有实践经验，并要特别注重能力的培养》在《学位与研究生教育》上发表。任中国教育学会职业教育访日团团长访问日本，为祖国赢得了荣誉。

1986年，领衔主编我国第一部大型综合性心理学工具书《心理学大词典》。与林崇德合著的《思惟发展心理学》出版。被评为北京市高教系统教书育人先进工作者。

1988年，与林崇德合著《儿童心理学史》由北京师范大学出版社出版。所著《儿童心理学》获得全国高等学校优秀教材奖。

1989年，被评为全国优秀教师并获得优秀教师奖章。主编的大型综合性心理学工具书《心理学大词典》出版。《朱智贤心理学文选》出版。所著《儿童心理学》获得全国首届优秀教育理论著作荣誉奖。

1990年，主编《中国儿童青少年心理发展与教育》由中国卓越出版公司出版，被誉为"心理学研究中国化"的典型。与林崇德共同撰写的心理学专著《思惟发展心理学》获国家教委颁发的首届教育科学成果一等奖。主编的《心理学大词典》被评为第四届中国图书奖一等奖。北京师范大学发展心理学博士点被国务院学位委员会北京市专家检查组誉为达到国际水平博士点。

1991年，发表《发展心理学的研究类型》一文。主编的大型综合性心理学工具书《心理学大词典》荣获北京市第二届哲学社会科学优秀成果特等奖。《朱智贤心理学文选》被评为"光明杯"社会科学优秀图书荣誉奖。

1991年3月5日，在北京与世长辞，享年83岁。他的逝世是中国心理学界的巨大损失。

1991年5月，创建的儿童心理研究所在全国高校社科研究所评比中获独立所第一名，总得分（系所合一）第三名。

1991年7月，获全国教育科学研究优秀成果一等奖。

1991年11月，与林崇德、董奇、申继亮合著的《发展心理学研究方法》出版。

2002年，《朱智贤全集》由北京师范大学出版社出版。

参考文献

[1] 北京师范大学发展心理研究所.朱智贤教授纪念文集[M].北京:北京师范大学出版社,1992.

[2] 陈振伦,王志国.共和国史话[M].北京:中国文学出版社,1993.

[3] 达德学院校友会.达德学院建校五十周年纪念文集[M].广州:广东人民出版社,1996.

[4] 赣榆县县志编纂委员会.赣榆县志[M].北京:中华书局,1997.

[5] 赣榆县政协文史资料委员会.赣榆县文史资料:第五辑[M].连云港:赣榆县政协文史资料委员会编,1987.

[6] 赣榆县政协文史资料委员会.赣榆县文史资料:第六辑[M].连云港:赣榆县政协文史资料委员会编,1988.

[7] 顾明远.北师大的先生们[M].北京:北京师范大学出版社,2022.

[8] 灌云县政协文史资料委员会.灌云县文史资料:第三辑[M].连云港:灌云县政协文史资料委员会编,1985.

[9] 灌云县政协文史资料委员会.灌云县文史资料:第五辑[M].连云港:灌云县政协文史资料委员会编,1995.

[10] 郭本禹.中国心理学经典人物及其研究[M].合肥:安徽人民出版社,2009.

[11] 黄永言.朱智贤传[M].北京:人民教育出版社,2000.

[12] 人民教育出版社.继承·开拓·前进:人民教育出版社建社三十五周年[M].北京:人民教育出版社,1985.

[13] 江苏省灌云县地方志编纂委员会.灌云县志[M].北京:方志出版社,1999.

[14] 江苏省教育厅.江苏教育年鉴:2014[M].南京:江苏教育出版社,2015.

[15] 李洪甫,刘洪石.连云港山海奇观[M].北京:地质出版社,1986.

[16] 李震.朱智贤:心理学星空不落的巨星[M].北京:华文出版社,2013.

[17] 李震.朱智贤传述[M].北京:华文出版社,2017.

[18] 林崇德.我的心理学观:聚焦思维结构的智力理论[M].北京:商务印书馆,2008.

[19] 林崇德,辛自强,吴安春,等.林崇德口述历史[M].北京:北京师范大学出版社,2010.

[20] 刘百川.乡村教育实施记[M].上海:黎明书局,1936.

[21] 刘百川. 一个小学校长的日记[M]. 北京:华文出版社,2012.
[22] 山东邹县政协文史资料委员会. 邹县文史资料:第六辑[M]. 济宁:山东邹县政协文史资料委员会编,1988.
[23] 邵华,薛启亮. 我们的父辈·教育家卷[M]. 河北:河北少年儿童出版社,1993.
[24] 苏州大学社会教育学院四川校友会. 峥嵘岁月:第二集[M]. 成都:成都新硕印刷厂,1989.
[25] 苏州大学社会教育学院北京、上海、南京、苏州校友会. 峥嵘岁月:第三集[M]. 苏州:苏州科迪电脑排版印刷公司,1992.
[26] 王强. 民国乡村教育文献丛编[M]. 成都:四川大学出版社,2015.
[27] 王淑芳,麻星甫. 师范群英 光耀中华:第十五卷[M]. 西安:陕西人民教育出版社,1994.
[28] 政协江苏省连云港市委员会,文史资料研究委员会. 连云港市文史资料:第四辑[M]. 连云港:政协江苏省连云港市委员会文史资料委员会,1986.
[29] 喻太源,曹寿田. 杏坛轶事:连云港市文史资料:第十四辑[M]. 连云港:政协连云港市委员会文史资料委员会,2002.
[30] 朱智贤. 儿童教育心理学讲话[M]. 北京:北京师范大学出版社,1981.
[31] 朱智贤. 儿童发展心理学问题[M]. 北京:北京师范大学出版社,1982.
[32] 朱智贤. 儿童心理学史论丛[M]. 北京:北京师范大学出版社,1982.
[33] 朱智贤. 培养合格师资的必由之路[J]. 师范教育,1985(12):16-17.
[34] 朱智贤,林崇德. 思惟发展心理学[M]. 北京:北京师范大学出版社,1986.
[35] 朱智贤,林崇德. 儿童心理学史[M]. 北京:北京师范大学出版社,1988.
[36] 朱智贤教授致中国心理学会基本理论委员会的一封信[J]. 心理学探新,1989(1):1.
[37] 朱智贤. 朱智贤心理学文选[M]. 北京:人民教育出版社,1989.
[38] 朱智贤. 儿童心理学[M]. 修订版. 北京:人民教育出版社,1993.
[39] 朱智贤. 朱智贤全集[M]. 北京:北京师范大学出版社,2002.
[40] 林崇德. 朱智贤教育文集[M]. 南京:江苏教育出版社,2011.
[41] 张霞. 一位现代心理学家对教育的思考与探求:朱智贤教育思想研究[D]. 保定:河北大学,2007.
[42] "朱智贤发展心理学与教育心理学基金会"章程[J]. 心理发展与教育,1999(1):3.
[43] 《心理发展与教育》编辑部. 沉痛悼念朱智贤教授[J]. 心理发展与教育,1991(1):65-66.
[44] 白学军,林崇德. 论朱智贤学派:儿童心理学理论与实验的创新[J]. 心理与行为研究,2014(6):721-726.
[45] 车文博. 尊师重教开拓创新:纪念朱智贤教授九十华诞[J]. 心理科学,1999(3):253-254.

[46] 车文博.开创新局面再创新辉煌:在北京师范大学成立心理学院和《朱智贤全集》首发式会上的发言[J].心理学探新,2002(2):65.

[47] 陈英和.弘扬理论联系实际的思想,走心理学为实践服务的道路[J].心理与行为研究,2014(6):727-729.

[48] 锄禾.壮心不已:访我国著名教育家、心理学家朱智贤教授[J].中国教育学刊,1988(6):20-21.

[49] 《心理学报》编辑部.悼念朱智贤教授[J].心理学报,1991(3):334-335.

[50] 北京师范大学发展心理研究所.朱智贤教授诞辰100周年纪念大会暨心理学科建设研讨会召开[J].北京师范大学学报(社会科学版),2008(2):15.

[51] 郭戈.朱智贤:新中国教育学科教材和图书编辑出版事业的奠基者[J].中国教育科学(中英文),2020(1):116-128.

[52] 江雷,王可鉴.弦歌不辍,再续薪火:《发展心理学(第二版)》[J].心理与行为研究,2019(5):719-720.

[53] 李克.朱智贤教授诞辰100周年纪念大会暨心理学科建设研讨会召开[J].北京师范大学学报(自然科学版),2008(2):148.

[54] 林崇德.论朱智贤心理学思想[J].心理发展与教育,1988(3):1-7.

[55] 林崇德.儿童青少年心理学研究的中国化:评朱智贤主编《中国儿童青少年心理发展与教育》[J].心理发展与教育,1990(3):194-149.

[56] 林崇德.追求创新:中国发展心理学研究的必由之路:纪念朱智贤教授逝世20周年[J].心理发展与教育,2011(2):113-117.

[57] 林崇德.中国的发展心理学七十年[J].心理发展与教育,2019(5):632-640.

[58] 刘兆吉.祝贺朱智贤教授从教六十周年暨八十大寿诗[J].心理发展与教育,1989(1):6-8.

[59] 买艳霞.朱智贤家庭教育思想简论[J].连云港师范高等专科学校学报,2011(2):59-61.

[60] 肖杨.中国基础教育的播火者:记北京师范大学发展心理研究所所长林崇德教授[J].中小学管理,1996(12):36-39.

[61] 心理学家、教育家朱智贤[J].北京师范大学学报,1988(3):103.

[62] 杨汝熊.怀念刘百川先生[J].江苏教育,1990(Z1):81.

[63] 杨汝熊.董渭川与东海中学[J].江苏教育,1991(4):49.

[64] 章景琪.从研究生到博士生导师:林崇德的攀登之路[J].学位与研究生教育,1991(5):48-50.

[65] 祝新华.赣榆:那些渐行渐远的独特年俗[J].江苏地方志,2019(2):31-33.

[66] 陈炜,王泽祥.立碑强化市级文物保护[N].连云港日报,2019-10-09(1).

[67] 刘微.师德如斯[N].中国教育报,2001-10-06(3).

[68] 朱萍,王珊,卓明星.朱智贤逝世二十周年纪念活动昨日举行[N].连云港日报,2011-03-06(1).

后 记

撰写《朱智贤评传》的过程，既是对一位杰出人物生平事迹的追溯，也是对其精神遗产的一次深刻领悟与传承。在此传记的编纂工作即将告竣之际，心中不禁涌动着无限的感慨与敬仰。

朱智贤先生，以其卓越的智慧、非凡的勇气和不懈的努力，在人生的每一个阶段都留下了深刻的印记。他的一生，是追求真理、献身事业的光辉写照，更是对后世子孙的鞭策与激励。在整理其生平资料、访谈相关人士、深入挖掘其思想精髓的过程中，愈发感受到先生人格的伟大与精神的崇高。

尤为值得一提的是，朱智贤先生在面对困难和挑战时所展现出的坚韧不拔和勇于担当的精神，为我们树立了光辉的榜样。在那个动荡不安的年代，他坚守学术阵地，不畏强权，以笔为剑，为真理发声，展现了知识分子的风骨与担当。

在创作过程中，我力求还原一个真实、立体、生动的朱智贤形象。从他的早年求学经历，到他在学术领域的深耕细作；从他在社会变革中的担当与作为，到他对家庭、朋友的深情厚谊，每一个细节都经过反复推敲与核实，力求准确无误。我深知，这不仅是对朱智贤先生个人的尊重，更是对历史负责、对读者负责的表现。

在此，我要特别感谢黄永言先生和李震先生，他们以翔实生动的笔墨为朱老作传，为我后续的写作提供了重要的资料和帮助。他们不仅是我的前辈，更是我在思考和研究过程中的引路人。他们的工作为我提供了坚实的基础，让我得以在他们研究的基础上进一步探索和思考。

同时，我也深刻体会到，朱智贤先生的成功并非偶然。他之所以能够取得如此辉煌的成就，离不开他对理想的执着追求、对知识的渴求、对困难的勇敢面对以及对社会的深切关怀。这些品质，不仅是他个人的宝贵财富，更是我们这个时代所急需的精神力量。

在此，我要特别感谢所有为本书提供资料、接受访谈的先生亲友、专家学者。正是他们的鼎力支持与无私分享，才使得我能够更加全面、深入地了解朱智贤先生的生平与思想。同时，也要感谢所有在编纂过程中给予帮助与支持的同仁和机构，感谢东南大学出版社的刘坚主审，他以专业的视角和严谨的态度，为提升书稿的质量保驾护航。你们的辛勤付出与无私奉献，是本书得以顺利出版的重要保障。

后 记

我所服务的连云港师范高等专科学校,组织了三次意义深远的大型活动来纪念朱智贤先生,我不仅全程参与其中,还策划和执行了部分活动。每一次活动都是一次心灵的洗礼,让我有机会近距离接触并接待朱先生的家人,以及他的杰出弟子们。他们的智慧和谦逊让我深深钦佩,让我对朱先生的伟大有了更加直观的认识。林崇德教授的严谨治学和对朱先生的深厚情感,让我感受到了朱先生精神的传承。林教授对朱老的尊敬和怀念,正是学生对老师最崇高敬意的体现。他们不仅是学术的巨人,更是人格的楷模,让我有机会从他们身上窥见朱先生的伟大。

更让我感到温馨的是,我与朱先生还有着特殊的家族联系。朱大南先生和鲁明哲女士曾笑着告诉我,他们的女儿和我同名,这让我感到无比亲切。这份意外的联系,让我在纪念朱先生的同时,也感受到了浓浓的暖意。通过这些事情,我不仅走近了朱先生的精神世界,也接触到了那些真实、可亲的人物,他们让我对朱先生的敬仰更加深刻。

朱大南先生和鲁明哲女士以其谦逊之姿,传承了朱老的风范。他们不辞辛劳,跨越千山万水,多次赴连云港参与纪念活动,如同传承的灯火,温暖而明亮。他们的每一次远行,都是对朱老精神的深情致敬,每一次参与,都是对教育事业的深切关怀。

在本书的撰写过程中,朱大南先生作为朱老的家人,发挥了至关重要的作用。他不仅提供了丰富的第一手资料和珍贵的照片,为书中内容的真实性和深度提供了坚实的基础,还对章节内容提出了宝贵的意见和建议。他的严谨态度和细致入微的工作令人感动,他的贡献是本书能够成功出版的基础。

本研究被连云港师范高等专科学校列入校本研究项目,在政策、经费等方面予以支持,特此致谢。

本研究得到江苏高校"青蓝工程"的资助,是江苏省高校青蓝工程"小学教育专业教学团队"的成果。

在此,我向所有对本书的撰写和出版给予关怀、支持和激励的师长和朋友,致以最诚挚的谢意。

最后,愿朱智贤先生的精神之光,永远照亮我们前行的道路,引领我们在探索未知的旅途中不断追寻真理,服务社会,造福人类。